근현대 충북의 역사와 기억

김양식 지음

근현대 충북은 전근대시대와는 달리 여러모로 소외된 지역이었다. 고려시대의 충북은 불교의 중심지였고 조선시대에는 조선의 동맥이 충북 땅을 흘러 역동성을 띠고 있었다. 그러나 근현대 충북은 경부철도가 비켜가고 서울-부산을 잇는 발전축에서도 소외되고 영호남의 정치 역학구도에서도 주변부에 위치해 있었다. 그 결과 충북은 장기지속적인 저발전에서 벗어나지 못하였다.

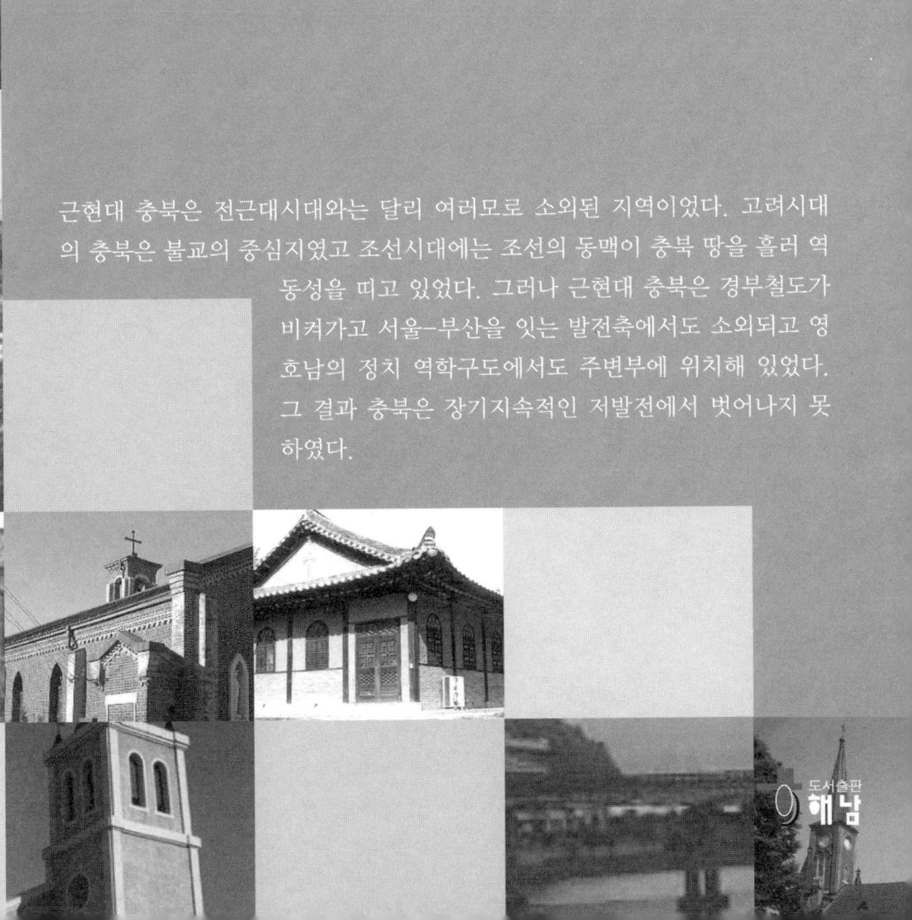

도서출판 해남

책을 펴내며

1896년에 탄생한 충청북도는 백두대간을 등지고 있는 중부 내륙도로서, 다른 지역에 비해서 도세가 약하고 장기지속적인 저발전에 놓여 있었다. 지역성도 소극적이고 정태적인 측면이 강하다. 일부는 그 원인을 삼국전쟁기까지 소급해 숙명론적인 해석을 하지만, 충북의 지역성 실체 규명은 먼저 근현대 역사 속에서 이루어져야만 한다.

근현대 충북은 전근대시대와는 달리 여러모로 소외된 지역이었다. 고려시대의 충북은 불교의 중심지였고 조선시대는 조선의 동맥이 충북 땅을 흘러 역동성을 띠고 있었다. 그러나 근현대 충북은 경부철도가 비켜가고 서울-부산을 잇는 발전축에서도 소외되고 영호남의 정치 역학구도에서도 주변부에 위치해 있었다. 그 결과 충북은 장기지속적인 저발전에서 벗어나지 못하였다.

그러므로 오늘의 충북에 대한 이해는 무엇보다 먼저 근현대에서 찾아져야 할 것이다. 그래서 이 책에서는 3부로 나누어, 제1부는 '근대의 물결과 지역성'을, 제2부는 '식민지 유산과 지역성'을, 제3부는 '근현대의 기억과 기념' 문제를 다루었다. 모두 8편의 논문을 수록하였다.

저자가 충북지역 근현대사에 관심을 갖기 시작한 것은 1999년 충북발전연구원 충북학연구소를 맡은 뒤부터이다. 그 전에는 서울에 있으면서 국가사 차원에서 동학농민전쟁과 역둔토 국유지를 중

점 연구하였었다. 그러나 청주로 내려오면서 지역에서 활동하는 역사학자의 역할과 지역사 연구의 중요성을 재인식하게 되었다. 더욱이 충북지역은 타 지역에 비해 근현대사 연구가 미약하며 연구자도 부족한 실정이다. 또한 충북학의 골간은 근현대 충북지역사에 있는 만큼, 2000년 이후 지역사료를 모으고 증언을 채록하고 현장을 조사하면서 본격적으로 연구를 수행하였다.

그 결과 연구성과가 축적되면서 오래 전 집필한 논문에서 오류가 발견되고, 중요성에 비해 잊혀지기도 하고, 새롭게 정리할 부분도 생겨났다. 그래서 기존에 발표한 글을 수정·보완하고 새로 작성한 글을 추가하여 한 권의 책으로 발간할 생각을 하였다. 이렇게 한 권으로 묶고 보니, 각 장이 서로 씨줄과 날줄이 되어 나름대로 근현대 충북의 역사와 지역성을 밝히는 데 조금은 보탬이 될 듯하여 최종 출판을 하게 되었다.

이 책은 개인적으로 의미가 크다. 30대인 1990년대에는 10년에 걸쳐 1895년부터 1930년대에 걸친 역둔토문제를 참으로 치열하게 연구하여 박사학위논문으로 제출하고 그것을 수정·보완하여 2000년에 『근대권력과 토지』라는 제목으로 학술서를 출간하였다. 다시 40대인 2000년대에는 10년에 걸쳐 근현대 충북지역사에 관심을 갖고 연구를 진행한 끝에 이 책으로 결실을 맺게 되었으니, 나름대로 의미를 부여하고 싶다.

이렇듯 이 책은 지난 10년 동안의 연구 끝에 얻어 낸 결과물이지만, 막상 책으로 펴내면서 부족한 점이 많다는 점을 시인하지 않을 수 없다. 이는 저자 역량의 한계이며, 앞으로의 과제로 미루는 바이다. 다만, 이 책이 10년 전 『근대권력과 토지』를 펴내면서 '충북지역의 현대사 연구에 관심을 집중시키겠다'는 다짐에 대한 작은 결실이란 점으로 위안을 삼고자 한다. 또한 늘 '충북학' 연구를 제대로 하지 못해 충청북도에 미안해 하던 차에, 이 작은 책이 충북학의 학문적 성숙과 충북 지역성 해명에 작은 밀알이라도 되었으면 한다.

그렇지만 이 책은 충북지역사 연구의 시작이지 끝이 아니다. 앞으로는 충북지역을 대상으로 '공간과 시간, 그리고 삶의 이야기'를 전체사적으로 연구할 계획이다. 이는 지역사를 기초로 한 지역연구가 될 것이며, 학문 융합을 통한 지역학 연구의 시금석이 될 것으로 기대한다.

끝으로 이 책이 나오기까지 도움을 주신 모든 분들께 감사드린다. 그 동안 지역사료와 현장 조사과정에서 많은 지역주민들의 도움이 있었는데, 그 분들께 고마움을 전하고 싶다. 특히 이 책의 출판을 선뜻 응해 준 도서출판 해남 노현철 대표께 진심으로 고마움을 표하고 싶으며, 병상에서도 펜을 놓지 않으시는 송병기 스승님의 안녕과 건강을 비는 바이다.

2011년 2월
충북학 연구실에서 삼가 씀

차　　례

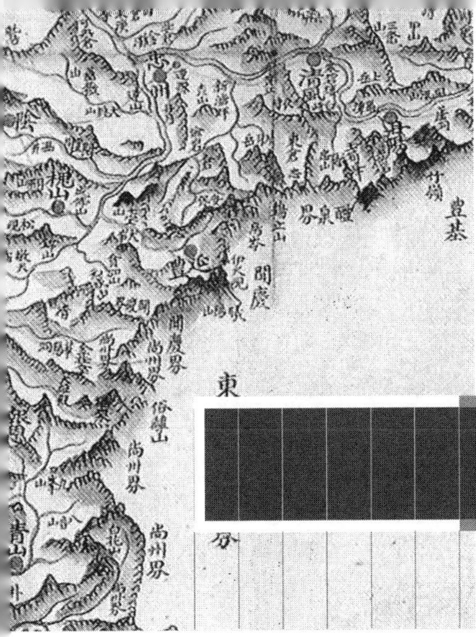

여는 장

개항 이후 조선왕조체제는 안팎의 위기 속에서 근대사회로의 전환기를 맞고 있었다. 밖으로는 밀려드는 서구세력과 근대자본주의의 거센 물결을 맞이하고, 안으로는 곳곳에서 농민들이 봉기하고 법외자인 화적들이 '없는 날이 없고 없는 곳이 없다'고 할 정도로 전국에 횡행하면서 급격히 체제가 해체되고 있었다. 특히, 1880년대에 동학의 불씨가 충북 땅에서 되살아나 들불처럼 확산되고 조직화되면서, 급기야 동학농민전쟁으로 발전하였다.

1년에 걸친 동학농민전쟁은 동시에 전개된 청일전쟁·갑오개혁과 맞물리면서 사실상 조선왕조체제를 근대체제로 이행시키는 전환점이 되었다. 1894년 이후 시대적 변화는 놀라운 것이었다. 조선사회는 세계 자본주의체제에 편입되면서 서구 문물이 쏟아져 들어오고 외세가 주도하는 자본주의 사회경제로 재편되어 갔다.

그를 위해 일제는 청일전쟁과 러일전쟁을 통해 중국과 러시아를 몰아 낸 한반도에서 조선의 구석구석을 '근대'라는 그물망에 가두고 침략의 손길을 뻗치었다. 1905년 을사조약과 통감부 설치, 1910년 한일합방을 통해 탄생한 조선총독부는 조선을 식민지로 통치하면서 근대적 개혁이라는 미명하에 법과 제도를 고치고 지방 행정구역을 개편하고 철도를 부설하고 친일관료를 양성하는 등 '침략과 수탈'을 일삼았다.

1931년 만주사변, 1936년 중일전쟁, 1942년 태평양전쟁으로 이어지는 일제의 대륙 침략으로, 한반도는 일제의 군사기지로 전락되어 막대한 인적·물적 자원을 제공해야만 하였다. 다행히 1945년에 미국이 주도하는 연합국의 승리로 해방은 되었지만, 그 대가로 민족이 분단되는 비극을 맞이하였다. 분단은 한국전쟁을 거치면서 더욱 고착화되었고, 남한과 북한은 이념과 체제가 서로 다른 길을 가야만 하였다.

분단된 남한은 미국의 지원하에 국가 주도의 자본주의 성장정책을 추진하면서, 그에 필요한 강력한 국가권력과 국민 통제가 뒤따랐다. 가난한 조국의 근대화를 위해 재벌 위주의 성장, 맹목적인 서구화, 출세 지향의 교육열과 황금 만능주의는 필요악으로 인식되곤 하였다. 그것은 필연적으로 격렬한 민주·자주·통일운동을 불러일으켰고, 그 과정에서 서울을 비롯한 수도권은 점점 비대화되는 반면, 지방은 점점 소외되어 오늘에 이르고 있다.

1896년에 탄생한 충청북도 역시 지난 100년 근현대의 흐름에서 자유롭지 못하다. 특히, 백두대간을 등지고 있는 충청북도는 지정학적 위치상 한반도 중부 내륙에 있을 뿐 아니라, 조선왕조 500년 국가 동맥이었던 영남대로를 대신하여 부설된 경부철도가 충북지역을 비켜가고 있어 소외된 지역이었다. 또한 해방 이후 서울과 부산 중심의 경제성장, 영남과 호남 중심의 정치 역학구도, 열악한 도세와 가난한 도민 등은 충북지역의 소외를 부채질하였고 지역성의 왜곡을 초래하기도 하였다.

과연 그럴까?

이 물음이 이 책의 과제이다. 이 물음에 답하기 위해서는 지난 100년 한국 근현대사의 흐름 위에서 충북지역사를 주체적으로 규명해야 한다. 국가 내지는 중앙의 관점이 아니라, 충북, 충북지역, 충북인의 시선에서 과연 한국 근현대의 격랑이 충북지역에서는 어떻게 전개되었고, 그로 인해 지역민의 삶과 의식이 어떻게 변화·변질·왜곡되었는지 알아보아야 한다. 그것은 곧 오늘날 충북지역의 지역성을 밝히는 것으로, 이 책에서는 근현대 충북지역사와 그로 인해 형성된 지역성을 알아보기 위해 크게 3부로 나누어 접근하고자 한다.

제1부는 '근대의 물결과 지역성'이다. 이를 위해 제1장에서는

청주 개화지식인들이 밀려오는 근대의 물결에 어떻게 대응·활동하고 지역사회에 어떠한 영향을 미치었는지 사례 연구로 알아볼 것이다. 특히, 동학농민전쟁이 활발히 전개되었던 충북지역은 민족대표 33인 중 6명이 충북 출신일 정도로 근대 물결의 수용과 저항에 적극적이었다. 그런 만큼 청주 개화지식인의 움직임을 통해 근대 초기에 형성되는 지역성을 알아볼 수 있을 것으로 기대한다.

제1부 제2장에서는 충북선 철도가 근현대 충북지역사에서 차지하는 의의와 지역성을 도출하고자 한다. 알다시피 철도는 근대의 물결을 전 세계로 퍼뜨린 첨병이자 통로역할을 하였다. 철도 부설은 단지 교통운수수단의 확대를 넘어서 정치·경제·사회·문화 등 모든 면에 걸친 파급효과가 매우 컸다. 그런 만큼 충북선 연구는 충북지역의 근대화 과정과 지역사를 규명하는 핵심 연구주제이며, 오늘날의 충북지역을 이해하는 데 있어서도 핵심어가 될 수 있을 것이다.

제2부에서는 '식민지유산과 지역성'을 알아보기 위해 모두 네 주제를 다루었다. 식민지유산이란 일제 강점기 36년 동안 만들어진 것으로 해방 이후에도 일정한 영향을 미친 유형·무형의 유산을 말한다. 그 대표적인 것들이 친일파, 귀속사업체, 지주제, 관료층 등이다. 이러한 식민지 유산의 해명은 그것이 형성되는 식민지시대를 이해하는 데도 필요할 뿐 아니라, 해방 이후 지역사회의 변동 메커니즘과 지역성을 확인하는 데도 큰 도움을 줄 것이다.

특히, 해방 직후 식민지체제를 대신하여 새로운 지배체제로 들어선 미군정 3년은 새로운 국가 형성기이자 이념이 다른 분단체제가 만들어지는 시기였다. 국제적으로는 미국이 주도하는 새로운 세계체제에 편입되는 시기이며, 사회경제적으로는 식민지체제를 밑으로부터 떠받들고 있던 하부구조가 재편되는 과도기였다. 이와 같은 지배구조의 변동과 맞물려 지역적으로는 국가 내 지역의 역할과 기능이 재조정되면서 식민지유산의 단절과 연속성이 교차되었을 뿐 아니라, 이 시기 형성된 지역구조가 이후 지역사회의 방향성을 규정하였다. 따라서 해방 이후 50년에 걸쳐 형성된 지역사회에 대한 이해와 새로운 방향 설정은 미군정기에 만들어진 지역의 원형 분석에서 출발할 필요가 있다.

다음으로 해방 이후 지역경제의 특성을 해명하기 위해서는 무엇보다도 귀속사업체가 어떻게 조사, 관리, 불하되었는지를 연구해야만 한다. 그 시기는 1945년부터 1960년에 걸쳐 있다. 당시 충북지역 귀속사업체는 총사업체의 30.2%, 종업원의 58.2%를 차지하고 있었다. 그런 만큼 충북지역 귀속사업체를 누가 관리하고 불하받았는지는 해방 이후부터 1950년대에 걸친 지역사회경제사를 이해하는 데 매우 중요하다. 또한 현 지역경제의 물적 토대와 원형을 이루고 있는 만큼 해명되어야 할 연구주제이다.

해방 이후 지역성을 규명하는 데 있어서, 귀속사업체가 경제적 측면을 이해하는 데 중요하다면, 이념적인 측면에서는 한국전쟁이다. 해방과 분단, 그리고 전쟁을 거치면서 한국의 모든 지역은 지역 단위의 이념 갈등과 대립 속에 '대한민국 만들기'에 편입되었다. 그 과정에서 수많은 사람들이 이념의 칼날에 희생되거나 삶의 터전을 달리하고는 하였다. 그것은 몇 번에 걸친 이념 필터를 통해 색깔이 다른 인민을 걸러 내는 비극적인 역사의 길이었다.

충북지역도 예외가 아니었다. 1952~1955년 충북의 인구증가율은 0.1%에 불과하였다. 보도연맹원, 좌익, 우익의 이름으로 수만 명의 사람들이 충북 땅에서 죽어 갔다. 한국전쟁은 끝났지만, 깊은 역사 상흔을 남긴 채 아픔을 가슴 속에 묻어 두어야만 하였다. 이러한 실상을 규명하는 것은 지역성을 드러내는 일이자 역사 상흔을 치유하는 연구가 될 것이다.

해방과 분단, 그리고 전쟁을 거치면서 지역사회는 고착화되었다. 그것은 해방 이전 식민지유산 위에 있는 것이지만, 독재와 이념 전쟁을 거치면서 새롭게 재편될 수밖에 없다. 해방과 분단을 거치면서 어떤 세력이 몰락하고 어떤 층이 새로운 지역유지층으로 부상하였는지를 규명하는 일은 해방 이후 지역사의 골간을 이해하는 관건이 될 수 있다. 또한 오늘날의 지역사회를 구성하는 토대를 밝힘으로써 현실사회의 모순에 대한 일정한 역사적 경험과 해결방향을 모색할 수도 있다.

제3부에서는 '근현대 기억과 기념' 문제를 다룰 것이다. 제1부와 2부에서는 근현대 역사 사실을 규명하는 것이라면, 제3부에서는 그 사실에 대한 기억의 성격을 해명하고자 한다. 역사 기억은 유적지 보존, 기념시설 조성, 기념행사 개최, 문화예술 창작활동 등을 통해서 나타난다. 그 때문에 역사 기억은 있는 그대로의 역사를 넘어서 역사인식과 가치관이 강하게 투영될 수밖에 없다. 또한 현재의 현실적인 이해관계와 이념지형이 반영되는 실천적 과제이다. 카(E. H. Carr)가 말한 '과거와 현재의 진정한 대화'가 이루어지는 역사 공간인 것이다. 즉, 역사 기억과 기념은 현재성의 문제이자, 대중성과 보편성 위에서 미래의 가치를 창출하는 전략의 문제이다. 그러할 때 과거만을 위한 기억과 기념이 아니라, 오늘 우리와 만나는 진정한 기억과 기념이 될 것이며 장지지속성을 선도적으로 획득할 수 있다.

이러한 충북지역의 근현대 기억과 기념의 실상을 알아보기 위해, 제3부에서는 개항 이후부터 1970년대 이전에 건립된 충북지역 근현대 문화유산의 실상을 체계적으로 조사, 정리, 분석하려 한다. 근현대 문화유산이 당대인이 직접 만든 것이라면, 역사기념시설은 후대인이 자신의 역사관과 이념적 지향에 따라 만들어진 산물이다. 근현대 문화유산에는 역사의 숨결과 기억이 스며있는 반면, 역사기념시설은 현대인의 생각과 기억이 담겨 있다.

따라서 이 책 제3부에서는 근현대 문화유산과 역사기념시설을 종합적으로 검토하여, 충북지역의 근현대 기억과 기념의 현주소를 파악하고자 한다. 즉, 근현대 문화유산은 만들어진 근현대의 역사 진실이라면, 역사기념시설은 만들어 가는 근현대의 역사 기억이라 할 수 있다. 이 둘이 상호작용을 할 때, 실천적인 역사학은 가능할 것이다.

이상과 같이 제3부 제8장으로 구성된 이 책은 충북 근현대사의 변동 메커니즘과 그에 따른 지역성을 해명하는 데 주력하고자 하나, 이것은 사실상 충북지역 근현대사 연구의 시작이라 할 수 있다. 따라서 이 책이 지금까지 사실상 공백이나 다름 없었던 충북지역 근현대사 연구가 활성화되는 계기가 되었으면 한다.

1 근대의 물결과 지역성

제 1 장

청주 개화지식인의 외부세계 소통과 활동

1. 머리말
2. 청주지역 개화지식인의 성장과정과 지역활동
3. 청주지역 사립학교 설립운동
4. 맺음말

1. 머 리 말

근대의 물결이 밀려오던 1900년 전후 청주지역은 역사적인 인물을 많이 배출한 곳이다. 3·1운동 민족대표 33인 중에 손병희, 권병덕, 신홍식, 신석구, 정춘수 등 5명이 청주 출신이다. 또한 대표적인 독립운동가인 신규식과 신채호도 청주지역 대표적인 토착성씨인 고령신씨 문중 출신이다.

현재 이들에 대한 연구는 거의 대부분 민족운동가 내지 독립운동가 차원에서만 다루어졌을 뿐이다. 지역사 차원에서는 연구되지 않고 있다. 청주지역에서 태어나거나 성장한 그들이 어떤 과정을 거쳐 새로운 문물과 시대적 격랑을 접하고, 어떤 계기로 중앙과 연계되어 활동하며, 그들의 의식 속에 자리한 지역과 중앙 및 세계와의 관계는 어떠한지, 그들의 지역활동과 그에 따른 지역변동은 무엇인지 등은 거의 연구되지 않았다.

본 장에서는 근대의 물결이 밀어닥치던 1900년 전후기, 즉 동학농민전쟁 이후부터 1910년대에 걸쳐 청주라는 지역이 어떻게 세계와 상호 소통이 이루어지고 그 결과는 무엇인지를 검토하고자 한다. 연구방법은 청주지역에서 가장 많은 근대 역사 인물을 배출한 고령신씨 산동문중과 민족대표 33인 중 청주 출신 5명의 외부세계 소통과 지역활동을 알아본 뒤, 그것이 지역사회에 미친 영향을 학교 설립문제를 중심으로 살펴보고자 한다.

이와 같은 연구는 지금까지 일반적이었던 중앙 중심의 국가사 연구관행에서 벗어나 지역을 주체로 한 미시적 접근방법이란 점에서 연구사적 필요성이 있다. 또한 신규식·신채호 등이 청주지역 출신인 것은 사실이나, 그들이 지역사건이나 지역발전에 지대한 영향을 미치지는 못하였다. 그렇다면 지방과 중앙 및 세계를 잇는 소통체계와 그를 통해 형성되는 지역의식과 활동성격 등은 지역단위의 세밀한 연구가 필요하다. 본 연구 역시 그런 필요성과 문제의식에서 출발하고자 한다.

2. 청주지역 개화지식인의 성장과정과 지역활동

1) 고령신씨 산동문중

청주 동쪽에는 문충공 申叔舟(1417~1475)의 후손들이 조선 중종대인 16세기에 입향하여 세거하는 고령신씨의 집성촌이 밀집해 있다. 현재의 청원군 가덕면과 미원면·낭성면에 주로 거주하는 고령신씨는 '山東申氏'로 불리어질 만큼[1] 청주지역을 대표하는 세거문중의 하나이다.

특히, 산동신씨 문중은 20세기 초에 신채호와 신규식을 비롯한 많은 민족지사를 배출하였다. 〈표 1-1〉에서 볼 수 있는 것처럼, 독립유공자로서 서훈을 받은 산동신씨는 신채호·신규식 등 모두 12명에 이를 정도이다. 이 같은 예는 전국에서도 찾아보기 힘든 사례이다. 대전 출신으로 분류된 신채호를 포함한 청주·청원지역 애국

1) 李重煥, 『擇里志』, 八道總論, 忠淸道: 東踰巨大嶺則爲上黨山城 又東則爲靑川倉 倉西爲申氏村 南踰小嶺爲引風亭玉流臺爲卞氏所居 大山間川谷巖石頗有幽致 又東渡大溪則爲龜灣 溪山絶勝上黨靑川通謂之山東 而地在山上風氣淒寒不及淸州之野……

표 1-1 산동신씨 애국지사

성명	생몰연대	분파/세대	성장	활동내용	비고
申采浩	1880~1936	高川君 17대	낭성	임시정부	
申圭植	1879~1922	昭安公 16대	가덕	임시정부	
申健植	1889~1963	昭安公 16대	가덕	임시정부	신규식 弟
申洪植	1872~1937	昭安公 16대	가덕	감리교목사, 민족대표 33인	
申伯雨	1887~1962	靈城君 15대	낭성	신민회, 대동청년단 활동 조선노동총동맹 중앙위원	
申學求	1877~1968	靈城君 13대	낭성	미원 3·1운동 주도	
申敬求	1887~1948	靈城君 13대	미원	미원 3·1운동 주도	
申興求	1881~1949	靈城君 13대	청원	미원 3·1운동 주도	
申亨植	1895~1931	靈城君 16대	청주	미원 3·1운동 주도, 군자금 모집	
申영浩	1902~1947	昭安公 17대	가덕	학생 신분으로 3·1운동 주도	
申順浩	1922~	昭安公 17대	가덕	광복군	申健植 딸
申仁植	1924~1980		청원	광복군	

자료: http://narasarang.mpva.go.kr/(국가보훈처 민족정기선양센터).
광복회 충청북도지부, 2001 『忠淸北道 獨立有功者功勳錄』.

지사 73명 중 산동신씨는 16.4%에 이를 정도이다.[2)]

이들 산동신씨들이 외부세계와 소통이 이루어지고 변혁의 소용돌이 가운데 설 수 있었던 것은 신숙주의 후손으로서 전통적인 명문 양반가문이었다는 집안 배경도 중요하지만, 결정적인 계기는 개항 이후에도 관직에 나아가 서울에서 활동하고 있었던 혈연관계와 정치적 배경이 있었다는 점이다.[3)]

2) 국가보훈처 민족정기선양센터(http://narasarang.mpva.go.kr/).

3) 이에 관해서는 任椿洙, 1990 「申圭植 강영심·申采浩 등의 山東門中 開化事例」, 『尹炳奭教授華甲紀念韓國近代史論叢』(한국근대사논총간행위원회)에서 부분적으로 해명되었다. 여기서는 지역사 관점에서 재조명하고자 한다.

실제 1879년에 현재의 청원군 가덕면 인차리에서 차남으로 태어난 睨觀 申圭植(1879~1922)은 친할아버지가 문과에 급제하여 출사한 이래, 아버지와 형이 출사하는 등 고종대 이후 중앙 정계로의 진출이 뚜렷하였고 경제적으로도 부유하였다.[4] 신규식의 부친 申龍雨는 신규식이 고향을 떠나 상경하기 전인 1887년에 의금부 도사를 역임하였다. 신규식의 형인 申延植은 1885년에 司馬蔭으로 檢書官을 지낸 바 있다.[5]

이런 연유로 향리에서 한학을 익힌 신규식은 일정한 정도 서울과 소통이 이루어졌을 것이며, 그 때문에 17살인 1896년 봄 고향에서 결혼을 하고 3개월 뒤에 형 신연식의 주선으로 신학문을 배우기 위해 상경하였다. 서울에 정착한 신규식은 새로 설립된 官立漢語學校에 들어가 3년간 중국어, 한국사, 지리 등을 수학한 뒤 1900년 9월 육군무관학교에 입학하였다.[6]

신규식보다 1년 늦은 1880년(고종 17)에 출생한 丹齋 申采浩는 어려운 집안 형편 때문에 외가인 회덕에서 태어나, 고향인 현재의 청원군 낭성면 귀래리에서 성장하였다. 단재는 문과에 급제하여 正言을 지낸 할아버지 申星雨가 귀래리로 낙향하여 서당을 열자, 회덕에서 귀래리로 이사하여 조부로부터 한학을 수학하였다. 18살이던 1897년에는 청주와 인접한 목천에 내려와 살던 전 학부대신 申箕善 집을 할아버지 소개로 드나들면서 신구학문의 많은 서적을 섭렵하였다. 단재의 뛰어난 재질과 학문에 감탄한 신기선은 단재가 서울 성균관에 입학할 수 있도록 주선하였다. 이것이 계기가 되어 단재는 1898년 가을에 청주에서 서울로 올라가 성균관에 입학하였

4) 任椿洙, 위의 논문, 467쪽.

5) 『高靈申氏世譜』 제10권.

6) 姜英心, 1987 「申圭植의 생애와 독립운동」 『한국독립운동사연구』 1, 독립기념관 한국독립운동사연구소, 227쪽.

고 독립협회운동에 참여하는 등 새로운 인생의 방향전환이 이루어졌다.

단재가 만민공동회에 참여한 시기는 1898년 11월경으로 알려져 있다. 신규식도 같은 시기에 만민공동회 임원으로 참가하였다. 그가 상경한 즉시 만민공동회에 참여할 수 있었던 것은 동도서기적 개화사상을 가지고 있던 신기선과의 만남을 통해 이미 서울은 물론 세계정세에 대한 이해와 대응논리를 익혔기 때문이다.[7] 아울러 단재는 자기보다 2년 먼저 서울로 올라간 같은 문중 청년인 신규식과도 일정한 만남이 있었을 것이며, 그 때문에 두 사람은 같이 만민공동회 간부로 활동할 수 있었을 것이다.

신규식과 신채호와는 다른 개화의 길을 간 인물은 錦霞 申興雨(1883~1959)이다. 현재의 청원군 낭성면 관정리에서 태어난 신흥우는 출생 당시 아버지와 형이 서울에 있었기 때문에 할아버지가 양육하였다. 그가 아버지가 있는 서울로 올라간 것은 7살인 1889년이었고 12살에는 감리교 계통인 배재학당에 입학하였다.

그가 배재학당에 입학한 것은 새로운 인생의 출발점으로서, 그 배경에는 그의 아버지와 형의 역할이 컸다. 아버지 申冕休는 서울에 거주하여 신문물과 접촉하는 기회가 많았고, 서구의 신학문에 호의적인 인식을 갖고 있었다. 그래서 그는 이미 자신이 걸어온 구학문의 한계를 인식하고 아들로 하여금 새로운 시대에 맞게 생활할 수 있도록 아들을 배재학당에 입학시켰다. 형 申肯雨는 이승만과 절친한 사이로 함께 桃洞書堂에서 수학하였고, 후일 이승만이 배재학당에 입학하게 된 것도 그의 권유 때문이었다. 신긍우는 개화에 대해 긍정적인 인식을 갖고 있어 동생을 배재학당에 입학시켜 신학문을 수학하게 하였다.

7) 任椿洙, 앞의 논문, 472쪽.

배재학당 수학기간 중에 신흥우는 당시 개화의 선도자들이었던 서재필·윤치호 등의 지도를 받을 수 있었고, 이승만·정교·주시경 등과도 교류할 수 있었다. 따라서 배재학당 수학기간 동안 그는 신학문과 접하여 "영어를 훌륭히 구사할 수 있게 되고 예수를 믿게 되었으며 머리를 깎게 되었다." 또한 그는 1896년에 서재필·이승만 등과 協成會를 조직하고 정치 토론을 벌이며 근대화 운동을 전개하였다.

이 때문에 신흥우는 이승만 등 다른 배재학당 학생들과 함께 1898년 만민공동회에도 참석하였다. 이는 같은 산동문중 인사인 신규식과 신채호의 사상 흐름과는 다른 배경에서 시작된다. 즉, 신규식과 신채호는 유교적 민족주의 사상을 갖고 만민공동회 활동에 참여한 데 비해, 신흥우는 배재학당 생도의 신분으로 서구 시민사상을 배경으로 참여하였던 것이다. 따라서 성장과정에서 학문 배경에 따라 같은 지역, 같은 문중 출신이면서도 서로 다른 사상을 갖고 있었음을 알 수 있다. 실제 신흥우는 신규식·신채호와는 다른 인생의 길을 걸어갔을 뿐 아니라, 서로 교류나 친분관계도 없었다.

신흥우는 1899년에 배재학당을 졸업한 뒤 1901년에 한성외국어학교 德語科에 입학하여, 우리나라 최초의 학생회를 조직하여 회장으로 활동하였다. 1901년 11월에는 학생회 토론회에서 王制를 혁파하고 대통령제를 신설할 것을 주장, 이듬해 1902년 亂言不告罪로 3년형을 선고받아 복역한 뒤 곧 석방되어 1903년에 미국으로 유학을 떠났다.

미국에서 돌아온 신흥우는 1912년 황성기독교청년회 이사로 배재학당 제4대 교장에 취임하였으며, 1920년부터 1935년까지 조선중앙기독교청년회 총무, 1920년 조선체육회 창립 발기인, 신간회 기독교계 대표 발기인 등 일제시대 한국 기독교를 대표하는 지도자로서의 역할을 수행하였다. 그럼에도 그가 청주지역을 방문해 일정한 종교적·정치적·사회적 활동을 한 일은 없었다.[8)]

이상과 같이 청주지역 양반촌에서 성장한 이들이 서울 중앙무대에서 활동할 수 있었던 배경 내지 계기는 직계가족이 서울에서 관직생활을 하거나 일찍 개화의 필요성을 자각하여 앞날을 밝혀주었기 때문이다. 더욱이 이들의 개화와 중앙에서의 활동은 직·간접적으로 청주 산동문중 청년들에게 영향을 미쳐 많은 수의 인사들이 신학문을 접하거나 신식 정부기관에서 활동하였다.[9)]

특히, 산동문중 청년들이 개화의 길로 나아가는 데 영향을 미친 것은 신규식과 신채호가 고향에 내려가 학교를 설립하는 등 선각자들의 교육운동이 미친 영향력이 컸다. 1900년 초 산동에는 1901년에 설립된 文東學院을 비롯해 德南私塾·山東學堂 등이 있었다. 이들 학교는 신규식·신채호 외에 고향에서 한학을 열심히 수학하던 畊夫 申伯雨가 중심에 서 있었다.[10)]

신백우(1887~1962)는 신규식·신채호가 거주하던 곳에서 약간 떨어진 낭성면 관정리에서 태어났다. 8살 때부터 신채호와 함께 부친에게 한학을 수학하는 등 단재와 절친한 사이였다. 그는 단재가 서울로 올라간 뒤에도 향리에서 전통적인 한학을 수학하였다. 15살이던 1901년에는 7, 8살 손위인 신규식·신채호와 함께 신규식의 고향인 현재의 가덕면 인차리에 문동학원을 설립하였다. 성균관에 입학한 단재가 고향에 내려온 이유는 알 수 없으나, 신규식은 육군무관학교 동맹휴학사건을 피해 향리에 내려와 있었다.[11)] 이를 계기

8) 이상 신홍우에 관해서는 任椿洙, 앞의 논문, 473~475쪽 및 全澤鳧, 1971 『人間申興雨』, 大韓基督教書會; 閔庚培, 1981 『教會와 民族』, 大韓基督教出版社 참조.

9) 任椿洙, 앞의 논문, 475~476쪽.

10) 이하 신백우에 관해서는 畊夫申伯雨先生記念事業會, 1972 『畊夫申伯雨』 및 1973 『荀堂申秉休公文集』, 年譜 참조하며 각주 생략.

로 '山東三才'로 서울까지 소문이 났던 신채호와 신규식·신백우가 한 자리에 모이게 되었다.

이렇게 설립된 문동학원은 신채호가 '한문무용론'을 주장하자 문중 어른들이 분노하여 폐교되었다. 그 뒤 신규식은 1903년에 다시 향리인 가덕면 질마루에 덕남사숙을 설립하여 산술, 측량 등을 가르쳤다. 실제 신규식의 동생으로서 상해 임시정부에서 활동한 申建植(1889~1955)이 덕남사숙에서 수학하였다.[12]

신백우는 그의 나이 18살이던 1904년에 그의 고향인 묵정마을에 귀향중이던 신채호와 함께 산동학당을 설립하였다.[13] 산동학당은 개혁 동지인 申忠植의 집에다 간판을 걸었다. 신백우와 신채호는 산동학당에서 세계 정세를 소개하고 신학문을 가르치며 애국의식을 고취시켰다.[14]

이 같은 학교 설립은 한말 산동문중 젊은이들이 새로운 세상에 눈을 뜨고 외부세계와 소통할 수 있는 발판이 되었다. 그 결과 많은 문중 인사들이 중앙으로 진출하여 활동할 수 있었던 직·간접적인 계기가 되었다.

그렇지만 신홍우는 7살에 고향을 떠난 이후 다시는 청주지역에 내려오지 않았다. 고향에 내려와 근대민족의식과 개화의 물결을 주도하던 신규식과 신채호 역시 1905년 이후 더 이상 청주지역에서 활동하지 않은 반면, 신백우는 지속적으로 지역에서 활동하면서 청주와 서울을 소통시키는 매개체 역할을 하였다.

1905년에 처음으로 서울을 다녀온 신백우는 1908년 1월에 두 번째로 상경, 5월에 광성측량학교를 입학해 10월에 졸업하였다.[15]

11) 강영심, 앞의 논문, 229쪽.
12) 고령신씨대종회, 2000『後孫教養教材』, 고령신씨대종회, 147쪽.
13) 任椿洙, 앞의 논문, 481쪽; 강영심, 앞의 논문, 230쪽.
14) 畊夫申伯雨先生記念事業會, 1972『畊夫申伯雨』, 36쪽.

측량학교를 마친 신백우는 곧바로 향리로 내려와 청주 탑동측량학교에서 다음 해 봄까지 교편을 잡았다. 이때 신백우는 청주 읍내에서 활동하던 개화지식인들과 많은 교류가 있었을 것으로 보인다.

신백우는 23살이던 1909년 봄에 세 번째로 서울에 올라갔다. 그는 단재 신채호의 권유로 신민회에 가입한 뒤, 1909년 9월 청년학우회를 주도적으로 창립하였으며 1908년 11월에 창간된 『소년』지의 편집책임자로도 참여하였다.

특히, 신백우는 1909년 10월에 창단된 대동청년단 단원으로 참여하였다. 대동청년단원은 모두 53명 정도였는데, 그 중 청주 출신은 신채호·신백우·金泰熙·郭在驥·閔橿 등 5명이나 되었다.[16] 김태희(1881~1927)는 청주지역 최초의 근대학교로 1904년에 개교한 청남학교 설립자의 한 사람으로서 청주지역 교육 및 청년운동의 선구자였다. 곽재기(1893~1952)는 청주 출신으로 일찍 서울로 올라가 儆新學校를 다니고 있었다.[17] 이들이 대동청년단에 가담할 수 있었던 것은 청주와 서울을 오가면서 지속적으로 활동하던 신백우가 있었기 때문이다.

이 같은 민족운동과 함께 신백우는 1909년 봄에 입학한 한성외국어학교 일본어부 속성과를 다니면서, 1910년에 들어와 西北農林講習所, 簿記講習所, 음악강습소 등을 차례로 마쳤다. 또한 그는 서울 서대문 밖에 있었던 태극보통학교에서 교편을 잡는 동시에, 야

15) 신백우는 1907년 4월에 양기탁·안창호·전덕기·이회영 등을 중심으로 국권 회복을 위한 비밀결사체인 신민회가 창립되자 신채호의 권유로 신민회에 가입하여 활동한 것으로 알려져 있으나, 畊夫申伯雨先生記念事業會에서 펴낸 『畊夫申伯雨』 및 『荀堂申秉休公文集』 연보 등에서는 그 같은 사실을 확인하기 어렵다.

16) 權大雄, 1992 「大東青年團 硏究」 『韓民族獨立運動史論叢』, 234~235쪽.

17) 광복회 충청북도지회, 2001 『忠淸北道 獨立有功者功勳錄』. 곽재기는 경신학교를 졸업한 뒤 귀향하여 청남학교 교사로 활동하였으나, 3·1운동에 참여하고 만주로 망명하였다.

간에는 보성전문학교 법과 야간부에서 공부하였다. 그러면서 호서학생친목회를 조직해 총무를 맡거나 청주 유학생들로 구성된 상당학생친목회를 조직해 회장을 맡는 등 서울에서 활발히 활동하였다.

한일합방 뒤 신백우는 다시 향리로 내려와 지인들과 시국을 논한 뒤 25살이던 1911년 4월에 신규식의 뒤를 따라 다시 서울을 거쳐 만주로 떠나갔다. 이렇게 신규식과 신백우가 손쉽게 만주로 떠날 수 있었던 것은 1908년 4월에 신백우가 한 차례 만주를 다녀온 데다, 청주에서 한의원을 운영하던 신백우의 부친이 사종형 申奭雨와 청주에 사는 孫哲煥과 함께 1909년 가을에 만주에 가서 망명할 곳을 살피고 돌아왔기 때문이다.[18] 이렇게 신백우 등이 만주로 떠난 이후 1910년대 청주지역은 지역 밖에서 활동하던 인사들과 사실상 소통이 끊어졌다.

2) 청주 출신 민족대표 33인

3·1운동 당시 민족대표 33인 중 청주지역 출신은 손병희·권병덕·신석구·신홍식·정춘수 등 5명이다. 이는 전체의 15.6%나 될 정도로 민족대표 33인 중 가장 높은 단일지역 출신비율이다.

이들 5명은 두 계통으로 나뉘어진다. 손병희·권병덕은 천도교 대표이고, 신석구·신홍식·정춘수는 기독교(감리교) 대표이다. 이들이 청주지역에서 출생하여 성장한 뒤 시대의 큰 흐름에 합류하여 외부활동을 한 데에는 지역사적 배경과 계기가 있었다.

손병희와 권병덕은 모두 동학농민전쟁 당시 크게 활약한 인물들이다. 청주지역은 1880년대에 들어와 동학이 전파되어, 동학농민전쟁기에 주요한 역할을 한 지도자급 인물들이 대거 동학에 들어왔

18) 『畊夫申伯雨』, 570~572쪽 年譜 참조.

다. 손병희와 권병덕도 마찬가지였다.[19)]

손병희(1861~1922)는 청주 북이면 대주리(현 청원군 북이면 금암리) 출신으로, 1882년에 큰조카인 손천민의 주선으로 동학에 입도하였다. 원래 서자 출신인 손병희는 1892년 삼례·공주 집회, 광화문 복합상소와 같은 동학운동 때 주도적인 역할을 하였다. 1894년 동학농민전쟁 때는 동학교단 소속 동학농민군을 이끌고 전봉준부대와 연합해 공주 우금치전투에 참가하였다. 여기서 살아 남은 손병희는 1897년 37세 때 동학의 3대 교주가 되었다. 1904년에는 진보회를 조직하고 1906년에는 동학을 천도교로 바꾸는 등 종교적인 민족운동을 전개하였다.

권병덕(1867~1944)은 현 청원군 미원 출신으로, 18세인 1885년에 동학에 들어왔다. 갑오년 이전에는 두드러진 활동을 하지 않았으나, 1894년 9월 동학농민군이 재기병하였을 때는 손병희와 함께 공주 우금치전투에 참전하였다. 그 뒤 권병덕은 이곳저곳을 방랑하다 다시 손병희를 도와 천도교를 일으키는 데 심혈을 기울였다.

이와 같이 청주지역에서 동학농민전쟁, 더 나아가 동학 및 천도교 지도자들이 많이 배출된 것은 우연이 아니었다. 1880년대 청주지역에서의 동학 확산과 동학농민전쟁의 여파는 지역에 큰 충격을 안겨주었을 것이며, 전통사회와 의식체계를 붕괴시키는 힘으로 작용하였다. 예를 들어, 청주지역 대표적인 명문사족이자 토착세력의 하나로 현 청원군 낭성면에 기반을 둔 고령신씨 산동문중도 동학농민전쟁의 여파가 휩쓸고 지나갔다. 실제 낭성면 묵정에 살던 신백우의 노비들은 주인의 가족들을 위협하거나 도주하였다. 이듬해 신백우 부친이 도망한 노비들을 공주에서 만났으나, 신백우 부

19) 김양식, 2001 『새야새야파랑새야』, 충북학연구소, 39~44쪽.

친은 "젊은 사람들이 기왕 주인을 떠나 독자생활을 하겠다 결심한 일인데 이제와서 還家하겠다니 필시 살기 어려워 그럴 터인즉 이 돈으로 살 길을 찾아 돌아올 생각을 하지 말라"라고 하면서 다시 되돌아가겠다는 노비들에게 살림 밑천까지 주면서 방면한 일이 있었다. 심지어 1894년 10월 신백우는 夏谷으로 거처를 옮겨 살았는데, 다음 해 다시 묵정마을로 還家하였다. 그 이유는 동학농민전쟁 때문에 피난한 것으로 보인다.[20]

그와 같이 동학농민전쟁의 여파로 지역단위의 전통사회가 급격히 해체되고 폐쇄된 지역사회가 보다 개방화되면서, 지역민과 외부세계와의 소통도 전보다 다양하고 역동적으로 이루어졌다. 그것은 청주 출신 민족대표 33인 중 감리교목사 3명의 출세과정에서 잘 증명된다.

鄭春洙(1875~1951)는 본관이 光州, 자는 明玉, 호는 靑吾인데, 신규식의 고향인 현 청원군 가덕면 인차리와 이웃한 계산리에서 錫駿의 아들로 태어났다. 그의 부친은 청주에서도 잘 알려진 한학자였으나, 11살 때 부모가 모두 별세하여 어려운 어린 시절을 보냈다. 22살이던 1896년까지 고향 사숙에서 한학을 익히던 정춘수는 고향을 떠나 원산으로 이사하였다. 그는 1903년에 원산 대부흥운동 때 남산동교회에서 미국 남감리교회 선교사 하디(R. A. Hardie)의 감화를 받고 기독교인이 되었으며, 다음 해 하디 선교사로부터 세례를 받고 전도활동에 나섰다. 1908년에는 감리교신학교인 협성신학교에 입학, 1911년에 제1회 졸업생이 되었다.

1911년에 목사 안수를 받은 정춘수는 전국 각지를 돌면서 포교활동을 하였을 뿐 아니라, 1919년 원산 남촌동교회 목사로 재직하던 중 '독립선언서'에 서명을 하여 1년 6개월의 징역형을 받았다.

20) 畊夫申伯雨先生記念事業會, 1973『堂申秉休公文集』, 300~301쪽.

석방된 뒤에도 계속 종교활동 외에 신간회에 참여하는 등 민족운동에도 적극적이었다. 1934년에는 흥업구락부사건에 연루되어 서대문경찰서에서 105일 동안 고문을 당하였는데, 이 사건을 계기로 변절하여 대표적인 기독교계의 친일파로 전락하였다.

청춘수는 이와 같은 활동을 하였지만 청주지역으로 내려와 활동을 한 일은 없었다. 간접적인 영향을 미친 증거도 찾을 수 없다. 다만 한국전쟁 때 전란을 피하여 청원군 강외면 궁평리에 사는 적손 집에 잠시 머물다 1951년에 향년 77세로 생을 마쳤다. 묘소는 강내면 궁현리에 있다.[21)]

申錫九(1875~1950)는 신채호와 신백우의 향리인 현 청원군 낭성면과 인접한 미원면 금관리 갯골마을(介洞)에서 가난하지만 뿌리가 있는 申在綺의 차남으로 태어났다. 그의 집안은 평산신씨 思簡公派의 후예로서 4대조의 무덤이 괴산, 3대조의 무덤이 진천, 할아버지의 무덤이 갯골에 있다. 이것으로 보아 신석구 집안은 그의 할아버지 때 청주에 정착한 것으로 보인다.

그는 어린 시절부터 엄격한 유교의 가풍 속에서 한학을 배우며 성장하였는데, 지혜가 총명하여 11세 때에는 향리 서당에서 가르치기도 하였다. 그렇지만 7살 때 어머니, 15살 때 아버지가 세상을 떠나는 등 조실부모하였다. 아버지가 돌아가신 뒤 충격을 받은 신석구는 형님 댁에 얹혀살게 되면서 20살이던 1894년까지 방탕한 생활을 하였으나, 『격몽요결』을 읽고 대오각성한 뒤 私塾에서 아이들에게 한학을 가르쳤고, 25살이던 1899년에는 어느 군수의 집에서 10개월 동안 군수 아들을 개인지도하기도 하였다.

그 뒤 신석구는 27살이던 1901년에 청주 읍내로 나와 친구 김진우가 경영하는 전당포 서기로 일을 하였으나, 1906년에 친구를

21) 전순동, 2005 『忠北基督教百年史』, 충북기독교선교100주년기념사업회, 778~782쪽.

대신하여 사기횡령죄로 수감되었다. 3개월간 옥고를 치르다 병보석으로 집에 돌아온 신석구는 청주를 떠나 이리저리 떠돌아다녔다.

1907년에 서울에서 친구 김진우를 다시 만난 신석구는 김진우의 권유로 함께 서울을 떠나 경기도 장단군 고랑포에 가서 약국을 시작하였다. 그 무렵 기독교 감리교의 대부흥운동이 한창 진행중이었는데, 신석구는 고랑포교회에서 열린 부흥회에 참석하여 처음으로 예수를 접하고 기독교인이 되었다. 이때가 33살인 1907년 7월 14일이었다.

이렇게 방랑 끝에 기독교인이 된 신석구는 1907년 8월에 개성에서 고랑포교회로 순행 전도사로 온 정춘수를 만났다. 그는 정춘수를 따라 개성으로 가서 그의 집에 1년간 유숙하면서 미국인 의사의 어학교사로 활동하였고, 1908년 3월 29일 개성 남부예배당에서 왕영덕(A. W. Wasson) 선교사로부터 세례를 받은 뒤, 기독교의 진리를 더 깊이 알기 위해 경성 협성신학교(현 감리교신학대학)에 입학하였다.

그러나 신석구가 협성신학교를 졸업한 것은 나이 48세인 1922년으로, 세례를 받은 뒤에는 주로 기독교를 전도하는 데 심혈을 기울였다. 그는 35세인 1909년 2월 1일 개성 북부교회에서 기의남(Rev W. G. Cram) 선교사를 만나 전도인이 되었으며, 그 뒤 1909~1910년 개성 북부교회 담임, 1910~1914년 강원 홍천교구장, 1915~1918년 춘천지방 부흥사업 등을 역임하면서 1910년대 기독교 선교에 진력하였다. 1919년에는 감리교 대표로 '독립선언서'에 서명 날인하였는데, 1920년에 보안법 및 출판법 위반 혐의로 2년형을 선고받고 서대문형무소에서 옥고를 치루었다. 출옥한 뒤에도 충남 천안에서 신사참배를 거부하여 검거되었고, 1945년에는 전승기념예배를 거부하여 3개월간 구금되기도 하였다.

해방 뒤에는 북한에서 1946년 3·1절 기념방송에서 공산당정책을 공개적으로 비판하고 1947년에 반공노선의 기독교민주당을 결성하는 데 앞장을 서는 등 반공운동을 전개하였다. 1949년에 진남포에서 반동비밀결사의 고문으로 추대되었다는 혐의로 북한 중앙정치보위부에 의해 피검되어 1950년에 총살되었다. 이로써 신석구는 고향 청주로 내려와 활동할 기회를 잃은 채 향년 76세로 생을 마감하였다.[22)]

申洪植(1872~1939)은 청주군 문의면 문산리(현 청원군 가덕면 인차리)에서 부친 申驥雨와 모친 崔撒拉 사이에서 차남으로 태어났다. 신규식과 같은 고령신씨 昭安公 16대손이다. 그는 13세 때 詩律을 저작하고 16세 때 사서삼경을 독파할 정도로 재능이 있어 과거공부에 매달렸으나, 1887년에 부친이 별세하면서 가정적으로 어려운 처지에 놓인 데다 서출이라는 신분적인 제약을 받지 않을 수 없었다. 그래서 동학농민전쟁이 일어나자 성공하기를 간절히 바랄 정도였다고 한다.

그러나 동학농민전쟁이 실패로 돌아가고 갑오개혁으로 과거제도가 폐지되자, 그는 앞날을 기약할 수 없게 되면서 현실을 크게 탄식하며 방황하였다. 그는 생활 유지를 위해 장삿길에 나섰으나, 술과 무절제한 생활의 연속이었다.

이러한 그를 변화시킨 결정적인 계기는 1904년에 청주읍교회에 나가면서부터였다. 이때부터 그는 새로운 삶을 살기 시작하였고, 선교사에게 유능한 인재로 발탁되어 목회의 길을 걷게 되었다. 그는 1906년에 보은군 보은교회 권사로 목회생활을 시작하였는데, 1910

22) 김재황, 1988『巨星 殷哉 申錫九 牧師 一代記』, 대구제일감리교회; 백병권, 1997「신석구목사의 생애와 민족운동 연구」, 목원대 신학대학원 석사학위논문; 이덕주, 2000『신석구 연구』, 기독교대한감리회 홍보출판국 참조.

년경에는 감리교 협성신학교에 입학하였다.

1913년에 신학교를 졸업한 신홍식은 집사목사 안수를 받음과 동시에, 목사로서 본격적인 목회활동을 시작하였다. 그가 활동한 지역은 주로 공주, 평양, 인천, 원주지역이었다. 1919년에는 평양 남산현교회 목사로서 서울로 올라와 '독립선언서' 작성에 깊이 관여하여 1920년에 보안법 및 출판법 위반 혐의로 2년형을 선고받았다. 출옥한 뒤에도 주로 인천과 원주 등지에서 목회활동과 민족운동을 계속하였으나, 1935년 원주읍 교회 목사를 끝으로 은퇴할 때까지 청주지역에서 활동한 일은 없었다. 다만 1938년 2월 흥업구락부 사건으로 곤욕을 치른 뒤 청주로 낙향하였으나, 이미 그는 병마와 일제의 감시로 이렇다 할 활동을 하지 못한 채 1939년 3월 18일에 일생을 마쳤다.[23)]

이상과 같이 민족대표 33인 중 청주 출신 기독교 대표로 활동한 정춘수, 신석구, 신홍식 세 사람의 특징은 모두 어린 시절 한학을 공부하였고 조실부모하거나 서자 출신으로서 경제적으로나 사회적으로 불운하였다는 점이다. 특히, 이들은 과거제도가 폐지되어 더 이상 전통적인 방식으로 출세의 길이 막힌 1895년 이후 새로운 삶의 길을 찾아 고향을 떠났고, 그 과정에서 기독교를 만나 인생의 전환점이 이루어졌다.

이들의 또 다른 공통된 특징의 하나는 고향이 비슷한 점이다. 정춘수는 현 청원군 가덕면 계산리, 신석구는 미원면 금관리, 신홍식은 가덕면 인차리이다. 이들 지역은 모두 인접해 있으며, 신규식·신채호·신백우가 성장한 지역과 같거나 이웃 마을들이다. 따라서 이들의 성장 배경과 의식 형성에는 산동문중의 움직임도 영향을 미

23) 동오 신홍식목사전집간행위원회, 1980 『동오 신홍식 목사 약사』; 충청북도, 1987 『人物誌』, 127~128쪽; 전순동, 앞의 책, 738~739쪽 참조.

쳤을 것으로 추측된다.

그렇지만 그들은 불운한 어린 시절의 추억을 간직한 고향을 떠나간 뒤 다시 청주지역으로 내려와 활동하지 않았다. 사실상 지역은 그들을 낳고 길러 주었지만, 그들에게 지역의식은 없었다. 그 때문에 중앙에서 성공한 그들의 명망성 및 실력과 배경은 실질적으로 지역발전으로 이어지지 못하였다.

3. 청주지역 사립학교 설립운동

1901~1904년경에 신규식·신채호·신백우 등이 산동에 세운 학교는 오래 지속되지 못하였다. 신규식과 신채호는 학교 설립 이후 곧바로 상경하였다. 1904년에 산동학당을 세운 신백우 역시 19살이던 1905년 3월에 처음으로 상경하였다. 그러나 부인의 病死로 9월에 귀향한 뒤 한동안 독서와 시부, 그리고 사색의 나날을 보냈다.[24)]

그렇지만 개화지식인과 자강단체 등을 중심으로 한 근대학교 설립 움직임은 일반화되었다. 청주지역도 예외가 아니었다. 청주 유생인 신홍우 등은 1901년에 이미 자비로 향교 안에 학교를 세워 학생들을 모아 교육하였고,[25)] 1904년 청주에 사는 前主事는 일본인을 고용하여 사립 일어학교를 설립하여 40명의 학생들을 교육하였다.[26)] 또 1906년에는 청주 유지들이 찬조하여 기숙사가 있는 淸湖學校를 설립하였는데, 곧바로 普成中學校로 교명을 바꾸었고 1908년에는

24) 『畊夫申伯雨』, 37~39쪽.
25) 《皇城新聞》, 1901. 5. 9.
26) 《皇城新聞》, 1904. 5. 10.

측량학교를 부설로 설립하였다.[27)]

그런데 보성중학교 부설 측량학교와 앞서 설명한 신백우가 교사로 있었던 측량학교가 어떤 관계인지는 불명확하다. 1908년 4월 서울을 거쳐 만주를 다녀온 신백우는 서울에 있는 廣城測量學校에서 5개월간의 속성 수업을 마친 뒤 다시 고향으로 내려왔는데, 청주 탑동측량학교 교사로 초빙되었다. 이 곳에서 신백우는 1909년 봄까지 모두 200여 명의 측량사를 길러 내었다.[28)]

이렇듯 한말 청주지역에서도 활발히 학교가 설립되었는데, 1907년 5월 11일에는 청주에서 충청남북도 각 학교 연합 대운동회가 열렸다. 이날 참석한 총학생수가 800여 명, 내외빈이 600여 명이나 될 정도로 성황을 이루었다.[29)] 청주군수 윤태흥 역시 1907년 말에 면장과 이장을 초청하여, 학생들을 선발하여 보성학교에 보내 인재를 양성하라고 독려할 정도였다.[30)]

학교 설립은 문중 차원에서도 주도되었는데, 고령신씨가 대표적이었다. 서울에 있던 고령신씨 인사들은 동도서기적인 개화와 興學을 위해 1908년 5월에 靈川學契를 결성하였다. 그 주도층은 주로 청주 산동문중 출신이었다.[31)] 그 때문에 청주와 문의, 옥천에 지회를 두었으며 학계의 취지에 따라 사립학교와 家族俱樂部를 설립하도록 하였다.[32)] 실제 〈표 1-2〉와 같이 申亨雨가 현재의 청원군 낭성면 머구미마을에 淸東學校, 申昇求는 문의에 文東學校를 세웠는데, 그 비용은 문의에 사는 문중 인사인 申徹休가 출연한 것으로

---

27) 《大韓每日申報》, 1906. 9. 5; 1908. 11. 22.
28) 『畊夫申伯雨』, 41~42쪽.
29) 《皇城新聞》, 1907. 5. 20.
30) 《大韓每日申報》, 1907. 12. 25.
31) 영천학계에 관해서는 任椿洙, 앞의 논문, 482~486쪽에 자세히 분석되어 있다.
32) 任椿洙, 앞의 논문, 482~486쪽 참조.

표 1-2 한말 청주지역 사립학교 현황

학교명	소재지	설립자	교장명	학과목	수업연한	교원수	학생수	경비예산	인 가 년월일
普成學校	청주군 청주읍 서문내	鄭永澤	閔泳殷	보통과 일 어 실습과	6	3	48	1,164,000	1909. 5. 10
彰東學校	청주군 남일면 가산	尹泳成	尹泳成	〃	6	2	25	258,000	1909. 5. 14
清東學校	청주군 산동면 묵촌	申亨雨	申亨雨	〃	4	2	41	618,000	1909. 6. 16
新明學校	청주군 산외이면 지천	吳彰植	吳彰植	〃	6	2	49	281,900	1909. 8. 21
清北學校	청주군 북산외이면 석화동	李喆榮	李喆榮	〃	4	1	34	111,800	1909. 8. 9
塔洞普成小學校	청주군 북강외일면 탑동	鄭龍澤	鄭龍澤	〃	4	2	42	592,000	1909. 8. 16
清明學校	청주군 동주내 교동	柳梅哲	吳長鉉	보통과 일 어	4	2	43	400,000	1909. 6. 16
德新學校	청주군 서강외이하면 덕촌	鄭在鳳	鄭在鳳	〃	3	3	45	1,135,000	1909. 8. 19
文東學校	문의군 동면 지촌	申昇求	申昇求	보통과 일 어	4	2	48	669,000	1909. 6. 12
義成學校	문의군 삼도면 구평리	吉原治三郎	吉原治三郎	실업과 보통과 일 어	3	2	16	500,000	1909. 6. 12
華榮學校	문의군 일도면 중덕리	吳永沃	吳漢秀	〃	3	1	20	461,000	未認可
文興學校	문의군 읍내면 상동	李儀宰	趙寅植	〃	4	2	49	694,300	未認可

자료: 정삼철 역, 2005 『100년전 충북의 옛 모습-청주시편-』, 충북학연구소, 73쪽.

보인다.[33)]

이리하여 청주지역은 1907년에 세워진 공립 청주보통학교 외에 크고 작은 사립학교가 설립되었다. 1909년 현재 청주지역 사립학교 설립 현황은 〈표 1-2〉와 같다. 〈표 1-2〉에서 청주지역에 설립되어 있던 사립학교는 미인가 2개교를 포함해 모두 12개나 되었다. 지역적 분포 역시 청주 읍내에만 집중되지 않고 여러 면에 걸쳐 있었다. 설립시기는 〈표 1-2〉와 같이 모두 1909년에 설립 인가된 것으로 되어 있으나, 이들 학교는 1906년에 설립된 보성학교의 예로 보아 실질적으로 1906~1909년경에 설립된 것으로 볼 수 있다. 탑동에 자비로 보성소학교를 세운 정용택은 이미 1909년 3월에 측량교육을 실시하고 노동야학을 개설하였다.[34)]

이와 같은 학교 외에도 1909년 초에 청주 강서면에 있는 蓮興學校에서 졸업식이 거행되었고,[35)] 1910년에 청주 湖興學校 안에 노동야학교가 개설되었다.[36)] 따라서 한말 청주지역에는 〈표 1-2〉와 같은 12개교 외에도 알려지지 않은 사립학교가 많았을 것으로 보인다.[37)]

특히, 〈표 1-3〉과 같이 청남학교를 비롯한 5개의 사립 종교학교가 4개면에 걸쳐 있었다. 이들 종교학교는 설립자가 모두 미국 북장로회 선교사이자 충북 선교의 개척자인 閔老雅(Frederick Scheiblin Miller, 1866~1937)로서, 장로교 계통의 학교들이다. 그 중에서도 청남학교는 원래 1904년 11월 1일 方興根, 金泰熙, 金源培 등이 방흥

33) 《皇城新聞》, 1908. 7. 14.
34) 《皇城新聞》, 1909. 3. 23.
35) 《大韓每日申報》, 1909. 2. 2.
36) 《大韓每日申報》, 1910. 1. 19.
37) 한말 청주지역 사립학교 설립과 성격에 관해서는 金炯睦, 2002 「한말 충북지방의 사립학교설립운동」 『한국근현대사연구』 제23집 참조.

표 1-3 한말 청주지역 사립 종교학교 현황

학교명	소재지	설립자	교장명	학과목	수업 연한	교원수	학생수	경비예산	설 립 년월일
청남 학교	청주군 동주내면 동주내동	閔老雅	桂君	예수교 보통과	7	3	49	900.000	1909. 8. 1
청신 여학교	청주군 동주내면 금천동	〃	〃	〃	〃	1	25	192.000	1909. 8. 7
청서 학교	청주군 서강내일면 신대동	〃	吳天甫	〃	4	1	15	120.000	1909. 8. 7
청동 소학교	청주군 청천면 강좌동	〃	李鍾昊	〃	4	1	12	64.940	1909. 8. 7
청북 소학교	청주군 산외일면 묵방동	〃	安慶淵	〃	4	1	25	64.940	1909. 8. 7

자료: 정삼철 역, 2005『100년전 충북의 옛 모습-청주시편』, 충북학연구소, 74쪽.

근의 집에 설립한 廣南學校로서, 1908년에 청남학교로 교명을 변경하였고 운영도 청주읍교회에서 맡아 안정적으로 성장할 수 있었다.[38] 이들 종교학교 설립자가 모두 민노아로 되어 있는 것은 민노아가 실제 설립하였다는 의미가 아니라, 청주읍교회(현 청주제일교회)가 관장하였기 때문이다.

이와 같은 사립학교를 설립·운영한 주체들은 〈표 1-2〉와 〈표 1-3〉에서 어느 정도 파악할 수 있으나, 그들에 대한 구체적인 신상정보는 대부분 확인할 수 없다. 현재 〈표 1-2〉와 〈표 1-3〉에 등장하는 사립학교 설립자와 교장 중에서 어느 정도 신상을 알 수 있는 인물은 민영은, 정용택, 오천보뿐이다. 보성학교 교장으로 추대된 민영은은 1870년에 현 청원군 북일면 내수에서 태어나 1904~1907

38) 청남학교에 관해서는 전순동·최동준, 1999「일제기 청주지방의 민족교육운동-청남학교를 중심으로」『중원문화논총』2·3집 참조.

년에 청주군수를 역임한 관료 출신이다. 탑동 보성소학교를 설립한 정용택은 가산을 정리하여 학교를 세운 인물인데, 주민들의 방해에도 불구하고 '山林令'을 대비해 측량교육을 실시하였다.[39] 앞에서 언급한 신백우가 1908~1909년에 걸쳐 교사로 있었던 측량학교가 바로 정용택이 세운 측량학교로 추정된다. 사립 종교학교인 청서학교장이었던 오천보는 1901년에 청주, 더 나아가 충북지역 최초의 교회인 신대교회를 현 청주시 흥덕구 신대동에 세운 인물이다. 오천보는 선비 전통을 지닌 해주오씨 양반 가문에서 출생했지만, 행상을 한 점으로 미루어 볼 때 사회경제적으로 명문가 출신은 아니었다.[40]

청주 읍내 최초의 사립학교인 광남학교를 세운 방흥근, 김태희, 김원배는 1904년에 청주읍교회를 창립하는 데 주역을 담당한 유망청년들로 알려져 있으나, 방흥근과 김원배에 관해서는 알려진 바가 없다. 김태희(1877~1937)는 청주 탑동에서 태어나 일찍부터 신학문을 접하고 기독교를 받아들인 뒤, 1904년 청주읍교회 설립, 광남학교 설립, 1909년 청신여학교 설립에 주도적인 역할을 담당한 인물이다. 또한 신백우의 주선으로 1909년에 대동청년단에 가입하는 등 한말 청주 제일의 선각자이자 교육 및 민족운동가였다.[41] 이와 같은 몇몇 인물들을 통해 알 수 있듯이, 1900년대 후반 청주지역에서는 각계각층이 사립학교 설립운동에 참여하였다. 그렇지만 이들 개화지식인 중에 김태희만 서울을 오가면서 활동하던 신백우의 주선으로 유일하게 청주지역을 벗어난 민족운동에 참여하였다. 그것은 그만큼 한말 청주지역 사립학교 설립주체들의 정치기반이 미약하였

39) 《皇城新聞》, 1909. 3. 23.
40) 전순동, 앞의 책, 136~137쪽.
41) 전순동, 앞의 책, 223~225쪽.

다는 것을 보여 주는 것이다.

그 때문에 1904~1909년에 걸쳐 활발히 설립·운영되던 사립학교는 일제시대에 들어와 급격히 위축되었다. 일제는 1911년에 제정된 조선교육령과 사립학교규칙에 근거하여 사립학교를 억압하였고, 그 결과 대다수의 사립학교는 일제의 탄압과 재정난으로 문을 닫지 않을 수 없었다.

다만 사립 종교학교만은 명맥을 유지할 수 있었다. 〈표 1-3〉과 같은 종교학교 중에서 청남학교는 일제시대 청주지역 유일한 사립학교로 존립하여 오늘에 이르고 있다. 나머지 청동학교와 청서학교는 1910년대에 사숙으로 전락하고, 청신여학교는 1923년에 청남학교로 흡수되었고, 청북학교는 인가를 받지 못한 채 명맥을 유지하다 1932년경에 학술강습소로 변하였다.[42)]

이와 같은 사립학교 몰락은 곧 1900년대 후반 급격히 성장한 개화지식인과 그들의 애국계몽운동의 열기를 잠재운 것이다. 실제 〈표 1-2〉의 사립학교 설립주체들이 1910년대에 청주지역에서 활동한 뚜렷한 흔적은 찾아볼 수 없다. 김태희 역시 3·1운동 이후 청주청년회와 신간회와 같은 민족운동에 참여하지만, 1910년대에는 이렇다 할 활동이 없었다.

1900년대 초에 신규식과 신채호 및 신백우가 산동에 뿌린 학교 설립도 자생력을 잃고 명맥을 유지하지 못한 채 단절되었다. 1903년에 신규식이 세운 덕남사숙이 있었던 현재의 청원군 가덕면에는 1921년에 가서야 공립보통학교가 건립되었다. 신백우와 신형우가 각각 1904년과 1908년에 학교를 세운 바 있는 현재의 청원군 낭성면에는 1944년에 가서야 신백우 등의 발의로 산동문중 재산으로 산동국민학교가 설립되기에 이르렀다.

42) 전순동, 앞의 책, 271쪽.

4. 맺음말

이상과 같이 일제시대에 대외적으로 크게 활약한 신채호·신규식·신백우와 같은 산동문중 고령신씨와 청주 출신 민족대표 33인을 중심으로 청주지역이 외부세계와 소통을 맺고 그것이 지역사회에 미친 영향을 살펴보았다. 이 같은 연구를 통해 얻을 수 있는 시사점은 다음과 같다.

청주지역이 전통사회에서 근대사회로 이행하는 큰 분수령은 동학농민전쟁이었다. 동학농민전쟁과 뒤이어 추진된 갑오개혁은 전통적인 지역사회를 해체하고 지역민에게 새로운 선택을 강요하였다. 특히, 과거제도의 폐지로 전통적 방식인 한학 수학과 과거를 통한 출세의 길이 차단됨에 따라 지역민의 외부세계와의 소통과 출세의 길은 크게 세 가지 방향으로 나타났다.

첫째, 서울로의 출항을 통한 신학문 수용이다. 이와 같은 길을 걸은 인사는 신규식·신채호·신홍우·신백우 등과 같은 청년들이다. 이들은 과거제도가 폐지되어 더 이상 전통적인 방식으로 출세의 길을 걸을 수 없게 되자, 서울로 올라가 신학문을 수용하고 시대적 변화에 적극 대처한 인물들이다. 이런 경우는 과거시험을 대비해 어린 시절부터 한학을 공부하던 양반 출신의 자제가 대부분이기 때문에, 선대 또는 문중의 인사가 서울과 기맥이 통하여 소통할 수 있었다.

둘째, 천도교 인맥이다. 충북지역은 1875년부터 1894년까지 최시형이 이끄는 동학교단이 있었을 뿐 아니라, 동학의 3대 교주인 손병희의 출생지이다. 그 때문에 손병희가 1905년에 동학을 모태로 천도교를 창시한 이후에도 충북 출신 인사들이 천도교에 적극 참여하였다. 그 대표적인 인물이 손병희·권병덕·권동진 등으로, 이들은 3·1운동 당시 민족대표 33인으로 활동하였다.

셋째, 고향을 떠나 기독교와의 만남이다. 이와 같은 길을 걸은 인사는 신홍식·신석구·정춘수 등인데, 이들의 공통점은 가난한 집안에서 출생하거나 불운한 어린 시절을 보내며 개인적인 방황을 통해 새로운 세계와 소통을 맺은 점이다. 이들은 고향을 떠나 기독감리교에 들어가 협성신학교에 입학하여 목사가 되었으나, 고향으로 돌아와 활동하지는 않았다.

이렇게 외부세계와 소통이 이루어지고 출세의 길을 나선 인사들은 둘째와 셋째의 경우 지역기반이 없거나 미약하기 때문에 다시 고향에 내려와 활동하지 않은 반면, 첫째의 경우 지역기반이 존재하기 때문에 지역에 내려와 일정한 활동을 하였다.

그래서 산동문중 명문가 출신으로 서울에서 활동하던 신규식과 신채호는 1900년대 초 고향으로 내려와 신백우와 함께 학교를 설립하는 등 개화자강운동을 전개하였다. 특히, 신백우는 1911년 만주로 떠나기 전 청주와 서울을 오가면서 두 지역을 소통시키는 매개체 역할을 하였다. 그 때문에 청주에서만 활동하던 인사들이 전국적인 단체인 대동청년단에 가입하는 등 지역인사들의 활동기반과 인식지평을 확대하는 데 일조하였다.

그렇지만 한일합방은 청주에서 전개되던 새로운 변화의 물결과 가능성을 차단하였다. 1900년대 초 청주와 서울을 연결하던 인맥이었던 신채호·신규식·신백우가 1910년을 전후로 차례로 만주로 옮겨감에 따라, 1910년대 청주는 고립화될 수밖에 없었다. 한말 활발히 전개되던 사립학교 설립운동도 조선총독부의 식민지 교육정책에 따라 단절되었다.

더욱이 한말 청주 출신 개화지식인들은 자신들이 태어나고 성장한 청주에 대한 지역의식이 미약하였다. 청주 출신 민족대표 5명은 물론, 신규식과 신채호·신백우 역시 청주지역에 관한 글을 남기지 않았을 뿐 아니라 지역 차원의 활동도 매우 제한적이었다.

그 결과 한말 일정한 정도 중앙과 소통을 맺고 활발히 전개되던 청주지역 개화지식인의 움직임도 1910년대에 들어와 중앙과 인적 소통이 끊긴 채 국지적으로 전개되었다. 그것은 1920년대 청주지역의 지역적 한계로 작용하였다. 그래서 1920년대 이후 김태희 등과 같은 토착 지역인사들에 의해 주도된 청년회 활동이나 신간회 설립, 사회주의 운동 등은 상대적으로 미약한 실정이었다.

제 2 장

충북선 부설과 지역변화

1. 머리말
2. 충북선 부설
3. 충북선 성격
4. 충북선 운행에 따른 지역공간구조의 변화
5. 맺음말

1. 머리말

1900년 전후 100년 동안 전 세계적으로 부설된 철도는 세계 자본주의의 팽창과 산업화를 보여 주는 대표적인 교통수단이었다. 그것은 단지 교통운수수단으로서의 역할 외에 정치·경제·사회·문화 등 모든 면에 걸쳐 파급효과가 대단히 컸다. 따라서 철도 부설과 그에 따른 국가 내지 지역변화는 근대화 과정을 잘 보여 줄 뿐 아니라, 그를 통해 다양한 시대변화를 읽을 수 있는 중요한 연구과제가 아닐 수 없다.

한국의 경우도 예외는 아니었다. 20세기 경부철도를 중심으로 이루어진 한국에서의 철도 부설은 곧 한국의 자본주의화, 식민지화, 산업화, 도시화, 근대화와 직결되어 있다. 기차가 몰고 온 사회경제적인 변화와 일상생활의 변모는 한국 사회변동의 척도가 되다시피 하였다. 다만, 한국의 경우 철도 부설의 주체가 일본 제국주의였다는 점, 부설 자본이 일본 자본이었고 그 때문에 철도 부설 이면에는 일제의 침략성과 수탈성이 내포되어 있고, 그것이 한국의 내재적인 주체적 발전을 저지하고 왜곡·억압시켰다는 점에서 특수성을 지니고 있다.

이처럼 일제시대 철도 부설과 그에 따른 파급효과가 중요한 만큼 지금까지 많은 연구성과가 축적되었다. 일본이 철도 부설권을 탈취해 가는 과정을 통해 일제의 침략정책 본질을 구명한 연구, 한국의 주체적인 철도 부설운동에 관한 연구, 일제의 철도 부설과정에서 나타난 한국인의 저항과 대립에 관한 연구, 일제하 일제의 철도정책과 철도 부설에 관한 연구, 일제하 철도 부설에 따른 인적·물적 이동의 실태와 영향에 관한 연구, 철도산업의 고용구조에 관한 연구 등 다양한 연구가 진행되었다. 특히, 1999년도에 간행된 정재정의 『일제침략과 한국철도』(서울대 출판부)는 그 동안의 연구성과를 집대성하고 연구수준을 한 단계 끌어올린 한국 철도사 연구의 최대 성과이며, 최근 20세기 전반 철도수송 연구,[1] 철도 참가에 관한 연구,[2] 경인선에 대한 역사·문학·지리학 연구도 시사하는 바가 크다.[3]

그렇지만 지금까지의 연구는 많은 연구성과에도 불구하고 몇 가지 한계와 새로운 연구를 기다리고 있다.

첫째, 기존 연구는 국가단위의 거시적인 접근을 통해 경부철도를 비롯한 국유 간선철도망의 부설과정과 그에 따른 영향 및 일제의 침략성 등이 주로 분석되었다. 그를 통해 일제의 철도 부설과 그것이 갖는 침략성과 사회경제적인 성격 규명이 이루어져 한국 철도사의 대체적인 윤곽과 거시적인 성격이 해명되었다.

앞으로의 연구는 지금까지 이루어진 국가단위의 거시적인 연구성과와 틀을 토대로 보다 미시적인 연구가 요구된다. 그를 위해서는 지역단위의 연구, 즉 철도 부설에 따른 지역변화를 보다 구체적으로 구명하고 그것을 종합하여 전체적인 철도역사상을 재구성할 필요성이 있다.

둘째, 지금까지 경부선을 비롯한 국유철도에 관한 연구는 많이

1) 허우금, 2010 『일제 강점기의 철도수송』, 서울대 출판부.
2) 구인모, 2009 「일본의 식민지 철도여행과 참가」 『정신문화연구』 116; 최현식, 2010 「철도참가와 문명의 향방」 『민족문학사연구』 43.
3) 조성면, 2005 「철도와 문학－경인선 철도를 통해서 본 한국의 근대문학－」 『인천학연구』 4, 인천대 인천학연구원; 이영민, 2005 「경인선 철도와 인천의 문화지리적 변화」 『인천학연구』 4; 견수찬, 2008 「근대 인천의 철도교통」 『인천문화연구』 6; 임채성, 2008 「경인철도의 형성·운영과 그 사회경제적 영향」 『인천문화연구』 6.

축적되었으나, 私設鐵道에 대한 연구성과는 부족하다.[4] 忠北線에 관한 연구는 전무한 실정이다.

사설철도는 일제가 획책한 縱貫鐵道와 그 간선철도망에서 벗어나 있는 민간철도인데, 대표적인 것이 경춘선, 장항선, 충북선 등이다. 사설철도는 국유철도보다 비중이 낮은 것이 사실이나, 그에 대한 연구가 종합적으로 이루어질 때 철도에 대한 전체상이 만들어질 수 있을 것이다. 특히, 사설철도는 특수한 목적을 띠거나, 특정 지역에 부설된 경우가 일반적이다.

따라서 사설철도에 대한 연구는 일제의 철도 부설과 그 침략성이 갖는 일반성 외에 특수성을 밝혀낼 수 있을 뿐 아니라, 특정 지역의 변화를 구체적으로 해명할 수 있는 연구주제가 아닐 수 없다. 그 중에서도 경춘선, 장항선, 충북선 등은 각각 해당 지역사회와 밀접히 연결되어 있는 만큼 철도 부설에 따른 지역변화를 밝혀 낼 수 있는 연구주제들이다.

셋째, 연구분야가 특정 시기와 분야에 집중되어 있다. 지금까지의 연구대상시기는 주로 1900년 전후에 집중되었다. 연구분야는 한국의 주체적인 철도 부설운동과 일제의 철도 부설권 탈취, 일제의 철도 부설과 그에 따른 한국인의 저항운동, 일제의 철도정책과 경부철도 부설 등이다. 앞으로의 연구는 철도 부설에 따른 사회경제적인 변화, 교육·문화·일상생활의 변화와의 상관관계, 지역 근대성 형성과 지역공간구조의 변화 등 지역단위의 보다 미시적인 다양한 연구가 요청된다.

넷째, 현재적인 문제의식이 부족하다. 철도 부설과 그에 따른

4) 최근의 연구성과로는 김민영·김양규, 2005『철도, 지역의 근대성 수용과 사회경제적 변용－군산선과 장항선－』, 선인; 전성현, 2009「일제하 동해남부선 건설과 지역 동향」『한국근현대사연구』48 등을 들 수 있다.

지역변화는 오늘날의 지역문제와 직결되어 있을 뿐 아니라, 더 나아가 통일문제와 21세기 국가의 국토 및 세계전략과도 밀접한 관련성이 있다. 따라서 20세기 철도사를 다루는 데 있어서 오늘날의 지역·국가문제에 대한 실천적인 고민 속에서 철도사적 원인을 찾고 경험을 제공할 수 있는 문제의식이 전제될 필요가 있다.

이에 본 장에서는 일제시대에 사설철도로 부설되기 시작한 충북선의 역사를 다양한 각도에서 해명하고, 철도 부설에 따른 지역 변모양상을 밝혀내고자 한다. 1921~1958년에 걸쳐 장기적으로 부설된 충북선은 20세기 충청북도의 중추적인 인적·물적 동맥역할을 하였다. 지역변화에 미친 영향력도 매우 컸다. 그런 만큼 충북선 연구는 20세기 충북지역사를 해명하는 관건이 될 뿐 아니라, 오늘날의 충북지역을 이해하고 지역발전을 위한 역사자원의 발굴 차원에서도 매우 중요하다.

특히, 본 장에서는 지역을 주체로 한 현재적인 문제의식을 견지하고자 한다. 충북지역은 다른 도에 비해 여러 측면에서 소외되었고 장기적인 저발전이 지속되었다. 20세기에 충북지역이 낙후되고 보수적인 지역으로 전락한 데에는 철도와 깊은 연관이 있으며, 그에 대한 학문적인 분석이 필요하다.

이에 본 장에서는 장기동태적인 관점에서 '충청북도'라는 특정지역이 철도 부설에 따라 어떠한 변화를 겪는지 고찰할 것이다. 이는 철도 부설에 따른 한국의 지역공간구조의 변화와 그 성격을 밝혀낼 수 있는 척도가 될 것이며, 더 나아가 20세기가 초래한 지역 저발전문제 내지 소외문제에 대한 史的 해명이 가능하리라 본다.

2. 충북선 부설

1) 일제시대 충북선 부설

일제는 조선 침략수단으로 사설철도를 적극 부설하였다. 국유철도만으로는 한반도의 오지지역을 수탈하는데 충분한 목적을 달성할 수 없었을 뿐 아니라, 조선총독부의 재정상태로는 국유철도를 무한정 확대 부설할 수도 없었다. 그래서 총독부는 장래 부설을 해야 하는 사설철도 예정선과 교통경제 상황 등을 조사·수집하여 일본 기업가들에게 정보를 제공하였다. 1914년부터는 철도에 투자하는 일본 자본가들의 위험부담을 보증하기 위하여 보조금도 교부하였다.[5)]

실제 1912년 6월에 輕便鐵道 및 부속법규를 제정한 조선총독부 철도국은 누차 소속 직원을 지방에 파견하여 장래 부설할 필요가 있는 경편철도 예정선로, 한반도 오지의 경제상황과 교통관계 및 철도 幹線과 지방시장과의 연락 등을 조사하였다. 철도국은 이 조사를 기초로 지방 교통상태에 비추어 부설의 완급을 사정하여, 제1기선과 제2기선으로 나누어 선로를 선정하였다.[6)]

이때 선정된 선로는 제1기선이 14개 구간에 626km로, 그 중 충북과 관련된 노선은 성환-장호원간(47km), 장호원-충주간(37km), 부강-청주간(15km)이었다. 제2기선은 26개 구간 1,924km로, 그 중

5) 南滿洲鐵道株式會社 庶務部 調査課 편, 1925 『朝鮮の私設鐵道』, 3쪽.
6) 같은 책, 1458쪽.

에 청주-음성간 30km가 포함되어 있었다. 그리고 경편철도의 경영은 모두 민간기업에 위임할 방침하에 1914년 이후 년 6分으로 보조금을 교부할 예정이었다. 1912년에 이미 일제는 청주와 충주지역을 철도로 연결시켜 식민지 경영을 위한 전진기지로 삼으려 하였다.

그렇지만 일본 경제계의 불황으로 일본 자본가들의 철도 투자는 지지부진하였으나, 제1차 세계대전을 계기로 새로운 전기를 맞이하였다. 세계대전의 특수를 누린 일본 경제계는 전례 없는 호황기였다. 새로운 투자처를 찾던 일본 자본가들은 한반도의 철도사업에 관심을 갖기 시작하였다. 게다가 조선 철도투자사업에 대한 보조율도 1918년부터 종래의 6%에서 7%로 증가되고 다시 1919년 9월부터는 8%로 인상되었다.

투자조건이 유리해지자, 일본 자본가들은 조선의 철도사업에 적극 참여하였다. 그에 따라 사설철도 부설이 폭증하면서 사설철도 부설면허도 급증하였다. 대구-불굴사-울산에 이르는 경동선은 1916년 2월 15일, 송정리-광주-담양에 이르는 전남선과 慶南線(마산-군북)은 1918년 7월 13일, 慶北線(김천-상주)은 1919년 10월 13일에 부설면허를 받았다. 1919년에는 새로 사설철도 부설면허를 받은 총연장선로가 2,024km나 되었고 신설된 사철회사만도 7개사나 될 정도로 성황을 이루었다.[7)]

이처럼 1914년부터 지급한 보조금과 일본경제의 호황으로 사설철도 부설은 매년 증가하였다. 일제는 1920년대에도 조선 내륙 깊숙이 침투하기 위해 사설철도를 계속 부설하였는데, 그 결과 1930년경에 이르면 〈표 2-1〉과 같이 사설철도가 전국 곳곳에 거미줄처럼 놓이게 되었다.[8)] 충북선 역시 그와 같은 맥락 위에서 부설되었다.

7) 南滿洲鐵道株式會社 庶務部 調査課 편, 1925『朝鮮の私設鐵道』, 3~4쪽.
8) 朝鮮鐵道協會, 1930『朝鮮鐵道一斑』, 114~116쪽.

표 2-1 1930년 조선 사설철도 현황

회사	種別	구간	길이(哩分)	軌間(呎)	동력	부설면허일	운수개시일
朝鮮鐵道株式會社	충북선	조치원-청주	14.1	4.85	증기	1917. 8. 18	1921. 11. 1
		청주-청안	14.9				1923. 5. 1
		청주-충주	29.4				1927. 12. 25
	경북선	김천-상주	22.4	4.85	증기	1919. 10. 16	1923. 10. 1
		상주-점촌	14.8				1923. 12. 25
		점촌-예촌	15.8				1927. 11. 1
	경남선	마산-군북	18.2	4.85	증기	1918. 7. 12	1923. 12. 1
		군북-진주	25.2				1925. 6. 15
	황해선	내토-상해	9.4	2.6	증기	1919. 5. 16	1919. 5. 20
		사리원-재령	12.4			1919. 10. 10	1920. 12. 21
		재령-신천	8.4				1921. 11. 16
		화산-미력	5.0				1923. 9. 1
		미력-하성	9.5				1925. 9. 1
	함남선	함흥-장풍	17.7	2.6	증기	1919. 6. 12 1920. 12. 10	1923. 6. 10 1923. 8. 25
		오노-신흥	17.6			1922. 6. 9	1926. 10. 1
		신흥-송흥	11.8			1920. 12. 10	1927. 2. 1
	함북선	고무산-신참	22.2	2.6	증기	1919. 6. 12	1927. 8. 20
		신참-무산	15.1				1929. 11. 15
朝鮮京南鐵道株式會社	충청남도(장항선)	천안-온양	9.1	4.85	증기	1919. 9. 20	1922. 6. 1
		온양-예산	16.1				1922. 6. 15
		예산-홍성	12.7				1923. 11. 1
		홍성-광천	7.9				1923. 12. 1
		광천-남포	15.4				1929. 12. 1
	경기도(안성선)	천안-안성	17.7	4.85	증기	1919. 9. 20	1925. 11. 1
		안성-죽산	11.5				1927. 4. 16
		죽산-장호원	14.2				1927. 9. 15
朝鮮瓦斯	경상남도(동래선)	부산진-동래	5.9	4.85	증기 전기	1909. 6. 29	1909. 12. 1
	평안남도	신안주-천동	22.0	4.85	증기	1916. 5. 12 1917. 12. 2	1916. 5 1918. 12. 1
金剛山電氣株式會社	강원도	철원-금화	17.9	4.85	증기	1919. 8. 12	1923. 8. 1
		금화-금성	12.8				1925. 12. 20
		금성-탄감리	5.2				1926. 9. 15
		탄감리-창도	5.0				1927. 9. 1
		창도-현리	9.4				1929. 4. 15
		현리-화계	7.5				1929. 9. 22

자료: 朝鮮鐵道協會, 1930『朝鮮鐵道一斑』, 114~116쪽.

충북지역에 철도를 부설하자는 논의는 1913년경에 이루어졌다. 당시 충북지역에는 일본인이 모두 3,578명이 살고 있었다. 충북은 경기도에 버금갈 정도로 물산이 풍부하여 각종 농산물 중 보리, 대두, 면화와 같은 특산물과 잠업이 발전하고 임산물과 금과 같은 광산물이 풍부한 곳으로 알려져 있었다.[9] 1912년에 청주는 일본인이 361호에 1,114명이 거주하고 주산물로는 쌀, 보리, 대두, 연초, 소, 사금 등이고, 충주는 일본인이 63호에 196명이 거주하고 주산물로는 곡물, 연초 등이었다.[10] 청주를 중심으로 충북지역 오지로 일본인의 이주가 활발히 이루어지고 있었다.

이와 같은 상황에서 일본인의 충북 진출을 위해서는 무엇보다도 먼저 교통수단의 확보였다. 그를 위해 부강-청주도로가 1912년 4월에 착공되어 연내에 개통되었는데, 그 직후 청주에 살던 일본인들은 청주-부강 사이에 手押式 輕便軌道 부설계획을 추진하였다. 그를 위해 일본 부호들과 청주의 대표적인 조선인 유지인 閔泳殷·龐寅赫 등을 발기인으로 자본금 50만 원의 주식회사를 설립하였다. 그런 다음 예선노선을 답사·측량한 뒤 경편철도 부설계획안을 작성하여 관계기관에 허가를 출원하였다. 충북도청도 적극 지원하였다.

그러나 조선총독부는 부강도로의 노폭이 5.4m(3間)에 불과하다는 이유로 궤도 부설을 허가하지 않았다. 총독부의 허가를 얻기 위해서는 노폭을 확장하거나 새로운 노선을 부설해야만 하였다. 그래서 발기인들은 도로를 확장하던지, 아니면 새로운 노선을 부설하는데 투자할 기업가의 출자금 이자의 일부분을 보조해 줄 것을 충북도청에 요청하였다. 그러나 재정이 매우 빈약한 충청북도는 어떠한 요구조건도 들어줄 수 없었다.[11]

9) 納富由三 편, 1912『朝鮮商品と地理』, 48쪽.
10) 같은 책, 48, 54쪽.

이렇게 첫 경편철도 부설계획이 노선문제로 중지된 이후에도, 청주에 살던 일본인들은 당초의 뜻을 굽히지 않고 조선총독부 재무장관과 부장 등에게 경부철도의 한 역과 청주를 잇는 경편철 부설이 시급한 일임을 계속 설득하였다. 총독부 재무장관도 그들의 주장을 받아들여 노선과 물자를 조사하도록 하는 한편, 그를 통해 투자자를 물색하였다.

드디어 청주에 사는 일본인들은 동경과 경도에 사는 부호들을 설득하여 4명의 투자자를 확보한 뒤 노선과 현황을 조사하였다. 그 결과 부강을 기점으로 하여 충주까지를 제1기, 충주-제천간을 제2기로 하여 경편철도를 부설할 계획하에 忠北輕便鐵道株式會社를 설립하였다. 회사 자본금은 1,000만 원으로, 대부분 일본 부호의 투자금이며 일부는 충북 등지에서 부담한 것이다.

충북경편철도주식회사는 그와 같은 계획을 곧바로 조선총독부에 출원하였다. 건설자재는 일본 부호 투자자가 경영하는 일본 본토 철도회사의 것으로 충당하고, 인가와 동시에 공사에 착수할 계획이었다.

그 무렵 조선경편철도주식회사는 충북선이 유망하다는 사실을 인정하면서도 자금 사정상 손을 대지 못하고 있었다. 그런 만큼 위와 같은 충북경편철도주식회사의 계획은 큰 충격으로 받아들여졌다. 그래서 서둘러 충북선 부설계획을 작성하여 조선총독부에 청원서를 제출하였다.[12] 1916년 8월에 제출된 조선경편철도회사의 계획안은 충남 공주로부터 조치원을 거쳐 충북 충주에 이르는 구간과, 경기도 평택-안성-여주-장호원 구간 총연장 145.7km에 궤간 2자6촌의 증기철도 부설이었다.[13]

---

11) 大熊春峰(정삼철 역), 1999 『淸州沿革誌(1923)』, 청주시, 60~62쪽.

12) 같은 책, 64~65쪽.

그에 따라 두 가지의 충북선 부설계획은 첨예하게 대립하였다. 조선경편철도회사의 계획안은 조치원과 충청남도의 지지를 받았다. 충청남도는 공주에서 조치원을 잇는 조선경편철도회사의 부설계획안을 적극 지지하였다.

반면에 충북경편철도회사의 계획안은 청주에 사는 일본인과 유지 및 충청북도의 지지를 받았다. 충청북도는 부강을 중시하여 부강을 기점으로 한 충북선 부설을 지향한 데다, 충북을 양단하여 首尾를 갈라놓는 조선경편철도회사 안을 받아들일 수 없었다. 그 동안 부강을 기점으로 한 충북선 부설을 추진하던 일본인들과 민영은·방인혁 등도 반대 성명을 내고 忠北縱貫鐵道期成會를 조직한 뒤 수만 명의 서명을 받아 조선총독부에 진정서를 제출하는 등 대대적인 반대운동을 벌였다.[14)]

더욱이 부강을 기점으로 한 경편철도 부설계획은 강릉까지 연장하여 충북강원횡단철도를 부설하는 것으로까지 발전되었고, 1916년에 충주에 거주하고 있던 일본인들은 그것을 사실로 받아들이고 있었다. 그리고 대구-상주-충주-서울을 잇는 中央縱貫鐵道 부설문제도 1916년에 이미 지역현안으로 대두되어 있었다.[15)]

이 같은 상황에서 조선총독부는 충남도청의 주장을 받아들여 조선경편철도회사의 계획안을 수용해 충북선 부설권을 허가하였다. 이때가 1917년 8월 18일경이었다. 이로써 충북선 부설은 조치원-청주-충주 노선으로 확정되었고 조치원부터는 공주까지 연장할 계획

---

13) 南滿洲鐵道株式會社 庶務部 調査課 편, 1925『朝鮮の私設鐵道』, 54쪽. 위의 책에는 조선경편철도회사에서 제출한 계획안이 조치원을 기점으로 하여 청주를 거쳐 음성에 이르는 노선과, 충남 성환을 기점으로 하여 장호원을 경유해서 충주에 이르는 노선이었던 것으로 기록되어 있다.

14) 大熊春峰(정삼철 역), 1999『淸州沿革誌(1923)』, 66쪽.

15) 金谷雅城, 1916『忠州發展誌』, 51쪽.

이었으나, 조선경편철도주식회사는 곧바로 철도 부설을 착수하지 않았다. 그 때문에 조치원-충주구간 외의 나머지 구간은 모두 효력을 잃게 되었다. 조치원-충주간 궤도간격 건설계획도 4자8촌 반으로 변경되었다.[16]

충북선이 부설되기 시작한 것은 1920년에 들어와서이다. 조선경편철도주식회사는 1919년 9월 동경에서 임시주주총회를 열고 회사명을 조선중앙철도주식회사로 바꾸었다. 조선중앙철도회사는 자본금 1,200만 원으로 1920년 3월에 조치원-청주간 22.7km 공사를 착수하였다. 이는 청주지역 경제에 호재가 되었다. 1920년 당시 경제는 불경기로 대부분의 지역이 불황이었으나, 청주지역은 철도공사로 인해 전에 없는 호경기를 맞이해 대대적인 지역발전이 이루어지었다.[17]

드디어 1921년 11월 1일 조치원에서 청주에 이르는 충북선이 개통되었고, 뒤이어 1922년 5월부터는 청주-청안간 23.9km에 이르는 공사가 착공되어 1923년 5월 1일 청안역에서 開通祝賀會가 개최되었다.[18] 이것으로 1단계 충북선 철도 부설은 완료되었다.

2단계 충북선 부설은 충북선을 청안에서 충주까지 연장하는 것이었다. 이 구간은 이미 1917년에 조치원-충주구간 사설철도 부설면허권을 취득해 놓은 상태에서 미개업선으로 남아 있던 구간이다. 조선중앙철도주식회사 역시 조치원-청안구간의 충북선 운행실적이 양호한 것에 고무되어 적극적이었다. 그래서 1924년에 청안-충주간 실측설계를 끝내고 1925년 3월에 공사에 착수하여 1926년 11월 30일 준공할 계획을 수립하였다.[19]

16) 大熊春峰(정삼철 역), 1999『清州沿革誌(1923)』, 청주시, 66쪽.
17) 같은 책, 67쪽.
18) 南滿洲鐵道株式會社 庶務部 調査課 편, 1925『朝鮮の私設鐵道』, 105쪽.
19) 같은 책, 73~74쪽.

그러나 1923년 9월 1일 조선중앙철도주식회사는 조선철도주식회사로 합병되었다. 충북선 연장계획도 불투명해지었다. 그러자 충북 북부와 강원 남부지역 유지들은 충주번영회를 중심으로 충북선 速成運動을 전개하였다.[20] 실제 음성·충주·단양·제천·괴산 등 5개 군에서는 忠北線鐵道期成同盟會를 조직한 뒤 조선총독부에 진정하는 등 각종 운동을 벌였을 뿐 아니라, 충주군에서는 충주역 부지 3만 평을 무상 제공하는 등 기타 편의를 주기로 결의하였다.

더욱이 1925년 말 조선철도주식회사가 1926년 4월부터 추진하기로 한 청안-음성구간 기공계획을 실행에 옮길 기미가 보이지 않자, 충주 유지 등은 심히 분개하여 京南鐵道會社와 교섭하였다. 그들은 경남철도회사에서 계획 중인 안성-장호원-원주를 잇는 철도노선이 충주를 경유하도록 청원하였다.[21]

또한 충주에 거주하는 일본인과 유지 등으로 구성된 충주번영회는 1926년 9월 12일 오후 1시 충주공립보통학교에서 충북선 부설문제에 대한 협의회를 개최하고, 조선철도주식회사 동경 본사 중역회의에 진정원을 파견하기로 결의하였으며 일본인 田中勳·鈴木政一 2인을 진정위원으로 추천하였다. 이들 진정위원은 9월 19일 충주에서 동경으로 출발,[22] 10월 2일 동경 조선철도주식회사 본사 중역회의에 참석해 진정서를 제출하였다.[23]

한편, 충주 유지들은 진정위원들을 동경으로 보내 놓은 상황에서, 조선철도주식회사 본사 중역 일부가 수지타산이 맞지 않는다는 이유로 충북선의 연장공사를 반대한다는 소식을 접하고 연장공사를 촉구하는 음성·충주·괴산·단양·제천 5군연합대회를 계획하였다.

20) 《每日申報》, 1926. 9. 21.
21) 《每日申報》, 1926. 3. 16.
22) 《每日申報》, 1926. 9. 21.
23) 《每日申報》, 1926. 10. 14.

그들은 다음과 같은 요지의 주장을 하면서 연장공사의 필요성을 역설하였다.[24)]

> 조선에 이미 준설된 철도 12개소 중에서 제일 최고로 수입되는 철도가 1日 1km에 40원 이상이요, 제일 최하로 수입되는 철도가 1일 1km에 7원이다. 조치원-청안간 충북선은 1일 1km에 27원에 달한다. 청안에서 충주까지 연장되면 배 이상의 수입을 볼 것임은 명약관화하다. 그 근거로 현재 괴산군 일부와 충주·음성·제천·단양군의 곡물이 장호원 목계방면으로 수출되던 것이 충북선으로 수송될 것이요, 경북 영주 부근에 거주하는 주민들이 충북선을 이용할 것이며, 산미증식이 실시되고 잠업이 발전하고 황색연초가 매년 증가하고 육지면 기타 잡곡이 점차 진보되는 만큼 1~2년 후에는 화물과 승객이 증가하여 수입이 多大할 것이다. 만약 늦어도 1927년 초봄에 착공하여 1927년 가을까지 준공하지 못하면, 京南線이 장호원까지 부설되고 그렇게 되면 충북선이 연장되어도 인심을 만회할 수 없을 것이다. 또 장호원과 단양·제천간의 도로가 수송에 지장이 없을 정도로 좋아지면, 인천·경성방면으로 유출되는 곡물은 모두 장호원으로 수송될 것이다. 그렇게 되면 청안-청주간 철도는 무용지물이 될 것이다. 충북선 연장은 충북선 존폐와 충주의 사활이 달려 있는 문제이다.

이 같은 상황에서 충남 공주에서도 충남·충북선 연락운동이 있었다. 운동의 목적은 충북선 조치원을 기점으로 하여 공주, 청양, 부여를 지나 보령을 종점으로 하는 철도를 부설하는 것이었다. 그를 위해 공주 유지들은 臨時鐵道期成會 준비모임을 1926년 5월 14일 공주에서 개최하였다.[25)] 그리고 일본 제국철도협회는 1926년에 조선 철도는 통치, 국방, 식산흥업 등 제국주의 식민지정책과 긴밀한 관계에 있는 만큼 충북선 청안-충주 29km를 官設鐵道로 부설할 것을 건의하였다.[26)]

---

24) 《每日申報》, 1926. 10. 8. 실제 5군연합대회가 개최되었는지 여부는 불명확하나, 이후의 상황 전개로 보아 개최되지 않은 것으로 생각된다.

25) 《時代日報》, 1926. 5. 18.

이렇게 충북선 부설문제가 크게 대두되자, 조선철도주식회사 당국은 1926년 10월에 충북선 공사를 기공하기로 결정하였다.[27) 조선철도주식회사는 1926년 10월 10일까지 음성읍까지 토지 매수를 완료하고, 청안-음성구간을 2구간으로 나누어 공사 입찰하고 곧 공사에 착공하여 1927년 12월경에 개통하고, 음성-충주구간은 청안-음성구간보다 약 반년 뒤에 개통할 예정이었다.[28)]

실제 이 계획은 1926년 10월 9일 조선철도주식회사 사장 大川平三郎 일행이 충주를 직접 방문하여 실지답사를 하였는데, 이를 계기로 급진전되었다.[29)] 실지답사를 마친 조선철도주식회사 사장은 1926년 11월 7일 충주에서 일본 내 자본과 일본 정부의 보조금으로 철도 부설을 적극적으로 진행하겠다고 언급하였다.[30)] 그는 당일 충주에서 청주로 돌아오는 길에서도 산업개발을 위해서는 물화 운수의 관계상 철도 부설이 급무라 하면서 청안-충주간 철도 부설공사를 금년 내로 착수하겠다고 약속하였다.[31)]

이렇게 충북선 부설공사가 기정사실화되는 상황에서, 충북번영회는 1926년 11월 20일 간사회를 열고 괴산·음성·충주 3군의 지주와 유지들에게 통지하여 충북선의 조속 연장을 촉구하는 연합대회를 개최하기로 결의하였다.[32)] 이 연합대회는 실제 개최되지는 않았으나, 충북선 부설공사를 압박하기 위한 전략에서 나온 것으로

26) 日本 帝國鐵道協會, 1926『朝鮮に於ケル鐵道普及促進こ付建議』, 14쪽.
27) 《每日申報》, 1926. 9. 29.
28) 《每日申報》, 1926. 11. 7.
29) 奧土居天 外, 1930『忠州觀察誌』, 12쪽. 이 책에는 조선철도주식회사 사장이 방문한 날짜가 昭和 2년(1927년) 10월 9일로 되어 있으나, 이후의 신문기사로 보아 1926년 10월 9일로 보아야 할 것이다.
30) 《每日申報》, 1926. 11. 9.
31) 《每日申報》, 1926. 11. 10.
32) 《每日申報》, 1926. 11. 28.

보인다.

드디어 1926년 11월 26일 측량반 선발대가 청안에 도착, 혹한에도 불구하고 실측을 강행하였다.[33] 12월에는 제1공구 청안-음성구간, 다음 해 3월에는 제2공구 음성-대소원구간과 대소원-충주구간이 각각 기공되었다. 그리고 1927년 4월 22일에는 충주 사직산 기슭에서 성대한 기공식이 거행되었다.[34]

청안-충주간 철도공사가 급속히 진행되는 상황에서, 1927년 1월 음성군민들은 음성역이 음성읍에서 떨어진 곳에 설치될 경우 음성 존폐의 중대문제라 하면서 음성역을 읍 부근에 설치할 것을 강력히 진정하였다. 조선철도주식회사는 경비문제를 이유로 거부하였다. 그러나 음성군민들은 음성읍에 역을 설치하고 龍院市를 경유하여 충주로 진입하면 용원시역에서 京南線 장호원역으로 輸移出되는 물화와 여객이 결국 충북선을 이용하게 될 것이라 하면서, 음성읍 내 역 설치를 강력히 희망하였다.[35]

충주시민들은 충북선이 조속히 부설될 수 있도록 직·간접적으로 지원하였다. 1927년 1월에는 그 동안 난항을 겪던 주덕역 부지 문제 역시 주덕면장 申宅熙를 비롯해 면 유지들이 관련 지주들을 소집하여 부지문제를 적극적으로 해결해 주었다.[36] 그리고 1927년 3월 3일경 달천-충주구간 실측이 이루어지고 있던 상황에서 충주번영회에서는 충북선을 조속히 연장할 것을 촉구하는 동시에, 회원과 일반시민들에게 그 같은 사실을 알리기 위해 1927년 3월 4일 군수

33) 奧土居天 外, 1930 『忠州觀察誌』, 12쪽. 이 책에서는 측량반 선발대가 청안에 온 시기가 10월 26일로 기록되어 있으나, 전후 사정을 볼 때 11월로 보아야 할 것이다.

34) 같은 책, 12~13쪽.

35) 《每日申報》, 1927. 1. 17.

36) 《每日申報》, 1926. 1. 27.

관사에서 충주번영회 간사회를 개최한 일도 있었다.[37)]

드디어 1928년 12월 25일 충주역에서는 지역 유지, 철도 관계자, 신문기자 4백여 명이 참석한 가운데 성대한 개통식이 거행되었다. 공사비는 총 834만 5,402원이 소요되었고,[38)] 길이는 47.4km였다. 이로써 조치원-충주간 91.7km에 이르는 충북선은 완전 개통되기에 이르렀다.[39)] 이를 계기로 충주의 運送은 종래 남한강을 이용한 水運이 60%에 이르렀으나, 충북선 개통으로 거의 대부분 陸送으로 전환되었고 충주지역 근대적 변화의 일대 전환점이 되었다.[40)]

2) 해방 이전 충북선 연장 부설운동의 전개

충주에서 제천까지의 충북선 연장문제는 일제시대부터 지역 현안문제였다. 더욱이 이 문제는 단지 충북선을 연장하는 수준을 넘어 보다 큰 차원에서 추진되었다. 당시 충청북도 인사들은 충북선을 서해안과 동해안을 잇는 중부조선의 횡단철도로 발전시키는 동시에, 그를 통해 오지 물자수송을 통한 지역개발과 산업 진흥을 꾀하고자 하였다. 충북선 연장에 기대하는 충북 인사들의 꿈과 희망은 바로 충북선이 대관령을 넘어 강릉에 닿는 것이었는데,[41)] 이 계획은 이미 1910년대 중엽부터 제기된 지역 현안과제였다.[42)]

이 같은 충북선 연장운동은 1929년부터 본격적으로 전개되었다. 충북선이 청안에서 충주까지 부설된 것에 고무된 제천지방 유

37) 《每日申報》, 1927. 3. 8.
38) 奧土居天 外, 1930 『忠州觀察誌』, 12쪽.
39) 朝鮮鐵道協會, 1930 『朝鮮鐵道一斑』, 105쪽.
40) 奧土居天 外, 1930 『忠州觀察誌』, 10쪽.
41) 《每日申報》, 1940. 2. 1.
42) 金谷雅城, 1916 『忠州發展誌』, 51쪽.

지들은 제천까지 철도가 연장되기를 촉구하기 위하여 1929년 1월 11일 제천 공회당에서 모임을 가졌다. 제천 유지들은 제천은 충북의 제일가는 오지로 교통이 불편하나 옛날부터 상업이 발달한 곳으로 철도가 부설되면 제천뿐 아니라 인근 영월 등지까지 발달할 것이라고 주장하면서, 제천까지의 충북선 연장을 요구하였다.[43] 또 1932년에 충북 유지 5명(청주읍장 山本幸四郎, 道評議員 松木彬·龐寅赫·安東正·李明求)은 연두순시차 청주 충북도청을 방문한 조선총독부 총독에게 5대 사항을 진정하였다. 그것은 미호천 개수 및 사방공사의 건, 군영 설치의 건, 빈민구제사업 시행방법의 건, 중학교 설치요청의 건 외에 충북선 연장 및 국고 매수방법 등이었다.[44]

1933년 11월 京南線(천안-안성-죽산-장호원)의 국고 매수설에 충격을 받은 충청북도 관계자, 즉 청주읍장 山本幸四郎, 청주상공회장 安東正, 충주읍장 秋山文雄, 충주 도평의원 原口一二, 음성면장 李明魯 등 5명은 상경하여 총독을 방문, 경남선이 국고에 매수될 경우 충북선이 불리하다고 주장하면서 충북선을 연장하는 동시에 국고로 매수해 줄 것을 요구하였다.[45]

1934년에 들어와서는 더욱 조직적으로 충북선 연장운동이 전개되었다. 충북선을 동해안까지 연장하는 문제는 충청북도와 강원도 일부의 수 년에 걸친 숙원사업이었다. 그래서 충청북도 유지들은 1934년 11월에 忠北線延長期成會를 조직하여 본부를 청주에 두고 기타 관계지역에 지부를 두고 맹렬히 활동하였다.[46]

1935년에 들어와서는 충북선 연장운동이 충남북 및 전북 3도의 연합으로 확대되는 양상이었다. 1935년 5월 충북·충남·전북 3도

43) 《每日申報》, 1929. 1. 18.
44) 《每日申報》, 1932. 2. 25.
45) 《每日申報》, 1933. 11. 8.
46) 《每日申報》, 1934. 11. 30.

대표들은 조치원-板橋間의 鳥板鐵道를 부설하고 충북선을 동해안까지 연장시켜 중부조선의 횡단철도를 부설하는 문제로 청주에 모였다. 3도 대표들은 中部朝鮮橫斷鐵道敷設期成會를 조직하기로 결의하였다.[47] 그에 따라 준비위원회의와 發會式이 1935년 6월 13일 전북 군산 공회당에서 개최되었다. 이때 충북쪽 대표로 청주읍장·청주번영회장·청주상공회장을 비롯해 충주와 제천쪽 인사 각각 2명 총 7명이 참석하였다.[48]

이때 충북의 운동목표는 충북선을 동해안까지 연장하는 것이었다. 이는 수 년에 걸친 지역현안으로서 충북지역의 사활이 달려 있는 중대한 문제였다. 더욱이 경부선 본선에서 동해안까지 이어지는 횡단철도 부설문제는 단지 충북선의 문제만이 아니었다. 이는 충북선을 경영하는 조선철도주식회사 외에 京南鐵道·京東鐵道 3개 회사가 물밑경쟁을 벌렸을 뿐 아니라, 각 지역주민들의 이해가 상충되는 관심사이기도 하였다. 그래서 수원에서 여주에 이르는 경동철도를 원주까지 연장하려는 경기도민들의 움직임을 전해들은 충청북도 유지들은 1934년 11월 26일 충북도청을 방문하여, 충북선을 제천까지 연장하도록 관계당국에 노력해 줄 것을 요청하였다. 제천대표 3명은 직접 상경하여 조속히 충북선을 연장해 줄 것을 조선총독부에 청원하였다.[49]

특히, 청주 유지들은 충북선 연선인 청안, 음성, 충주 등지와 제천의 유지들과 호응하여 1935년 5월 9일 충북지사를 방문하여 충북선 연장을 촉구하였다. 충북지사 역시 이 문제를 중앙에 올라가 조선철도주식회사 본사 및 관계방면 인사들과 상의하였다.[50] 1935

47) 《每日申報》, 1935. 5. 11.
48) 《每日申報》, 1935. 6. 13.
49) 《每日申報》, 1934. 11. 30.
50) 《每日申報》, 1935. 5. 11.

년 5월 17일에는 방인혁을 비롯한 청주 유지들이 청주를 방문한 조선총독부 철도국 국장을 찾아가 충북선 연장을 진정하자, 철도국 국장은 일시에 동해안까지 연장하기는 곤란하더라도 제천까지는 우선 연장할 듯이 말하였다.[51)]

그러자 위기의식을 느낀 충북지역 대표들은 목표대로 충북선을 동해안까지 연장하는 횡단철도의 꿈을 실현시키려 더욱 활발히 운동하였다.[52)] 그래서 1935년 6월 25일경 청주읍장과 충주의 李春雄, 제천 申東休 등은 서울로 올라가, 전북과 충남 측 진정위원과 함께 중부조선횡단철도의 실현을 조선총독부에 진정하였다.[53)]

충북 오지인 단양에서도 충북선 연장운동이 전개되었다. 단양에서는 중앙철도 부설계획이 발표된 것을 계기로 지역발전에 대한 관심이 활기를 띠기 시작하였다. 단양 인사들은 1936년 7월 14일 충북선이 예정대로 제천을 경유하여 영월까지 연장될 경우 공사비가 많이 들므로 단양을 경유하여 영월까지 연장하자는 期成會를 조직하였다. 그렇게 되면 중앙선 개통과 더불어 영월 炭田을 끼고 있는 단양이 비약적으로 발전할 것으로 전망하면서, 단양 인사들은 향후 인구 5만 명의 공업도시 건설을 목표로 각종 계획을 추진하였다.[54)]

더욱이 충북선은 다른 철도노선에 비해 영업수익이 좋았다. 조선철도주식회사는 충분히 투자가치가 있었다. 1928년 당시 충북선의 1일 1km 평균 운수수입은 35원 40전으로, 경북선 30원 98전, 경남선 24원 64전에 비해 높은 편이었다.[55)] 〈표 2-2〉에서 확인되듯

51) 《每日申報》, 1935. 5. 19.
52) 《每日申報》, 1935. 6. 13.
53) 《每日申報》, 1935. 6. 27.
54) 《《每日申報》, 1936. 7. 18.
55) 朝鮮鐵道協會, 1930『朝鮮鐵道一斑』, 105~107쪽.

표 2-2 1933년 말 사설철도 영업수지 현황

철도회사 \ 영업수입	영업수입				영업비	수익금
	총액	객차수입	화차수입	잡수입		
朝鮮鐵道株式會社	2,859,992	961,119	1,411,573	487,300	2,026,989	833,003
忠北線	566,342	186,126	299,164	81,052	340,678	225,664
慶北線	621,014	183,382	356,376	81,256	310,663	310,351
黃海線	1,108,590	442,369	434,906	231,315	939,677	168,913
咸南線	325,619	93,361	182,533	49,725	223,440	102,179
咸北線	238,427	55,881	138,594	43,952	212,531	25,896
朝鮮京南鐵道株式會社	881,532	326,204	356,583	198,745	851,297	30,235
金剛山電氣鐵道株式會社	409,426	132,246	166,762	110,418	404,105	5,321
新興鐵道株式會社	119,168	39,797	133,025	6,346	163,530	15,638
朝鮮京東鐵道株式會社	199,568	65,796	93,091	39,871	195,104	4,464
南朝鮮鐵道株式會社	685,037	402,724	181,541	80,772	644,119	20,918
總數	5,194,723	1,927,886	2,343,365	923,452	4,285,144	909,579

자료: 朝鮮總督府, 『朝鮮總督府統計年報』, 1933년도, 제200표.

이, 1930년대 충북선 영업수지 역시 다른 철도노선에 비해 좋은 편이었다. 1933년은 경북선 다음으로 영업수지가 높았고, 1934년은 황해선 다음으로 이익금이 많았다. 다른 철도회사의 수지와는 비교가 안 될 정도였다. 따라서 조선철도주식회사 쪽에서는 여건만 주어지면 충북선 연장공사에 투자할 수 있는 조건을 갖추고 있었다.

이 같은 충북선 연장 부설운동의 결과 1937년에 들어와 가시적인 성과가 나타났다. 1937년 3월 조선철도주식회사는 중부조선횡단철도의 사명을 지닌 충북선을 제천을 경유하여 강원도 영월까지 연장하고자 충청북도와 강원도에 신청서를 제출하였다. 그에 따라 조선총독부 철도국은 경비를 조사하고, 조선철도주식회사는 1,300여 만 원의 공사비를 투입해 즉시 착공할 계획으로 실지답사를 진행하였다.[56] 그리하여 1937년 7월 19일 충주-제천-영월간 83.6km 구간에 대한 추가 부설면허가 허가되었다.

그렇지만 조선철도주식회사는 충주-영월간 충북선 연장 부설면허를 받아놓고도, 1937년에 발발한 중일전쟁의 여파와 일제의 대동아건설과 같은 전시체제하에서 물자 제한과 자금력 부족으로 공사 착공을 하지 못하였다.[57] 이것으로 충북선은 일제시대에 제천까지 연장되지 못한 채 해방을 맞이하였다.

3) 해방 이후 충북선 연장 부설

제천까지의 충북선 연장문제는 해방을 맞아 새로운 국면으로 전개되었다. 해방과 동시에 모든 철도는 1946년 5월 1일 국유로 귀속되었다. 그에 따라 일제시대 운영되던 모든 사설철도 역시 국유로 접수되었고, 조치원에서 충주에 이르는 94km 충북선도 국유화되었다. 모든 철도를 국유화한 대한민국 정부는 산업개발을 목적으로 1949년부터 철도건설을 재개하였다.

정부는 1948년 12월에 한·미간에 체결된 원조협정에 따라 경제부흥계획을 수립하였다. 경제부흥은 경제부흥에 수반한 산업개발 철도 및 철도망 건설사업, 수송력 강화를 위한 수송기구의 정비, 주요 간선을 비롯한 각선 직통여객열차의 부활, 철도 환경 명랑화를 위한 미화사업, 외래품 억제와 자본난 극복을 위한 국산부속품 생산계획 등을 추진하기로 결정하고 철도의 경우 3대 産業開發線인

56) 《每日申報》, 1937. 3. 20.
57) 《每日申報》, 1940. 2. 1.

영암선(榮州-鐵岩), 함백선(堤川-寧越-咸白), 문경선(店村-加恩)을 건설하기로 하였다. 국토부흥정책에 따라 지하자원의 개발과 수력·화력의 발전, 비료·시멘트·유리·제철공장 등 기간산업의 생산공장 설치에 수반하는 지역에는 필연적으로 철도가 부설되어야 했기 때문이다.

충북선 연장개통도 예외는 아니었다. 특히, 일제시대인 1941년 7월 1일 제천-원주간 중앙선 철도 개통과 1949년 10월 15일 영월선 개통으로 주요 역으로 부상한 제천역은 강원도에서 산출되는 농산물의 집산지이자, 부근에서 채광되는 광산물과 무연탄·목재 등의 화물을 취급하는 만큼 이를 충북선과 연결시킬 필요성이 있었다.[58] 그래서 정부는 1949년 3대 산업개발선 건설 당시부터 충주에서 제천 봉양까지 충북선을 연장할 계획을 가지고 있었는데, 그것은 1949년 9월에 충북선 연장을 위한 실지측량이 이미 이루어진 사실에서 알 수 있다.[59]

그렇지만 실제 충북선 연장공사는 3대 산업개발선이 완공된 1955년 11월에 들어와서야 이루어졌다. 충주에서 봉양에 이르는 35.2km를 연결하는 충북선 연장은 경제부흥에 필요한 기간산업을 육성하는데 시급히 요청되어 추진되었다. 우선 충주-목행간 6.1km를 1955년 11월 17일 ICA 원조에 의하여 착공, 1956년 4월 11일 개통하였다. 이 구간은 충주비료공장 건설을 촉진하였다.

충주비료공장은 1955년에 착공하여 1961년에 준공하였는데, 그에 필요한 막대한 건축자재와 건설 이후 연간 26만 톤의 무연탄과 油脂를 수송하고, 연간 8만 5,000여 톤에 달하는 공장 생산제품과 함백지구의 무연탄을 수송할 철로가 필요하였다. 그래서 건설된 것

58) 國民日報社, 1952『忠北年鑑』, 241쪽.
59)《동방신문》, 1949. 9. 17.

이 목행과 봉양을 잇는 충북선 연장이었고, 모두 14공구로 나누어 시공되었다. 이 공사는 길이 1km의 백악을 비롯하여 총연장 3,229m에 달하는 8개의 터널과 길이 426m의 남한강을 비롯한 교량 14개 및 4개소의 신설 정거장이 있는 상당한 난공사였다.[60]

드디어 일제시대인 1920년대부터 지역 현안과제였던 제천까지의 충북선 연장공사는 해방이 된 지 13년이 지난 1958년 12월 31일 완공되었다. 그리고 1959년 1월 10일 조치원부터 제천 봉양에 이르는 94km 충북선 全通式이 거행되기에 이르렀다.

3. 충북선 성격

1) 충북선 부설주체와 목적

일제시대에 조치원-충주구간의 충북선을 부설·경영한 회사는 조선철도주식회사였다. 원래 조치원-청안구간은 조선중앙철도주식회사가 부설하였다. 중앙철도주식회사는 1916년 4월에 1,200만 원의 자본금으로 창립되었는데, 충북선 외에 대구-포항구간의 邱浦線과 경주-울산구간의 울산선 등을 부설 경영하던 철도회사였다.[61]

그렇지만 경제 불황으로 경영난에 봉착한 일본의 철도당국은 조선의 사철회사들로 하여금 병합을 유도하였다. 그래서 1923년 9월 1일 조선중앙철도주식회사, 西鮮殖産株式會社, 南朝鮮鐵道株式會社, 朝鮮産業株式會社, 朝鮮森林株式會社, 兩江拓林株式會社 등 6

60) 鐵道建設局, 1965『鐵道建設略史』, 재단법인 交通教養助成會, 121~135쪽.
61) 天野行武, 1923『忠北産業誌』, 7쪽.

개 철도회사는 조선철도주식회사로 병합하였다. 이렇게 출범한 조선철도주식회사는 서울 본사와 동경 지사를 두고, 청주, 김천, 사리원, 함흥, 古茂山 5개소에 출장소를 둔 조선 최대의 사철회사였다. 충북선 역시 조선철도주식회사 청주 출장소를 중심으로 경영되었다.[62)]

조선철도주식회사를 비롯한 사설철도는 조선 오지의 산업개발이라는 명분하에 부설되었으나, 그를 통해 반입되는 일본제 공산품과 밀려드는 일본인 및 자본은 곧 조선 내륙의 침략과 수탈로 이어질 수밖에 없었다. 철도 부설은 일본인들에게 새로운 기회의 땅을 제공하는 동시에, 이주한 일본인들에게 확고한 기반과 번영을 선물로 가져다 주었다. 그 때문에 새로운 투자처를 찾는 일본인 부호와 이주 일본인들은 철도 부설에 매우 적극적이었고, 사설철도회사의 이해관계와도 부합되었다. 그것은 실제 충북선 부설 및 연장운동을 주도한 층만을 살펴보아도 알 수 있다.

1910년대에 처음으로 부강을 기점으로 한 충북경편철도 부설계획을 주도한 층은 일본 부호와 청주에 이주한 유력 일본인들이었다. 1923년 이후 충주번영회를 중심으로 충북선 연장운동을 주도한 것은 鈴木政一과 田中勳 2명의 일본인이었다.

鈴木政一은 1907년에 일본에서 건너와 충주우편국원에서 퇴직한 뒤 충주에 정착, 농업과 米雜穀商을 경영하였다. 충주에 정착한 첫 일본인이었다. 그는 충주 호암지 수리조합을 창설하여 1923~1924년에 호암지(蒙利區域 4백 정보, 공사비 18만 원)를 축조하고, 충주수리조합장, 충청북도 농회 특별의원, 충주면 협의원, 학교조합 의원 등을 역임하였다.[63)]

62) 奧土居天 外, 1930『忠州觀察誌』, 11~12쪽.
63) 安齋霞堂, 1928『忠北の文化と人』, 155쪽.

田中勳은 1911년 1월에 일본에서 충주군 서무주임으로 부임하여 충주 市區改正과 하수도공사 등을 담당하였다. 1926년 당시 66세였던 그는 충주에 거주하는 일본인 원로로서, 충북선 연장뿐 아니라, 도립의원 충주분원 설립, 충주실업학교 설립, 공회당 건립, 상수도 공사, 충주에 거주하는 일본인을 중심으로 한 矯風會와 親教會 창설 등을 주도하였다.[64]

충북선이 충주까지 연장된 뒤 1929년 이후 동해안까지 충북선 연장운동을 주도한 층 역시 주로 청주읍장 山本幸四郎, 松木彬, 청주상공회장 安東正, 청주번영회장 齋藤利吉, 충청북도 의회의원 立野新五郎, 일본인 중진 川島由三郎 등이었다.[65] 이들 일본인은 1923년 당시 일본인 학교조합 관계자들이었다.[66]

청주읍장을 지낸 山本幸四郎은 1911년 9월에 청주군 서무과장으로 부임한 이래 청주군, 영동군, 충북도청에서 근무한 전형적인 관료 출신이다.[67]

松木彬은 1906년에 조선으로 건너와 인천에서 朝鮮日日新聞 편집주임으로 활동하다 1908년에 청주로 이주하였다. 충북으로 이주한 초기 일본인 중 한 사람이다. 그는 청주 석교에서 북문으로 통하는 도로, 즉 청주읍성을 철거하고 현재의 성안길을 개설하는 데 주도적인 역할을 하였다. 일시 청주를 떠났다 다시 돌아온 뒤에는 도평의원과 청주지역 일본인 원로로서 활동한 인물이다.[68]

川島由三郎은 39세인 1914년에 청주로 이주하여 목재상을 경영하면서 대전전기회사와 강경전기회사 중역을 지내고 2회에 걸쳐

64) 같은 책, 156쪽.
65) 《每日申報》, 1934. 11. 30; 1935. 5. 11; 1935. 5. 19.
66) 大熊春峰(정삼철 역), 1999 『淸州沿革誌(1923)』, 15쪽.
67) 安齋霞堂, 1928 『忠北の文化と人』, 187쪽.
68) 같은 책, 86쪽.

충북도평의원을 역임하였다. 조선철도주식회사와 동척의 대주주였다.[69)]

立野新五郎은 1910년에 조선 교육계에 들어와 충청북도 학무과장을 역임하는 등 관직생활을 30년(충청북도에서만 13년) 동안 한 청주 거주 일본인 원로로서, 청주중학교 설립, 제사공장 창설 등에 간여한 인물이다.[70)]

安東正은 일본 경찰관 출신으로 1918~1922년 동안 청주 면장을 역임하면서 市區 개정, 상수도 부설, 소학교 신축, 무심천 개수 등 1922년부터 추진된 '대청주' 건설에 일익을 담당하였다. 그리고 과자상점을 경영하면서 매일신보 충북지국장 등을 지냈다.[71)]

秋山文雄은 1920년에 일본에서 충북도청으로 부임한 이래 줄곧 토목행정만을 담당한 인물로서,[72)] 충청북도의 토목·교통사업의 총감독자나 다름없었던 그가 충북선 연장에 간여한 것은 당연하다. 그는 1929년 7월에 충청북도청 토목과장을 사직하고 충주읍장으로 취임하였다.[73)]

충주 대표로 활동한 도평의원 原口一二는 군인 출신으로 1908년에 조선으로 건너와 충주에서 2년간 학교 교사를 역임한 뒤 사업가로 활동한 인물이다. 충주는 물론 충북지역에 거주하는 일본인 중 제1인자였다.[74)] 그는 1921년 4월부터 1924년 9월까지 충주 면장으로 재직하였고, 그 뒤 도평의원과 충주학교조합 관리자 등 각종의 공직을 맡은 충주지역 대표적인 일본인이었다.[75)]

69) 같은 책, 91쪽.
70) 같은 책, 93쪽.
71) 같은 책, 120쪽.
72) 같은 책, 175쪽.
73) 奧土居天 外, 1931『忠州觀察誌』, 45쪽
74) 安齋霞堂, 1928『忠北の文化と人』, 154쪽.
75) 奧土居天 外, 1931『忠州觀察誌』, 44~45쪽.

그 밖에 충북선 부설에 앞장선 조선인 중 대표적인 인물은 龐寅赫과 閔泳殷이다. 방인혁은 1878년에 보은에서 출생하였는데, 1912년 청주군 축산조합장, 1920년 충청북도 평의원, 1921년 중추원 참의를 역임한 인물로서, 민영은과 함께 충청북도 제일의 유력 인사였다.[76] 민영은은 1870년에 청주 내수에서 태어나 1891년부터 1907년까지 군수, 충청북도 관찰사대리 등 관직생활을 마치고 충북선성중학교장, 청주 금융조합장, 면협의원, 중추원 참의, 충청북도 평의원 등을 역임한 충북 제일의 부호였다.[77] 이 두 사람은 충북을 대표하는 명망가이자 부호로서 일본인 유력인사와 함께 시종 충북선 부설과 연장운동에 참여하였다.

이렇듯 충북선 부설과 연장운동을 주도한 층은 일찍 충북지역에 이주한 일본인 관리와 사업가 및 극소수의 조선인 부호들이었다. 이들은 철도 부설시 최대의 수혜자들이었다. 도시화·산업화를 촉진하는 철도는 필연적으로 그들의 식민지 기반을 강화하고, 사업기회를 확대할 것이기 때문이다. 충북선 부설은 어디까지나 일본자본의 식민지 투자와 경영을 위한 것으로서, 충북지역으로 이주한 일본인들이 그들의 기반 확보와 사업 확대를 목적으로 부설 연장운동을 주도하였다.

그 뒤 제천까지의 충북선 연장운동은 해방 이후 일본 자본이 아닌, 미국 자본에 의해서 실현되었다. 앞 절에서 살펴본 바와 같이 이승만정권은 미국의 원조를 받아 1959년에 충북선을 제천 봉양까지 연장 개통하였다. 그 목적은 충북지역의 발전을 위한 것이 아니라, 제천·단양·영월 등지의 광산물을 다른 지역으로 수송하기 위한 산업 목적이었다.

76) 安齋霞堂, 1928『忠北の文化と人』, 101쪽.
77) 같은 책, 109쪽.

2) 충북선 기능과 역할

일제의 조선 내륙 침략의 발판으로 부설된 충북선은 일제시대에 조치원-(오송)-(월곡)-정봉-(송정)-청주-(정하)-오근장-내수-청안-보천-음성-소이-대소원-(달천)-충주 등 11개 역과 5개의 간이역이 있었다. 이들 역을 중심으로 충북선은 여러 화물과 승객을 수송하면서 충북지역을 움직인 가장 큰 동맥역할을 하였다.

〈표 2-3〉에서 충북선의 운송실적은 전체적으로 매년 상승하였다. 충북선을 이용한 사람은 충북선이 충주까지 연장 개통된 1928년 이후부터는 42만 명 수준이었으나, 1938년부터는 폭증하는 추세였다. 1938년 충청북도 인구는 한국인이 89만 5,803명, 일본인이 9,157명 총 90만 5,284명이었다.[78] 그렇다면 1942년에 이르면, 충청북도민은 평균 1회 이상 충북선 기차를 이용할 정도로 충북지역에서 충북선이 차지하는 비중은 높았다.

그런데 〈표 2-4〉에서 충북선 각 역의 이용승객은 큰 편차가 있었다. 충북선이 청안까지 운행되던 1926년에는 청주와 청안을 중심으로 승객의 집산이 있었다. 특히, 청주역을 이용하는 사람들이 충북선 전체 이용승객의 40%가 넘었다. 그만큼 도청 소재지이자 일찍 일본인들이 이주하여 도시화가 촉진된 청주를 중심으로 한 인구이

표 2-3 1923~1942년 충북선 연도별 화물 운송실적

	1923년	1924년	1928년	1930년	1934년	1938년	1942년
영업km	24.1	29.0	29.0	94.0	94.0	94.0	94.0
여객인원	175,481	289,712	421,693	425,889	433,245	727,532	1,279,956

자료: 朝鮮總督府, 『朝鮮總督府統計年報』, 각 연도.

78) 朝鮮總督府, 『朝鮮總督府統計年報』, 각 연도 참조.

표 2-4 충북선 각 역의 여객수송 현황(1926~1933)

역명 \ 인원	승차인원		하차인원	
	1926년	1933년	1926년	1933년
오 송	8,752	939	10,410	829
월 곡	9,158	1,375	8,903	1,212
정 봉	12,662	34,045	10,928	33,902
송 정	5,966	735	6,590	626
청 주	100,114	53,534	90,131	65,952
정 하	9,788	575	10,728	522
오근장	14,990	5,254	14,888	4,466
내 수	24,076	18,379	21,775	18,216
청 안	49,064	53,541	47,103	51,803
도 안		6,921		6,882
보 천		9,956		9,623
음 성		26,203		21,246
소 이		5,224		5,564
대소원		12,523		11,430
달 천		1,129		936
충 주		26,394		27,078
계	234,570	256,727	221,456	260,287

자료: 龜岡榮吉·砂田辰一, 1927 『朝鮮鐵道沿線要覽』, 880~889쪽; 忠清北道 編, 1934 『忠淸北道要覽』, 18~19쪽.

동이 격심했음을 알 수 있다.

반면에 충주까지 충북선이 연장 개통된 1930년대에는 1920년대와는 다른 인구이동이 있었다. 〈표 2-4〉에서 1933년도 충북선 각 역의 이용승객은 청주와 청안역이 5~6만 명, 정봉역이 3만 3,000여

표 2-5 1925~1943년 충청북도 인구증가율

지역 비율(%)	충청북도	청주	괴산	음성	충주	제천	단양	진천	보은	옥천	영동
1925~1930년 인구증가율	6.2	7.7	6.5	6.7	6.9	3.8	8.4	1.6	11.5	6.4	2.3
1930~1935년 인구증가율	6.6	12.2	4.6	11.6	11.8	6.1	−6.3	−0.8	−0.9	4.4	7.5
1935~1943년 인구증가율	3.7	8.4	1.2	4.9	6.1	10.6	15.9	6.7	−4.4	−4.1	−2.8

자료: 朝鮮總督府, 『朝鮮總督府統計年報』, 1925·1930년도; 朝鮮總督府, 『朝鮮國勢調査報告』 忠淸北道編, 1935; 南朝鮮過渡政府, 『朝鮮統計年鑑(1943)』, 단기4281.

명, 음성과 충주역이 26만 명 내외이다. 1930년대에는 청주역의 이용승객이 압도적으로 많았던 1920년대와는 달리 청주와 청안 외에 정봉, 음성, 충주역의 이용률도 매우 높았다. 이는 충북선이 충청북도 중·북부지역의 주요 교통수단으로 자리잡았을 뿐 아니라, 청주 외에 청안·음성·충주 모두 개발되고 있음을 보여 주는 것이다.

그 같은 사실은 1925년 이후 충청북도 인구증가율을 통해서도 알 수 있다. 〈표 2-5〉에서 1925~1943년에 걸친 인구증가율은 충북선이 통과하는 청주, 괴산, 음성, 충주군의 인구증가율이 충청북도 평균보다 높다. 특히, 충북선이 충주까지 개통되고 파급효과가 나타나는 1930년대 청주, 음성, 충주군의 인구증가율은 10% 이상이나 되었다. 반면에 충북선이 통과하지 않는 단양, 진천, 보은군의 1930년대 전반 인구증가율은 오히려 감소하였다.

따라서 충북선은 충청북도 중북부지역의 주요 교통수단으로 기능하면서 사회적인 유동성을 높이고 인적 교류를 확대함으로써 지역 간·지역 내 개발을 촉진하는 역할을 하였다. 또한 충북선은 일

표 2-6 1919~1942년 충청북도 일본인 현황

지역	연도	1918년	1923년	1928년	1933년	1938년	1942년
청주군	인구(명)	2,104	2,568	3,134	3,455	3,675	4,014
	증가율(%)		22.1	22.0	10.2	6.4	9.2
보은군	인구(명)	212	273	257	292	258	244
	증가율(%)		28.8	−5.9	13.6	−11.6	−5.4
옥천군	인구(명)	729	508	588	447	537	529
	증가율(%)		−30.3	15.7	−24.0	20.1	−1.5
영동군	인구(명)	1,486	977	962	1,028	1,269	1,159
	증가율(%)		−34.3	−1.5	6.9	23.4	−8.7
진천군	인구(명)	136	172	180	202	182	230
	증가율(%)		26.5	4.7	12.2	−9.9	26.4
괴산군	인구(명)	251	367	494	462	482	521
	증가율(%)		46.2	34.6	−6.5	4.3	8.1
음성군	인구(명)	197	197	259	300	373	397
	증가율(%)		0.0	31.5	15.8	24.3	6.4
충주군	인구(명)	440	495	536	663	679	658
	증가율(%)		12.5	8.3	23.7	2.4	−3.1
제천군	인구(명)	317	299	289	308	466	701
	증가율(%)		−5.7	−3.3	6.6	51.3	50.4
단양군	인구(명)	105	129	140	198	503	267
	증가율(%)		22.9	8.5	41.4	154.0	−46.9

자료: 朝鮮總督府, 『朝鮮總督府統計年報』, 각 연도.

본인의 충북지역 침략을 촉진하였다. 〈표 2-6〉에서 충북선이 청안까지 개통된 1923년까지는 일본인들이 주로 청주 주변지역으로 대

표 2-7 1923~1942년 충북선 연도별 화물 운송실적

연도 \ 화물	연도 말 영업km	화물량		1일 1km 평균 수입	
		小手貨物(kg)	貨物(톤)	충북선	사설철도
1923	24.1	357,762	40,548		
1924	29.0	418,736	47,147	2.5	6.91
1928	29.6	769,156	86,787	12.28	8.59
1930	94.0	571,401	79,463	2.89	3.28
1934	94.0	621,874	113,179	6.89	2.76
1938	94.0	1,015,167	208,020	14.84	5.82
1942	94.0	1,349,130	214,929	16.41	10.98

자료: 朝鮮總督府, 『朝鮮總督府統計年報』, 각 연도.

거 이주한 반면, 충주까지 연장된 1928년 이후에는 충주·제천·단양 등 충청북도 북부지역의 일본인 이주가 급격히 증가하였다. 일본인의 이주 정착은 곧 일제가 식민지 조선에 대한 지배를 강화하는 가장 큰 힘으로 작용하였다. 그런 만큼 철도건설과 제국주의의 식민지 수탈은 밀접한 함수관계를 가질 수밖에 없으며, 충북선도 예외는 아니었다.

이 같은 사회적 기능 외에 충북선은 충북지역 경제변동의 지렛대 역할을 하였다. 〈표 2-7〉에서 충북선으로 운송된 소수화물은 1938년 이전까지는 60만kg 전후였는데, 1938년부터는 폭증하였다. 반면에 화물은 매년 폭증하여, 충북선이 청주까지 운행되던 1923년에는 4만여 톤, 청안까지 운행되던 1928년에는 배가 증가한 8만여 톤, 충주까지 운행되던 1930년대에는 매년 폭증하여 1942년엔 21만 톤 이상이나 되었다. 특히, 〈표 2-14〉에서 1934년 이후 화물량이 폭증한 것은 이때부터 충북지역의 공업화가 본격화되었기 때문이

표 2-8 1924년 1~6월 충북선 주요 화물

품 명		주요 발역	주요 도착지	수량(톤)	계
유출화물	쌀	청주·청안	인천	7,994	12,779
	벼	청주·청안	인천	1,220	
	연초	청주·청안	서울	2,331	
	석재	내수	조치원	1,234	
유입화물	조	만주선 주요 역	청주·청안	3,268	6,188
	소금	경인선 주안	청주·청안	2,920	
기타				10,723	10,723

자료: 南滿洲鐵道株式會社 庶務部 調査課 편, 1925 『朝鮮の私設鐵道』, 72쪽.

다. 그에 따라 충북선의 1일 1km의 평균수입도 1930년대에 들어와 개선되기 시작하여, 1934년에는 조선 전체의 사설철도 평균보다 2배나 많은 6.89円이나 될 정도이다.

문제는 충북선이 운송하는 화물량이 아니라 화물 내용이다. 그것은 곧 충북 지역경제의 성격을 단적으로 보여 주기 때문이다. 이를 개략적으로 알 수 있는 자료는 〈표 2-8〉과 〈표 2-9〉이다.

〈표 2-8〉과 〈표 2-9〉에서 충북선을 통해 청주와 청안으로 이송되는 화물은 만주선을 통해 반입되는 조와, 인천으로부터 수송되는 소금이 주종을 이루었다. 반면에 충북도내에서 반출되는 화물은 쌀을 비롯한 농산물이 주종을 이루었다. 이들 농산물은 인천이나 부산 등지로 실려 나가 일본으로 수출되었다. 충북선이 일제의 농산물 수탈통로로 활용된 것이다.

그 같은 화물운송은 충북선이 충주까지 연장 개통된 1928년 이후에도 마찬가지였다. 〈표 2-10〉에서 충북선을 통해 반출되는 화물은 61.2%가 청주, 청안, 충주, 대소원, 음성 등지에서 수송되는 쌀

표 2-9 1927년 충북선의 화물운송 현황

화물 / 역명	발·착 화물(톤)									
	米(쌀)		麥(보리)		大豆(콩)		기타		계	
	발	착	발	착	발	착	발	착	발	착
청 안	9,979	221	87	4	861	14	4,034	18,104	14,961	18,343
내 수	270						131	500	401	500
오근장		1					44	234	359	234
청 주	10,184	393	22	3	228	44	5,843	18,986	16,277	19,426
정 봉	169	1					15	28	184	29
합 계	20,916	615	110	7	1,089	58	10,067	37,852	32,182	38,532

자료: 南滿洲鐵道株式會社 庶務部 調査課 편, 1925 『朝鮮の私設鐵道』, 72쪽.

이었다. 반면에 충북선을 통해 유입되는 화물은 청주와 충주가 각각 46%와 30%를 차지하였다. 이들 물품은 주로 조와 소금 및 일본에서 수입된 공산품과 생활필수품이었다.

따라서 충북선은 충북지역에서 쌀, 콩, 면화, 연초 등이 유출되고 소금, 공산품 등이 유입되는 부등가교환의 매개체 기능을 하였다. 이는 곧 식민지 모국과 식민지 사이에 성립된 경제적 종속관계 내지 중심부-주변부간의 수탈관계가 충청북도라는 지역에서 국지적으로 실현된 것을 의미한다. 즉, 충북선은 제국주의 국가-식민지, 자본주의 중심부-주변부를 잇는 파이프라인이었다. 특히, 그 같은 관계는 충북지역을 농업지대로 묶어둠으로써 근대화를 지체시키고 장기지속적인 저발전의 구조적 요인으로 작용하였다.[79]

해방 이후 충북선은 충청북도 입장에서 볼 때 기본적인 운송수

79) 일제하 충북지역의 공업화 특성에 관해서는 졸고, 2000 「해방 이후 충북지역 귀속사업체 연구」『忠北史學』 제11·12집 참조.

표 2-10 1933년 충북선의 발·착 화물 현황

화물 / 역명	발·착 화물(톤)									
	米(쌀)		麥(보리)		大豆(콩)		기타		계	
	발	착	발	착	발	착	발	착	발	착
정 봉	139	–	–	–	–	–	17	466	156	466
청 주	13,537	1,380	108	87	356	20	4,569	19,104	18,570	20,591
오근장	136	–	2	–	–	–	26	344	164	344
내 수	561	–	–	–	–	–	55	427	616	427
청 안	7,254	377	210	7	436	2	1,179	4,315	9,079	4,701
도 안	20	–	–	–	–	–	294	208	314	208
보 천	81	–	–	–	–	–	144	497	225	497
음 성	2,034	40	116	–	233	–	439	1,667	2,822	1,707
소 이	1,911	33	144	–	71	–	123	866	2,249	899
대소원	3,572	1	–	7	99	–	278	1,418	3,949	1,426
충 주	4,583	–	106	60	3,008	19	9,423	13,338	17,120	13,417
계	33,828	1,831	686	161	4,203	41	16,547	42,650	55,264	44,683

자료: 忠淸北道 編, 1934 『忠淸北道要覽』, 18～19쪽.

단 외에 이렇다 할 역할을 하지 못하였다. 1959년에 충북선이 제천 봉양까지 연장되고 경부선과 중앙선이 연결되는 등 국가 철도망에 중대한 변화가 있었지만, 제천까지의 충북선 연장은 어디까지나 제천·단양·영월 등지에서 생산되는 광산물을 다른 지역으로 수송하기 위한 것이었다. 그 때문에 단양 등지의 광산 개발은 촉진되었지만, 그것이 충청북도 내부의 경제구조를 변화시키지는 못하였다. 그로 인해 일제시대에 형성된 충청북도의 저발전구조는 해방 이후에도 장기지속적으로 유지될 수밖에 없었다.

4. 충북선 운행에 따른 지역공간구조의 변화

앞 절에서 분석한 충북선 부설과 운행 현황은 〈표 2-11〉과 같다. 충북선은 충청북도의 최고·최대의 교통 및 운송수단이었던 만큼, 지역공간구조를 변화시키는 큰 변수로 작용하였다.

충북선 운행에 따른 지역변화는 무엇보다 먼저 청주의 위상에서 찾을 수 있다. 청주는 도청 소재지로서 인적·물적으로 충청북도의 중심지이며 그 비중은 시간이 흐를수록 더욱 강화되는 추세인데, 그 결정적인 요인은 경부철도와 충북선에서 찾을 수 있다.

경부철도로 인해 충주에서 충북도청이 이전된 청주는 충북선 부설을 계기로 한층 발전하였다. 〈그림 2-1〉과 같이 일제시대 청주의 인구수는 다른 군보다 높은 비율로 증가하였을 뿐 아니라, 충청북도 전체 인구에서 차지하는 비중도 1910년 16.4%에서 1942년 21.5%로 해마다 증가하는 추세였다. 더욱이 충북선을 타고 이주·정착하는 일본인 비율도 1942년도에 42.6%나 될 정도로 청주가 가장

표 2-11 충북선 부설 현황

구간	선로(km)	부설면허 취득일	착공일	영업 개시일
조치원-청주	22.7	1917. 8. 18 (공주-충주구간)	1920. 3	1921. 11. 1
청주-청안	23.9		1922. 5	1923. 5. 1
청안-충주	47.4			1928. 12. 15
충주-제천봉양	35.2	1937. 7. 19 (충주-영월구간)	1955. 11. 17	1959. 1. 1 (1958. 12. 31 완공)

그림 2-1 일제하 충청북도 각 군의 인구 추이

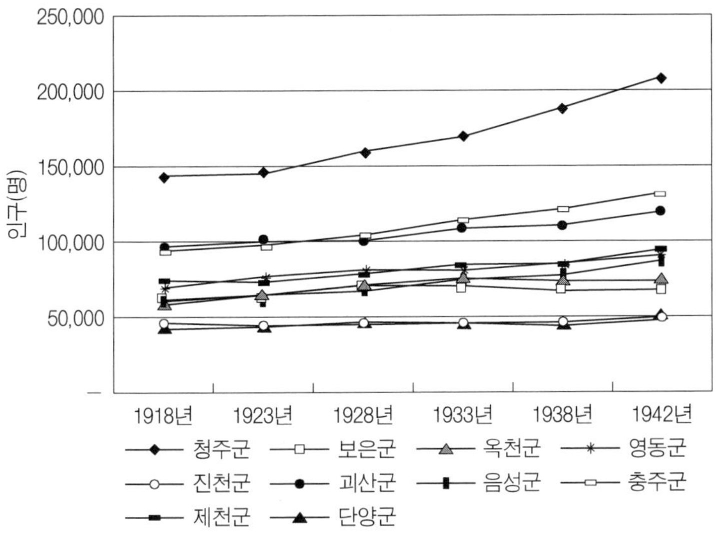

자료: 朝鮮總督府, 『朝鮮總督府統計年報』, 각 연도.

높았다.[80] 이는 청주의 도시화를 촉진하였다. 또한 일본인과 함께 들어오는 제국주의 자본 역시 청주에 집중 투자됨으로써 청주의 공업화를 촉진하였다.

이처럼 충북선이 청주 중심의 충청북도 지역공간구조를 확대 재생산하는 기능을 하였다. 그 과정에서 신흥도시로 성장한 것이 청안역이 위치한 괴산군 증평면이다. 증평면은 청안역이 설치된 1923년 이후 급격히 성장하였다. 철도역이 생기면서 일본인이 몰려오고 우편소, 주재소, 미곡검사소, 연초수납장, 금융조합 등과 같은 근대 건조물이 건립되었다.[81] 청안역은 충북선이 1928년에 충주까

80) 朝鮮總督府, 『朝鮮總督府統計年報』, 각 연도 참조.
81) 龜岡榮吉·砂田辰一, 1927 『朝鮮鐵道沿線要覽』, 880~889쪽.

표 2-12 일제하 괴산군 증평면의 인구증가율

비율(%) \ 지역	충청북도	괴산군	증평면	괴산면	청천면	청안면	도안면	소수면
1925~1930년 인구증가율	6.2	6.5	18.9	4.7	4.6	4.6	5.0	−0.4
1930~1935년 인구증가율	6.6	4.6	14.0	17.7	−3.2	−3.2	4.5	5.4
1935~1943년 인구증가율	3.7	1.2						

자료: 朝鮮總督府, 『朝鮮總督府統計年報』, 1925·1930년도; 朝鮮總督府, 『朝鮮國勢調査報告』 忠淸北道編, 1935; 南朝鮮過渡政府, 『朝鮮統計年鑑』, 1943, 단기 4281.

지 연장 개통되기 전까지 충청북도 북부지역의 관문역할을 하였다. 1928년 이후에도 변함없이 괴산군과 진천군·음성군 일부 지역의 관문역할을 하였다. 그 때문에 증평면은 청안역을 오가는 여객과 화물량이 많아지면서 도시화가 촉진되었다. 그 단적인 증거가 인구증가율인데, 〈표 2-12〉에서 청안역이 위치한 증평면의 인구증가율은 놀라울 정도이다. 충북선이 충주까지 연장되기 전인 1925~1930년의 인구증가율은 충청북도와 괴산군 전체의 증가율보다 3배나 많은 18.9%나 증가하였고, 그 이후 1930~1935년에도 괴산면 다음으로 높은 증가율을 보이고 있다.

이렇게 인구가 매년 증가한 증평면은 2004년도에 괴산군 증평읍에서 증평군으로 승격하기에 이르렀다. 이는 전적으로 1923년에 만들어진 충북선 청안역의 파급효과가 아닐 수 없다.

충북선 부설은 1908년에 도청이 청주로 옮겨간 뒤 위축되던 충주를 부흥시키는 전기가 되었다. 〈그림 2-1〉에서 충주군은 충북선이 연장된 1928년 이후 인구가 증가하여 청주 다음으로 높은 증가

표 2-13 1960~1966년 충청북도 주요 시·읍 인구증가율

지역 \ 연도	1960년	1966년	증가율(%)
제천읍	38,772	49,710	28.2
청주시	92,093	123,666	34.3
충주시	68,675	79,988	16.5
증평읍	22,314	23,625	5.9
음성읍	20,560	22,435	9.1

자료: 經濟企劃院, 1960『人口住宅國勢調査報告』; 經濟企劃院, 1966『人口센서스報告』.

추이를 보이고 있다. 이는 충북선이 개통된 1928년 이후 충주의 도시화와 공업화가 촉진되었음을 의미한다. 이 같은 사실은 해방 이후 101개의 귀속사업체 중 충북선 개통으로 일찍부터 일본인 자본이 투자된 청주에 31.7%, 1928년 이후 충북선의 종착역이자 북부지역의 중심지였던 충주에 16.8%가 집중 분포해 있었던 사실에서 알 수 있다.[82)]

충북선이 마지막으로 연장 개통된 지역은 제천이다. 1959년 1월 제천 봉양까지의 충북선 연장은 일제시대에 고립적으로 존재하던 제천을 충청북도 중심부로 편입시키는 계기가 되었다. 뿐만 아니라 충북선 연장은 1942년에 개통된 중앙선과 경부선을 잇는 통로 역할을 하였다. 그에 따라 제천은 철도교통도시로 성장할 수 있는 기반을 확보하였으며, 주변지역의 광공업 발전으로 사람들이 모여드는 등 도시화가 촉진되었다.

실제 1960~1966년에 걸친 충청북도 2개 시, 3개 읍의 인구증가율은 〈표 2-13〉과 같이 제천읍이 청주시 다음으로 높았다. 이는 충

82) 國民日報社, 1952『忠北年鑑』, 98쪽.

그림 2-2 충북선 부설과 지역공간구조

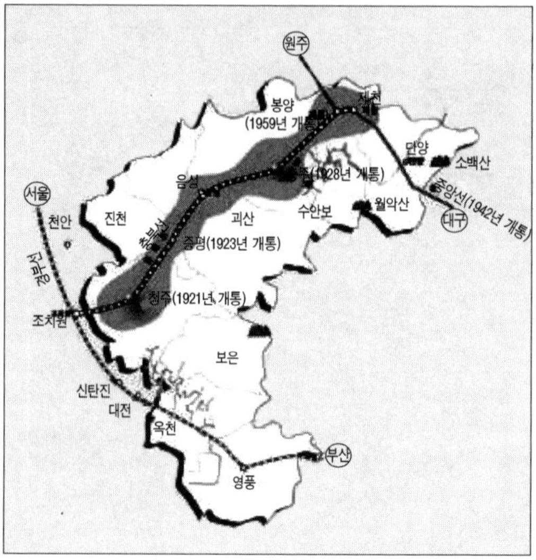

북선 연장과 주변지역의 광업 성장으로 인해 제천이 교통산업도시로 성장한 결과이다. 그것은 충청북도에서 주변부에 위치하였던 제천이 청주-충주 중심의 지역공간구조에 후발로 편입된 것임을 의미한다.

이와 같이 일제시대에 충북선 부설로 형성된, 청주를 중핵지대로 한 청주-충주 중심의 지역공간구조는 장기간 지속되다 1960년대에 들어와서 제천까지 연장되었다. 반면에 충북선이 닿지 않는 단양·보은·진천·옥천·영동 등지는 충청북도의 중심부에서 장기간 소외될 수밖에 없었다. 그 결과 충청북도의 발전축은 청주를 핵으로 한 충북선 연변 중심의 공간구조로 재편되기에 이르렀으며, 〈그림 2-2〉와 같은 공간구조는 오늘날까지 이어지고 있는 실정이다.

청주를 중핵지대로 한 청주-충주 중심의 지역공간구조는 정치·

경제·사회·교육적으로 파급되었다. 그 같은 사실은 1950년대 충북 지역을 이끈 인사들의 출신지역에서 단적으로 입증된다. 실제 1950년대 중엽 충북인사 394명 중, 청주 출신이 38.8%(청원 포함)로 가장 높고 그 다음이 충주 14.0%이다.[83] 이들의 연령층은 40대가 가장 많은데, 그들 중 상당수는 1920년대에 10대 청소년기를 보내면서 충북선을 타고 학교를 다니거나 다른 지역으로 유학을 하고 직장을 다닌 충북인들이다.

반면에 충북선이 닿지 않는 충북 남부지역의 보은·옥천·영동과 북부지역의 제천·단양은 1950년대에 활약한 충북인사의 비율이 2.0(단양)~7.4%(제천)로 청주·충주와 현격한 차이가 있다. 제천은 오늘날에 비해 큰 비중을 차지하지 못하고 있는데, 그 이유는 충북선이 제천까지 연장된 1959년 이전까지만 해도 충청북도에서 고립되어 있었기 때문이다. 단양은 더욱 심각한 실정이었다.[84]

청주를 중핵지대로 한 청주-충주 중심의 지역공간구조의 고착화는 일제하 충청북도의 공업화 실태를 보아도 알 수 있다. 일제하 충북지역의 공업화는 매우 부진하였다. 그 같은 사실은 1948년 12월 현재 전국의 2,447개 귀속사업체 중 충북지역 사업체는 2.6%인 63개였던 데에서 알 수 있다.[85]

실제, 〈표 2-14〉와 같이 1942년 현재 자본금이 1만円 이상인 충북지역 내 회사는 72개에 불과하였다. 이들 회사의 설립시기는 58.3%가 1935~1939년이고 설립지역은 청주가 50%, 충주가 12.9%였다. 1950년 전후에 조사된 귀속사업체 역시 충북선 개통으로 일

83) 金思達, 1955『忠北人士論』, 淸州文化社.

84) 1950년대 충북 유지층의 성격에 관한 보다 상세한 내용은 졸고, 2003「1950년대 충북지역 유지층의 변동과 그 성격」『정신문화연구』 제26권 제4호(통권 93호), 참조.

85) USAFIK, Republic of Korea Economic Summation, No. 36, p. 7.

표 2-14 일제하 충북지역 내 자본금 1만 엔 이상 회사 설립 상황

지역 \ 연도	1922~1928	1929~1934	1935~1939	1940~1942	계	비율(%)
청주	8	5	19	4	36	50.0
충주	1	2	3	3	9	12.9
보은		1	2	1	5	5.7
영동	1	2	6		9	12.5
제천			4		4	5.6
괴산			2		2	2.9
진천			1		1	1.4
옥천			2		2	2.9
음성			2		2	2.9
황간			1		1	1.4
단양				2	2	2.9
계	10	10	42	10	72	100

주: 지점은 제외하였고 광업소는 포함.
자료: 朝鮮總督府 殖産局, 1932~1942『朝鮮工場名簿』.

찍부터 일본인 자본이 투자된 청주에 31%, 1928년 이후 충북선의 종착역이자 북부지역의 중심지였던 충주에 17%가 집중 분포해 있었다.[86] 이는 충북선으로 연결되어 있는 청주-충주 중심의 지역경제였다는 것을 잘 보여 준다.

그런데 일제하 충북지역 내 회사와 귀속사업체의 업종은 주로 주조업, 광업, 섬유업(제사·제마·조면), 목재업, 정미업, 상회사 등이었다. 공장제 제조업의 비중은 극히 낮았다. 따라서 충북선을 수송

86) 朝鮮銀行 調査部, 1949『經濟年鑑』, Ⅲ-79~147; 國民日報社, 1952『忠北年鑑』, 146쪽 참조.

수단으로 이루어진 충북지역의 공업화는 일제의 자원수탈 연장선상에 있었을 뿐 아니라, 기형적인 충북지역 공업화의 원형을 이루는 동시에 충북지역을 장기간의 농업지대로 묶어 두는 결과를 초래하였다.

이와 같이 충북선은 청주를 중핵지대로 한 청주-충주 중심의 지역공간구조를 확대 재생산하는 데 일조하였다. 더욱이 그 같은 구조는 해방 이후에도 장기지속적으로 유지되었을 뿐 아니라, 오늘날까지도 일제시대에 형성된 지역공간구조의 원형이 해체되지 않고 부정적인 영향력을 발휘하고 있다.

5. 맺음말

이상으로 충북선 부설과정과 그에 따른 지역변화를 지역사적 관점에서 살펴보았다. 지금까지 분석한 내용을 정리하면 다음과 같다.

일제는 조선 침략수단으로 철도를 적극 부설하였다. 일제는 경부선과 같은 국유철도만으로 한반도의 오지지역을 수탈하는 데 충분한 목적을 달성할 수 없게 되자, 일본 내 민간자본을 끌어들여 사설철도의 부설을 확대하였다. 1914년부터는 일본 자본가의 철도투자 위험부담을 보증하기 위하여 보조금도 교부하였다. 그에 따라 사설철도 부설은 연차적으로 증가하였는데, 충북선도 그런 맥락에서 부설되었다.

일제시대에 충북선을 부설한 것은 당대 최고의 사설철도회사였던 조선철도주식회사였지만, 1913년경부터 충북선 부설과 연장운동을 주도한 층은 일찍 충북지역에 이주한 일본인 관리와 사업가 및 극소수의 조선인 부호들이었다. 이들은 철도 부설시 최대의 수혜자들이었다. 도시화·산업화를 촉진하는 철도는 필연적으로 그들의 식민지 기반을 강화하고, 사업 기회를 확대할 것이기 때문이다. 충북선 부설은 어디까지나 일본 자본의 식민지 투자와 경영을 위한 것으로서 충북지역으로 이주한 일본인들이 그들의 기반 확보와 사업 확대를 목적으로 부설 연장운동을 주도하였다.

이렇게 부설된 충북선은 여러 여객과 화물을 수송하면서 일제시대 충북지역을 움직인 가장 큰 동맥역할을 하였다. 즉, 충북선은 충청북도 중북부지역의 주요 교통수단으로 기능하면서 인적 교류를 확대함으로써 지역 간·지역 내 사회적인 유동성을 촉진하고, 일본인의 충북지역 침략을 촉진하였다. 일본인의 이주 정착은 곧 일제가 식민지 조선에 대한 지배를 강화하는 가장 큰 힘으로 작용하였다. 그런 만큼 철도건설과 제국주의의 식민지 수탈은 밀접한 함수관계를 가질 수밖에 없으며, 충북선도 예외는 아니었다.

더욱이 충북선은 일제시대 주요 물류유통 수단으로서 가장 큰 경제변동의 요인이 되었다. 주로 외부에서 공산품이 들어오고 내부에서 농산물(쌀·콩·면화·연초)과 광산자원이 유출되는 부등가교환 형태의 물류유통구조였다. 이는 기본적으로 충북지역이 식민지형 농업지대로 고착화된 결과로써, 이는 곧 식민지 모국과 식민지 사이에 성립된 경제적 종속관계 내지 중심부-주변부간의 수탈관계가 충청북도라는 지역 공간에서 국지적으로 실현된 것을 의미한다. 즉, 충북선은 제국주의 국가-식민지, 자본주의 중심부-주변부를 잇는 파이프라인이었다. 특히, 그 같은 관계는 충북지역을 농업지대로 묶어둠으로써 근대화를 지체시키고 장기지속적으로 저발전하는 구조적 요인의 하나로 작용하였다.

이 같은 구조는 해방 이후에도 지속되었다. 해방 이후 충북선은 일본 대신 미국 자본에 의해 제천 봉양까지 1959년에 연장 개통되었다. 이는 충북지역 자체의 개발을 위한 것이 아니라, 제천·단양·영월 등지의 광산물을 다른 지역으로 수송하기 위한 산업 목적이었다. 그 때문에 일제시대 형성된 충북선의 기능·역할과 그에 따른 지역변화의 틀은 큰 변동 없이 적어도 1970년대 이전까지 지속되었다.

충북선 운행에 따른 가장 큰 지역변동은 지역공간구조의 재편이다. 조치원-충주를 오가는 충북선은 도청 소재지인 청주를 중핵지대로 한 청주-충주 중심의 지역공간구조를 형성하였다. 작은 시골에 불과하던 증평이 오늘날 군으로 승격될 수 있었던 것도 그 때문이다. 제천은 1960년대에 이르러서야 청주-충주 중심의 지역공간구조에 후발로 편입되었다. 반면에 충북선이 닿지 않는 단양·보은·옥천·영동 등지는 충청북도의 중심부에서 장기간 소외되거나 고립 분산화되는 경향이었다. 이는 충청북도의 통합력을 약화시키는 요인으로 작용하였으며 오늘날까지도 이어지고 있는 실정이다.

이 같은 공간구조로의 재편은 전통시대의 그것과는 전혀 다른 구조였다. '大東輿地圖'에 나타난 충북지역의 공간구조는 충주와 청주를 중심으로 한 北南形의 종적인 지역공간구조였는데 반해, 충북선 개통 이후에는 청주를 중핵지대로 한 청주-충주 중심의 西東形의 횡적인 지역공간구조로 재편되었다. 이는 기본적으로 경부철도 부설의 연장선상에 있는 것이지만, 그 지선으로 놓인 충북선이 결정적인 변수로 작용하였다. 그에 따라 충북선에서 멀리 떨어져 있거나 단절되어 있는 지역은 동일한 충청북도 경계 안에 있어도 소외되거나 고립 분산될 수밖에 없었으며, 그 원형은 아직도 해체되지 않은 채 현재까지 부정적인 영향력을 발휘하고 있다.

2

식민지유산과 지역성

제 3 장

미군정기 충북지역 사회경제 변동

1. 머리말
2. 인구동향과 사회구조
3. 경제변동과 노동자·농민들의 삶
4. 맺음말

1. 머 리 말

해방 직후 식민지체제를 대신하여 새로운 지배체제로 들어선 미군정 3년은 민족적으로 새로운 국가 형성기이자 이념이 다른 분단체제가 만들어지는 시기였다. 국제적으로는 미국이 주도하는 새로운 세계체제에 편입되는 시기이며 사회경제적으로는 식민지체제를 밑으로부터 떠받들고 있던 하부구조가 재편되는 과도기였다. 이 같은 지배구조의 변동과 맞물려 지역적으로는 국가 내 지역의 역할과 기능이 재조정되면서 식민지 유산의 단절과 연속성이 교차되었을 뿐 아니라, 이 시기 형성된 지역구조가 이후 지역사회의 방향성을 규정하였다. 따라서 해방 이후 50년에 걸쳐 형성된 지역사회에 대한 이해와 새로운 방향 설정은 미군정기에 만들어진 지역의 원형 분석에서 출발할 필요가 있다.

최근 해방 이후 3년에 걸친 미군정기 연구는 대단히 활발하게 진행되었다. 그렇지만 주요 연구주제는 주로 미군정체제, 국가 형성 문제, 분단원인, 변혁운동, 이념과 계급대립문제, 귀속재산과 원조경제·토지개혁을 중심으로 한 사회경제구조의 재편성 문제 등 국가 단위의 거시적인 연구가 대부분이었다. 지역을 단위로 한 것도 주로 해방 직후 인민위원회나 대중운동 등을 중심으로 한 정치변동과 변혁운동에만 집중된 경향이었다. 앞으로는 지역사에 대한 관심과 아울러 연구주제의 다양화와 미시적 접근이 요청되고 있다. 그러할 때 지역사에 바탕을 둔 국가단위의 전체사 복원이 가능할 것이다.

본 장은 1945년 해방 이후 미군정기 3년에 걸쳐 진행된 충북지역의 사회경제구조의 변동 양상과 그 방향성을 찾아 내는 데 연구의 목적을 두고 있다. 이를 통해 20세기 후반 50년을 거쳐 형성된 현재의 충북 지역사회에 대한 이해의 출발점으로 삼는 동시에 해방 이후 한국 사회를 이해하는 지역 사례로 활용하고자 한다.

현재 미군정기 충북지역에 대한 연구는 거의 이루어지지 않은 실정이다. 이 시기를 다룬 몇 편의 글이 있으나,[1] 이 역시 통계자료를 옮겨 놓거나 개설적인 수준에 불과하다. 해방 이후 충북지역 현대사에 관한 연구는 이제부터 이루어지기 시작한 것으로 볼 수 있다.

오늘날 충북지역은 다른 시도와 비교하였을 때 상대적으로 지속적인 저발전이 이루어졌다. 또한 다른 지역에 비해 보수적인 편이며, 그 결과 사회의 역동성이 떨어지는 측면이 있다. 그 같은 의문을 풀기 위해서는 적어도 그 원형이 만들어지는 해방 직후 미군정기의 충북 지역사회를 남한 전체 속에서 들여다 볼 필요가 있다.

따라서 이 장에서는, 첫째 해방 이후 미군정기 충북지역의 사회경제구조가 어떻게 재편성되고 그 같은 구조적 조건이 이후 충북지역의 방향성을 어떻게 규정짓는지, 둘째 남한 전체와 비교하였을 때 나타나는 충북지역의 일반성과 특수성이 무엇인지에 초점을 맞출 것이다.

1) 金信雄, 1982「解放直後 淸州府의 産業勞動力과 賃金構造」『新谷徐旻錫博士停年紀念論文集』; 金信雄, 1992「忠淸北道의 工業發達過程」『경영사학』 7, 53~64쪽; 忠淸北道, 1992『忠淸北道誌』上, 淸州文化院, 1075~1083쪽; 박명림, 1997「지방에서의 한국전쟁(1): 충북, 1945~1953)」『亞細亞硏究』98, 고려대 아세아연구소.

2. 인구동향과 사회구조

1) 인구변동

해방 이후 남한 인구는 급속히 늘어났다. 1946년은 1944년의 1,600만 명보다 21.6% 증가한 1,900만 명, 1949년은 26.6% 증가한 2,000만 명이 넘었다. 충북지역의 인구 역시 해방 이후 증가하였지만, 증가율은 다른 지역에 비해 높지 않았다. 남한 전체 인구에서 차지하는 충북 인구의 비중도 1944년 6.1%, 1946년 6.1%, 1949년 5.7%로 낮아졌다. 인구밀도 역시 〈표 3-1〉에서 강원·제주에 이어 전국에서 가장 낮았다. 그 결과 해방 이후 충북지역의 인구증가율은 전국에서 최하위였다.

표 3-1 1944~1949년 인구변화 (단위: 천 명)

연도 지역	총수	충북	서울	경기	충남	전북	전남	경북	경남	강원	제주
1944	15,925	971	826	2,307	1,647	1,639	2,488	2,563	2,319	954	211
1946	19,369	1,112	1,141	2,486	1,903	2,016	2,944	3,178	3,185	1,116	276
1949	20,167	1,146	1,438	2,734	2,027	2,049	3,041	3,205	3.134	1,138	255
증가율	26.6	18.0	74.1	18.5	23.1	25.0	22.2	25.1	35.2	19.3	20.9
밀 도	214	154	5,326	216	154	239	253	169	255	95	137

주: 인구증가율은 1944년 대비 1949년 증가율이며, 인구밀도는 1949년 기준치이다.
자료: 朝鮮銀行 調査部, 『朝鮮經濟年報』 1948年版, I-3~4쪽; 『經濟年鑑』 1955年版, I-10쪽.

표 3-2 미군정기 도별·출발지별 월남인과 귀환인 분포

도 \ 이주민	총이주인구		출발지별 인구이동 비율(%)					인구 1,000명당 이주민수(명)
	인구수	비율(%)	북한	만주	중국	일본	기타	
서울	267,612	10.8	65.8	20.3	7.8	5.9	0.3	324.0
경기	124,924	5.0	56.7	14.7	4.6	16.9	7.1	54.2
충북	81,672	3.3	8.0	18.4	3.4	58.4	11.8	84.1
충남	213,565	8.6	19.1	13.1	3.1	59.7	4.9	129.7
전북	290,350	11.7	12.1	17.2	3.8	53.1	13.9	177.2
전남	323,879	13.1	9.1	16.6	2.9	65.6	5.8	130.2
경북	458,695	18.5	6.2	19.3	1.5	63.7	9.3	179.0
경남	643,675	25.9	3.6	10.2	2.1	80.9	3.1	277.6
강원	77,986	3.1	58.4	11.7	2.7	20.0	7.8	81.8
합계	2,482,358	100	18.4	15.4	3.2	56.7	6.4	155.9

주: 인구 1,000명당 이주민수는 1944년도 인구통계를 기준으로 하였다.
자료: 朝鮮銀行 調査部, 『經濟年鑑』 1949年版, Ⅳ-238~239쪽.

이 같은 인구변동은 자연적 증가보다도 越南人口와 귀환동포와 같은 사회적 증가가 주요한 변수로 작용하였다. 충북지역의 인구증가율이 낮은 것도 해방 전후 유출·유입인구가 제한적이었기 때문이다. 실제 1945년 10월부터 1947년 12월까지 남한으로의 귀환인구는 일본에서 111만 명, 만주에서 30만 명, 중국에서 7만 명, 북한에서 86만 명이나 되었다.[2)]

이들 이주민은 주로 도시에 정착하였다. 도시발달이 미약한 충북지역으로의 이주는 상대적으로 적을 수밖에 없었다. 〈표 3-2〉에서 250만 명에 이르는 이주민 중 충북지역으로 이주한 자는 전체의

2) 朝鮮銀行, 1948 『朝鮮經濟年報』; 『經濟年鑑』 1955年版, I-10쪽.

3.3%인 8만여 명에 불과하다. 1944년의 총인구 대비 1,000명당 이주민수 역시 평균치 155.9명에 훨씬 못 미치는 84.1명에 지나지 않았다. 이들은 주로 시골인 충북도내 각 군의 面에 거주하면서 농업에 종사하였는데, 대부분 충북지역에서 일본(58.4%)이나 만주(18.4%) 방면 등으로 떠난 뒤 해방을 맞아 고향을 찾아온 것으로 보인다. 북한지역에서 출발해 충북지역으로 이주한 인구는 전체의 8.0%로 다른 도에 비해 많지 않았다. 이는 일제시대에 충북인들이 주로 일본(58.4%)이나 만주(18.4%) 방면으로 떠나갔다 돌아왔기 때문에 나타난 결과이다.

해방 이후 인구변동과 관련하여 또 다른 변화는 남녀 인구비율이 역전된 점이다. 이는 충북지역도 마찬가지였다. 1946년 충북지역 남자인구의 증가율은 1944년 대비 17.4%가 증가한 반면, 여자는 12.0%였다.[3] 해방을 전후하여 남자가 여자보다 5% 더 많이 증가하였다. 전국적으로도 1944~1947년 동안의 여자 대 남자의 비율은 100:99.4에서 100:108.9로, 남자가 여자보다 많았다. 충북지역도 남한 전체에 비해 약간 낮은 여자 100명당 남자 99.1명에서 103.6명으로 男超로 바뀌었다. 해방 이전에는 남자들에 대한 일제의 강제 인력동원과 공업화된 북한지역으로의 남성노동력 유출로 女超現狀이 초래되었으나, 해방 이후에는 이들이 고향으로 귀환하여 다시 남초로 역전되었던 것이다.

이처럼 해방은 급격한 인구증가와 성비 역전을 초래하였지만, 충북은 그 변동폭이 다른 지역에 비해 미약하였다. 기본적으로 충북지역은 전통적인 농업사회의 특성들이 강하게 남아 있어 농민들을 토지에 긴박시키고 새로운 인구를 흡수할 만한 고용기회와 도시 발달이 저조하였다. 1946년 이후 충북지역의 인구증가율이 상대적

3) 朝鮮銀行 調査部,『朝鮮經濟年報』1948年版, 地 55쪽.

표 3-3 1947년 충북지역 직업별 인구분포 비율

직업	농업	광업	공업	토목건축업	상업	교통통신업	공무원	사무원
비율	48.0 (45.7)	0.1 (0.1)	1.0 (1.8)	0.4 (0.4)	1.3 (2.3)	0.4 (0.7)	1.2 (1.4)	0.4 (0.8)
직업	전문직	일용노무자	학생	기타	수감자	실업자	미상	계
비율	0.3 (0.4)	2.7 (4.0)	1.3 (1.7)	28.5 (24.2)	0.1 (0.2)	5.6 (7.4)	8.7 (8.3)	100

주: 총 64만 1,064명에 대한 비율이며 괄호 안은 남한 전체의 평균비율이다.
자료: 朝鮮銀行 調査部, 『經濟年鑑』 1949年版, Ⅳ-22~23쪽.

으로 낮아지는 이유 역시 이 같은 사회적 증가요인이 약했기 때문이다. 이는 해방 이전 1930~1940년대도 마찬가지였다.[4)]

이 같은 사실은 직업별 인구분포 양상을 통해서도 엿볼 수 있다. 〈표 3-3〉은 1947년 말 현재 15세 이상 64만 1,064명에 대한 충북지역 직업별 인구분포이다. 〈표 3-3〉에서 충북은 농업 인구가 남한 전체의 평균치보다 높은 48%였다. 또한 도내에서 2% 이상 되는 직업은 일용노무자와 실업자 외에는 없었을 뿐 아니라, 남한 전체의 평균치보다 1% 이상 많은 직업은 농업이 유일할 뿐이다. 이에 반해 남한 평균치보다 1% 이상 낮은 직업은 상업, 일용노무자, 실업자였다.

이처럼 충북지역은 농업 비중이 높았기 때문에 사회의 정태화를 초래하였고, 그 결과 지역 내 인구이동이 제한적이었다. 이는 〈표 3-4〉를 통해서도 간접적으로 알 수 있다. 〈표 3-4〉는 1942~1949년 충북지역 각 군의 인구변동 상황을 보여 주고 있는데, 진천·단양·보은 등지가 평균치보다 높은 증가율을 보이고 있다. 그 이유는 현재 확인된 자료로서는 알 수 없으나, 일제시대에 다른 지

4) Bruce Cumings, 김자동 옮김, 1986 『한국전쟁의 기원』, 일월서각, 91~99쪽 참조.

표 3-4 1942~1949년 충북지역 인구변동

	충북	청주	보은	옥천	영동	괴산	음성	충주	제천	단양	진천
인구수	1,146,509	250,664	84,861	86,822	108,602	132,881	97,997	149,407	106,173	62,508	66,594
증가율	17.1	18.9	23.3	16.2	16.8	12.3	12.0	12.9	12.0	26.6	33.6

주: 증가율은 1936년 인구 대비이며, 청주는 청주시와 청원군 합계이다.
자료: 朝鮮總督府, 『朝鮮總督府統計年報』, 1942년도, 18쪽; 1952 『대한민국통계연감』, 대한민국 공보처 통계국, 1952, 26쪽.

역으로 빠져나간 이들 지역 출신자들이 해방을 맞아 다시 이주한 결과로 보인다.

반면에 충북선 종착역이 있던 충주와 인접한 음성·제천의 인구증가율은 낮았다. 경부선이 통과하는 옥천과 영동 역시 평균치 17.1%에 미치지 못하였다. 충북지역에서 도시화가 앞선 청주군 역시 평균치보다 약간 높은 18.9%에 불과하였다. 이는 해방 이후에도 여전히 농민들이 토지에 묶여 농촌에 긴박되어 있었다는 것을 보여준다. 이 같은 조건들은 해방 공간에서 충북지역의 사회 유동성을 자극하는 데 일정한 한계로 작용하였을 뿐 아니라, 기존 사회질서를 파괴하는 동원력과 저항력을 제한할 수밖에 없었다.[5]

2) 인구동태와 사회구조

해방 이후 인구증가와 더불어 연령별 인구분포는 전체적으로 큰 변화가 없었으나, 10세 미만은 감소하였다. 이는 해방 직후 미군정기에 출생률이 저하된 결과인데, 충북도 예외는 아니었다. 해방 직후 높은 실업률과 빈곤, 사회혼란이 출생률 저하를 초래하여 10

5) 인구변동이 초래하는 사회 유동과 정치적인 상관관계는 Bruce Cumings, 위의 책, 99~104, 355~359쪽 참조.

표 3-5 1944~1949년 연령별 인구분포 비율

연령	0~4	5~9	10~14	15~19	20~24	25~29	30~34	35~39	40~44	45~49	50~54	55~59	60~64	65~70	70~
1944	17.0	14.2	12.0	9.4	7.4	6.7	6.2	5.4	4.5	4.3	3.6	3.0	2.4	1.7	2.2
1949	29.2		12.5	10.0	8.5	7.4	6.3	5.7	4.7	3.8	3.4	3.1		5.3	

자료: 『經濟年鑑』 1955年版, I-11쪽.

세 미만, 특히 4세 이하의 연령층이 낮아졌다(〈표 3-5〉 참조).

실제 해방 직후 남한 전체의 출생률과 결혼율은 격감한 반면, 사망률은 증가하였다.[6] 혼인율은 1944년 1,000명당 14.3명에서 1946년 1.2명, 1947년 2.2명, 1948년 1.7명으로 격감하였다. 출생률 역시 해방 이전에는 인구 1,000명당 38명 이상을 지속하였으나, 1946년에는 16.1명, 1947년에는 22.0명으로 줄어들었다.[7]

이 같은 인구의 자연증가율 감소는 충북지역이 다른 지역보다 더 두드러졌다. 1947년 충북의 인구 1,000명당 출생률은 16.6명으로 제주도를 제외한 9개 시도의 평균치 22.7명보다 적었다. 또한 1세 미만의 영유아 사망은 출생자 1,000명당 58.3명으로 남한 평균치 47.9명보다 10여 명이나 더 많았다. 그 결과 인구의 자연증가 역시 남한 전체의 13.5명보다 5명이나 적은 8.4명이었다.[8] 충북지역은 다른 지역보다 출생률이 낮은 반면 영유아 사망률은 매우 높은 편이었다. 이는 충북지역 인구의 자연증가율 감소로 이어질 수밖에 없으며, 충북지역이 다른 곳에 비해 빈곤하고 도민의 영양상태와 의료시설 등이 낙후되었기 때문이다.

6) 朝鮮銀行 調査部, 『朝鮮經濟年報』 1948年版, I-8쪽.
7) 『經濟年鑑』 1955年版, I-13쪽.
8) 朝鮮銀行 調査部, 『經濟年鑑』 1949年版, IV-20~21쪽.

1947년 당시 남한 전체의 사망원인은 폐렴(12.6%), 幼兒病(12%), 위 및 12지장병(9.9%), 노쇠(7.8%), 유행성감기(6.2%)의 순이었다. 사망시기는 3월 전후 3달 동안 전체의 33.6%가 사망한 뒤 매월 줄어드는 추세였다.[9] 1946년 당시 충북지역의 보호시설은 아동시설 2개, 양노시설 1개, 行旅不具者施設 1개에 모두 135명밖에 수용할 수 없었다.[10] 게다가 1948년까지도 충북지역에는 공립병원 2개와 사립병원 1개에 74명의 의사 밖에 없었다. 치과의사는 25명, 약제사는 8명에 불과하였다. 이 같은 충북지역의 열악한 사회복지시설과 의료시설은 높은 영유아 사망률로 이어졌다.

충북도민의 교육수준 역시 다른 지역에 비해 낮은 편이었다. 1947년 말 현재 초등학교를 졸업한 충북도민은 15세 이상 64만 1,064명 중 15.1%인 9만 6,706명에 불과하였다. 그에 반해 남한 전체의 초등학교 졸업자는 17.9%였다. 중학교 졸업자 역시 1만 7,909명 2.8%로 남한 전체의 4.0%에 미치지 못하였다. 특히, 지역사회의 엘리트집단이자 지도집단으로 활동하였을 전문대학 이상은 1,072명 0.17%로, 남한 전체의 6만 2,426명 0.6%보다 낮은 비율이다. 또한 전문대학 이상을 졸업한 자 중에서 충북지역에 거주한 자는 불과 1.7%였다.[11] 이 같은 낮은 교육수준과 고등교육 이수자의 부족은 해방 이후 충북 지역사회를 이끌고 갈 새로운 엘리트집단의 형성과 세력화에 치명적인 한계가 있는 것으로, 이후 지역사회 발전에 걸림돌로 작용할 수밖에 없었다.

그렇지만 충북지역의 교육시설은 양호한 편이었다. 1947년 12월 말 현재 집계된 충북도내의 학교는 초등학교 230개, 중학교 18

9) 위의 책, Ⅳ-26쪽.
10) 위의 책, Ⅳ-232쪽(표 247) 保護施設 참조.
11) 위의 책, Ⅳ-24쪽(표 16) 참조.

표 3-6 1947년 말 충북지역의 인구 1,000명당 학급수·학생수

	남한	서울	경기	충북	충남	전북	전남	경북	경남	강원	제주
학급수	2.16	2.51	2.26	2.38	1.99	2.03	2.25	1.85	2.43	1.74	2.36
학생수	130.3	191.7	140.5	143.7	121.1	147.4	126.5	113.8	120.8	100.1	140.0

주: 도별 인구는 1946년도 총인구를 기준으로 하였다.
자료: 朝鮮銀行 調査部, 『經濟年鑑』 1949年版, Ⅳ-222쪽(표 233) 道別學校一覽.

개, 실업중학교 14개, 전문대학교 1개, 학원·학습소 1개에 2,650개의 학급과 15만 9,741명의 학생이 있었다. 1946년도의 인구 1,000명당 학급수와 학생수는 〈표 3-6〉과 같다. 〈표 3-6〉에서 충북은 학급수가 남한 전체의 평균치보다 높을 뿐 아니라, 도별로는 경남 다음으로 많았다. 인구 1,000명당 학생수 역시 전국 평균치보다 13명이 더 많았다. 도별로는 전북 다음이다.

학생수와 학급수뿐 아니라, 충북지역의 진학률도 높은 편이었다. 1947년 충북지역의 초등학교 졸업생수는 9,080명이었고, 중등학교 1년생 수용인원은 4,020명으로 44.2%의 진학률을 보이고 있다. 반면에 남한 전체는 31.5%에 불과하였다.[12] 또한 1947년 12월 말 현재 충북도내 각종 학교 입학생수와 졸업생수는 각각 4만 1,000여 명과 2만 1,000여 명으로 51% 이상의 졸업률을 보인 반면, 남한 전체는 40.6%였다.[13] 1948년 공립초등학교 졸업생수 역시 충북은 52.1%였으나, 남한 전체는 40.5%였다.[14] 이는 높은 교육열에 바탕을 둔 것으로 지역 인재양성이라는 면에서 해방 이후 충북지역의 높은 잠재력을 보여 주는 것이다.

12) 朝鮮銀行 調査部, 『朝鮮經濟年報』 1948年版, I-8쪽.
13) 朝鮮銀行 調査部, 『經濟年鑑』 1949年版, Ⅳ-222쪽, 표 233, 道別學校一覽 참조.
14) 위의 책, Ⅳ-127쪽, 표 240, 公立國民學校 참조.

표 3-7 1948년 도별 형법범죄 발생건수 비율

형법죄 \ 지역	실수(實數)	서울	경기	충북	충남	전북	전남	경북	경남	강원	제주
국가의 기능을 害한 죄	2,670	3.9	7.0	1.4	5.5	8.6	48.4	9.9	9.2	3.7	2.9
사회의 법익에 대한 죄	4,585	8.2	10.7	3.5	10.7	12.8	11.6	19.3	12.6	5.0	5.5
개인의 법익에 대한 죄	64,332	24.4	12.2	2.7	11.7	9.3	8.0	12.7	11.1	3.7	0.8

자료: 朝鮮銀行 調査部, 『經濟年鑑』 1949年版, Ⅳ-244~246쪽.

한편, 충북지역은 다른 지역에 비해 사회가 안정되어 있었다. 〈표 3-7〉은 대한민국 내무부 치안국에서 집계한 1948년도 형법범죄 발생건수이다. 내란죄와 공무집행 방해죄 등과 같은 '국가의 기능을 해한 죄'는 1948년도에 있었던 여수순천사건과 빨치산 등으로 발생비율이 가장 높은 전남과는 달리, 충북지역은 전국에서 가장 낮은 1.4%에 지나지 않았다. 소요죄와 같은 공공위험에 대한 죄와 위생·신용·풍속에 대한 죄와 같은 '사회의 법익에 대한 죄' 역시 전국에서 가장 낮은 3.5% 밖에 충북에서 발생하지 않았다. 개인의 법익에 대한 죄도 제주도 다음으로 낮은 수치이다. 다만 충북지역은 專賣令·森林令 등과 같은 특별법을 위반한 건수만이 경남·충남 다음으로 높은 16.1%를 차지하였다.[15)]

이것으로 보아 충북지역은 해방 이후 다른 어느 지역보다도 사회가 안정되었고 해방정국이 몰고 온 격변의 소용돌이가 상대적으로 심각하지 않았다. 이는 그만큼 충북지역에서의 미군정 지배력과 치안질서가 바로잡혀 있었기 때문이다. 해방 직후 다른 어느 도보다 미군의 충북 점령은 순조로웠고, 일제하 경찰관과 관료들이 재고용되어 지배질서를 유지하고 있었다.[16)] 이 같은 사실은 1948년

15) 위의 책, Ⅳ-248~249쪽.

범죄건수에 대한 충북의 검거율이 남한 전체의 평균치인 79.7%보다도 높을 뿐 아니라 전국 최고치인 91.3%를 기록하고 있는 데서도 알 수 있다.[17]

해방 이후 충북 지역사회의 성격은 인민위원회의 활동양상을 통해서도 알 수 있다. Bruce Cumings는 인민위원회의 성장과 지속을 위한 이상적 환경으로, 첫째 해방 전후로 한 급속한 인구변동, 둘째 소작률이 낮고 농민들이 어느 정도 자립도를 지니고 있는 토지조건, 셋째 해방 직후 비교적 긴 통치 공백기, 넷째 통신 및 교통이 불편하거나 위원회에서 그러한 설비를 장악한 곳, 다섯째 농민의 급진적 역사, 여섯째 비교적 분화된 직업구조, 일곱째 좌우파의 대립이 장기화되거나 좌파가 지배한 정치양상 등을 들고 있다.[18] 그렇지만 충북지역은 위 조건 중 어느 하나도 충족하지 못하였다. 그 결과 전국에서 인민위원회의 세력이 가장 약했을 뿐 아니라, 미점령하에서 가장 질서 있고 통치하기 쉬운 도가 되었다.[19] 한 예로 미군정기에 충북지역은 귀속재산을 잘 관리한 모범도로 미군정으로부터 표창까지 받을 정도였다.[20]

이처럼 충북지역은 위로부터 주도하는 새로운 지배질서가 다른 어느 시도보다도 일찍 관철되었다. 이는 해방 격변기의 사회안정을 초래하였는지 모르지만, 이후 충북 사회가 보수화되는 토대를 이루었다. 이 같은 보수성은 이미 일제 식민지 통치기간에 그 원형이 만들어졌다. 단적인 예로 일제 말기에 충북은 일본군의 지원병을

16) Bruce Cumings, 앞의 책, 420~421쪽 참조.
17) 朝鮮銀行 調査部, 『經濟年鑑』 1949年版, Ⅳ-243쪽.
18) Bruce Cumings, 앞의 책, 435쪽. 충북지역 인민위원회의 활동양상은 같은 책, 416~424쪽에 자세하다.
19) 충북지역 인민위원회의 활동양상은 Bruce Cumings, 위의 책, 416~424쪽에 자세하다.
20) 朝鮮銀行 調査部, 『朝鮮經濟年報』 1948年版, 地-64쪽.

가장 많이 배출하였고 천황에 대한 충성 혈서를 쓴 자도 가장 많았다.[21] 충북은 미군정기 남한에서 가장 보수적이었고, 그래서 우익이 우세하였다. 이는 위로부터의 지배권력과 이데올로기가 손쉽게 관철되는 토대가 되었다.

3. 경제변동과 노동자·농민들의 삶

1) 공업 변동과 노동조건

공업 실태

해방 직후 남한경제를 변동시키는 기본구조는 귀속사업체와 민간기업체, 그리고 미국의 대한경제원조를 축으로 한 3중 구조였으나, 그것이 갖는 한계로 인해 절대적인 물자부족에 따른 경제 불안정과 악성 인플레를 야기하였다. 미군정기의 경제는 사업체수 격감, 물가 앙등, 실질임금의 저하, 실업자 증가, 기업의 收支難과 실질손실의 증대, 적자재정의 누적 등으로 파행성을 면치 못하였다.[22]

〈표 3-8〉에서 1944년에 9,323개이던 사업장수는 1946년까지 43.7%나 감소되었다. 노동자수 역시 18만여 명이 줄어든 59.4%의 감소율을 보이고 있다. 사업체수보다 노동자수의 감소율이 높은 것은 공장가동률이 떨어지거나 조업 단축 등의 결과 고용률이 현격히 떨어졌기 때문이다. 실제 해방 이후 공장들은 원료 부족, 기술자 부족, 경색된 자금, 생필품의 가격통제, 민중의 구매력 감퇴 등으로

21) Bruce Cumings, 앞의 책, 419쪽 각주 155 참조.
22) 朝鮮銀行 調査部,『經濟年鑑』1949年版, 10쪽.

표 3-8 1946년 충북지역 공업 사업장수 및 노동자수

연도 / 지역	사업장수			노동자수			노동자감소율		
	1944	1946	감소율(%)	1944	1946	감소율(%)	전체	남자	여자
충북	222	137	38.3	6,583	3,970	39.7	39.7	38.6	44.0
남한	9,323	5,249	43.7	300,520	122,159	59.4	59.3	62.9	47.0

주: 專賣事業場과 官營事業場 제외.
자료: 南朝鮮過渡政府 中央經濟委員會, 1946 『南朝鮮産業勞動力及賃金調査』, 19쪽; 朝鮮銀行 調査部, 『朝鮮經濟年報』 1948年版, I-201~202쪽.

도태되거나 휴업 또는 조업을 단축하였다.[23] 그 결과 1946년의 생산액은 1939년 대비 60~70%의 감소율을 보이고 있는데, 특히 방직공업은 60.3%, 기계기구공업은 60.5%, 화학공업은 76.2%, 식료품공업은 82.9%나 되었다.[24]

이 같은 사정은 도내 사업체의 36% 내외가 청주에 집중된 충북지역도 마찬가지였다. 충북의 사업체수는 1930년대 이후 식민지 공업화에서 소외된 결과 남한 전체에서 차지하는 비중이 1944년 2.4%(노동자수 2.2%), 1946년 2.6%(노동자수 3.3%)에 불과하였다. 충북지역의 사업체수 감소율은 남한 전체보다 낮은 38.3%였고, 노동자수는 39.7%였다. 충북지역이 남한 전체에 비해 감소율이 낮은 것은 충북지역의 공업구조가 주로 영세한 중소규모의 공장이어서 해방의 충격이 상대적으로 덜하였기 때문이다.

실제 〈표 3-9〉에서 충북지역의 공업구조는 영세성을 면치 못하였다. 1947년 10월 말 집계된 충북지역의 공업공장은 전체 151개 중 30명 이하의 노동자를 고용한 공장이 114개 74.5%나 되었다. 100명 이상을 고용한 공장은 섬유공업에서 6개가 유일하였는데, 이

23) 朝鮮銀行 調査部, 『朝鮮經濟年報』 1948年版, 地 60쪽.
24) 위의 책, I-324쪽.

표 3-9 1947년 충북지역 주요 공업공장 및 종업원수 분포

공업 / 종업원수	섬유공업	금속공업	식료품공업	窯業	木製工業	기타공업	합계	비율(%)
200 이상	1	–	–	–	–	–	1	0.7
151~200	2	–	–	–	–	–	2	1.3
101~150	3	–	–	–	–	–	3	2.0
51~100	15	–	–	–	–		16	10.5
31~50	10	3	1	1	1	1	17	11.1
0~30	11	15	26	30	19	1	114	74.5
계	42	18	27	31	20	15	153	
비율(%)	27.5	11.8	17.7	20.3	13.1	9.8		100
종업원수	2,669	319	251	390	194	294	4,117	
비율(%)	64.8	7.8	6.1	9.5	4.7	7.1	100	

주: 1947년 10월 말 현재이며, 섬유공업의 경우 종업원수 15인 이상만 집계함.
자료: 朝鮮銀行 調査部, 『朝鮮經濟年報』 1948年版, 地 60~63쪽.

는 도내의 2%로 1946년 11월 현재 3.5%였던 남한 전체의 평균치보다 낮은 수치이다.[25)]

해방 직후 충북지역의 공장감소율이 전국에 비해 낮은 이유는 공업 분포상황을 통해서도 확인된다. 〈표 3-9〉에서 충북지역 공업 구성은 공장수의 경우 섬유공업>요업>식료품공업>목제공업, 종업원 고용률의 경우 섬유공업>요업>금속공업의 순으로 많은 비중을 차지하였다.

1948년 1월 말의 통계인 〈표 3-10〉에서는 충북지역의 공업사업체 비율이 식료품공업 28.4%, 방직공업 17.4%, 製材·목제품공업이 11.6%, 금속과 화학공업이 각각 10.3%였다. 그렇지만 식료품공업은 업체수가 가장 높은 비율이지만, 고용률이 24.3%에 불과하며

25) 위의 책, Ⅲ-154쪽.

표 3-10 충북지역 공업사업체 분포(1948년 1월 말)

사업체 \ 업종	총수	금속	기계 기구	화학	전기 수도	요업 토석	방직	제재 목제품	식료품	인쇄 제본	기타
업체수	155	16	14	16	5	5	27	18	44	8	2
비율(%)	100	10.3	9.0	10.3	3.2	3.2	17.4	11.6	28.4	5.2	1.3
노동자수	4,102	193	175	422	185	72	1,640	260	998	126	31
비율(%)	100	4.7	4.3	10.3	4.5	1.8	40.0	6.3	24.3	3.1	0.8

자료: 南朝鮮過渡政府 勞動部, 1948『第二回 南朝鮮勞動統計調査結果報告』.

술 제조업이 주종을 이루었기 때문에 기형적이었다. 그에 반해 대규모 공장이 많았던 방직공업은 업체수는 17.4%에 불과할지라도 종업원 고용률은 40%나 되었다. 방직공업이 충북지역 공업경제의 성쇠를 좌우할 정도였다.

위와 같은 충북지역 공장들은 지역에서 생산되는 원료를 사용하는 공장이 많았고 대부분 영세하였다. 자금압박도 상대적으로 덜하였다. 그 때문에 1946년 11월 조사된 충북지역의 휴업사업장은 원료 부족 등으로 2개의 공장밖에 없었다(남한 총계 390개).[26] 또한 1947년 10월 충북지역의 공장가동률은 전체적으로 80%에 이르렀다. 특히, 방직공업은 충북지역의 잠업이 왕성하고 製絲工業의 가동률이 여러 공업 중 제일 활발한 편이었을 뿐 아니라,[27] 1945년에 忠淸北道纖維工業會를 발족하는 등 폭발적인 성장세를 지속하였다. 1946년 말까지 등록된 섬유공장은 해방 전보다 배가 많았다. 그래서 군정당국은 생산과잉을 우려하여 더 이상 신설을 불허하기까지 하였다.[28]

26) 南朝鮮過渡政府 中央經濟委員會, 1946『南朝鮮産業勞動力及賃金調査』, 94쪽 第十六表.

27) 朝鮮銀行 調査部,『朝鮮經濟年報』1948年版, 地 58, 60쪽.

표 3-11 1947년 충북지역 사업체수

지역	업체	공장 귀속	공장 비귀속	공장 계	광산 귀속	광산 비귀속	광산 계	합계
충북	업 체 수	33	247	280	47	–	47	327
	종업원수	944	3,894	4,838	–	–	–	4,837
남 한	업 체 수	1,551	3,959	5,510	297	159	456	5,966
	종업원수	50,770	77,922	128,692	10,745	421	11,166	139,858

주: 이 통계는 1947년 9월 현재이며, 광산은 경기, 제주, 서울, 경북이 미조사되었으며 충북지역 중앙직할 귀속사업체가 포함되지 않았다.
자료: 朝鮮銀行 調査部, 『朝鮮經濟年報』 1948年版, I-323~324쪽.

이로 인해 충북지역은 다른 도에 비해 해방 이후 공장수와 종업원수에 있어서 감소율이 상대적으로 낮았을 뿐 아니라, 1947년에는 오히려 사업체수가 증가하는 양상이었다. 〈표 3-11〉은 1947년 9월 현재의 통계치로, 충북지역의 사업체수는 모두 327개로 집계되었다. 이는 중앙관할 귀속사업체와 비귀속 광산이 포함되지 않은 것임에도 불구하고 현재 확인할 수 있는 1945~1948년의 통계 중 가장 많은 사업체수이다.

그렇지만 각 사업체는 해가 거듭될수록 자금문제로 운영난에 처하였다. 만성적인 불황과 높은 실업률이 지속되었다. 예를 들어, 1949년에 조사된 충북 관할 귀속사업체는 모두 59개였는데, 그 중 5개는 1945년 8·15 직후부터 휴업하였고 1947년과 1948년에 각각 2개 업체가 휴업에 들어갔다.[29] 또 1946년 동안 남한 8개 도시에서 신설된 회사는 549개였던 반면, 1947년에는 496개로 감소되었다. 특히, 군산·대전과 같은 지방 군소도시에서 신설된 회사가 급감하

28) 國民日報社, 1952 『忠北年鑑』, 147쪽.
29) 朝鮮銀行 調査部, 『經濟年鑑』 1949年版, Ⅲ-114~116쪽.

표 3-12 충북지역 사업체 및 노동자 구성비율(1948년 1월 말)

업체 / 지역	사업체 구성비율					노동자 구성비율				
	총수	공업	광업	운수	회사	총수	기술자	직공	사무원	기타
충북	215	72.1	3.7	17.7	6.5	7,169	5.5	66.4	12.5	16.0
남한	5,404	81.1	1.4	8.9	8.6	223,030	5.2	58.8	14.8	21.3

자료: 南朝鮮過渡政府 勞動部, 1948『第二回 南朝鮮勞動統計調査結果報告』; 朝鮮銀行 調査部,『經濟年鑑』1949年版, Ⅳ-178쪽.

였다.[30] 이는 대전과 인접과 청주도 마찬가지였을 것이다.

그 결과 1948년 1월 말 충북지역의 총사업체수(공업·운수·광업·회사)는 1947년에 조사된 327(공업·광업)개보다[31] 격감된 215개였다. 그 중 관영은 65개, 민영은 150개였다.[32] 이는 〈표 3-12〉에서 알 수 있듯이 남한 총사업체 5,404개의 4.0%에 지나지 않았다. 충북지역의 종업원수 역시 남한 전체의 3.2%인 7,169명이었다. 사업체수보다 종업원수의 비중이 낮은 것은 그만큼 충북지역의 사업체가 소규모 사업체 중심의 영세성을 면치 못하였기 때문이다. 그것은 100명 이상 노동자를 고용한 충북지역 사업체가 남한지역 총 347개 중 10개 업체인 2.9%에 지나지 않았던 데서도 알 수 있다.[33]

또 〈표 3-12〉에서 충북지역의 노동자 구성이 남한 전체에 비해 직공의 비율이 높고 사무원의 비율이 낮은 것도 충북지역의 사업체가 영세한 소규모였기 때문이다. 이 같은 영세성은 충북지역의 공업화 정도를 통해서도 알 수 있다. 〈표 3-12〉에서 충북지역의 공업 비중은 72.1%로 남한 전체의 81.1%에 미치지 못하고 있다.

30) 朝鮮銀行 調査部,『朝鮮經濟年報』1948年版, Ⅲ-190~195쪽.
31) 위의 책, Ⅰ-323~324쪽.
32) 南朝鮮過渡政府 中央經濟委員會, 1946『南朝鮮産業勞動力及賃金調査』, 19쪽.
33) 朝鮮銀行 調査部,『經濟年鑑』1949年版, Ⅳ-176~177쪽.

표 3-13 1947년도 실업자 구성비율

실업률 / 지역	실업률	성별 실업률		연령별 실업률						
		남자	여자	15~19	20~24	25~29	30~34	35~39	40~44	45 이상
서울시	29.9	38.9	61.1	26.9	11.9	6.1	6.4	4.9	4.4	39.4
경기도	23.9	39.9	60.1	32.2	10.0	5.5	3.3	3.4	4.4	41.2
충 북	21.0	46.6	53.4	42.7	7.3	4.0	3.8	2.2	2.9	37.1

주: 경기도는 인천·개성, 충북은 청주 제외.
자료: 朝鮮銀行 調査部, 『朝鮮經濟年報』 1948年版, I-204쪽.

이런 이유로 해방 이후 충북지역 사업체 감소율은 다른 지역에 비해 높지 않았다. 실업률 역시 충북지역이 남한 전체에 비해 낮은 편이었다. 1946년 1월 현재 충북지역은 43만 명의 취업자와 4만 명의 실업자가 있었는데,[34] 〈표 3-13〉에서 충북지역의 실업률은 서울과 경기도보다 낮은 21%였다.

성별 실업률은 다른 지역과 마찬가지로 남자보다 여자의 실업률이 높은 편이었다. 사업체수가 격감된 조건에서 절대적으로 여성의 고용기회가 부족한데다 여성들이 많이 고용된 방직공업의 위축은 여성의 실업률을 높일 수밖에 없었다. 연령별로는 어느 지역이나 19세 이하와 45세 이상의 실업률이 높았는데, 충북은 19세 이하의 실업률이 상대적으로 높았다. 그 이유는 충북지역이 서울과 경기에 비해 도시화가 덜된 농촌지역이었기 때문이다.[35] 또 충북에는 1946년 1월 1일 창설된 직업소개소가 청주에 유일하게 있었지만, 재정난 등으로 취업실적이 저조하였다.[36] 이 같은 상황에서 충북지

34) 朝鮮銀行 調査部, 『朝鮮經濟年報』 1948年版, I-5쪽.
35) 위의 책, I-204쪽.
36) 위의 책, I-205쪽.

역은 비록 농업비중이 높았던 관계로 다른 지역에 비해 실업률이 다소 낮았을지라도 만성적인 고실업 상태가 지속될 수밖에 없었다.

2) 노동조건과 노동운동

노동자의 노동조건을 알 수 있는 변수의 하나는 노동자의 교육 정도이다. 〈표 3-13〉에서 충북지역 노동자의 교육 정도는 남한 전체에 비해 전반적으로 낮은 실정이었다. 이는 앞서 언급한 바와 같이 충북도민의 교육수준이 다른 지역에 비해 낮았기 때문이다. 이 같은 결과는 1946년 11월 충북지역 미숙련노동자 3,970명을 상대로 한 통계에서도 마찬가지였다.[37] 취학하지 않은 노동자 역시 남한 전체의 평균치 28.4%보다 높은 41.4%나 되었다(〈표 3-14〉 참조).

노동자의 학력별 교육 정도는 소학교 출신자가 41.2%로 노동자의 절대다수를 차지하고 그 이상은 극소수였다. 소학교 이상의 출신자가 전체의 52.1%로 절반을 넘었다. 1946년 11월에 조사한 미숙련노동자 중 소학교 이상 출신자 역시 55.5%였다.[38] 남녀별 노동자의 교육 정도는 비슷한 비율이나, 남자노동자 중 소학교 졸업자는 남자가 41%, 여자가 42.6%였다.[39] 남자보다 여자의 교육 정도가 상대적으로 높은 실정이었다. 이 같은 통계결과는 높은 실업률과 취업 기회가 절대적으로 부족한 실정에서 교육 정도가 취업에 결정적인 변수로 작용하였다는 것을 보여 준다. 이는 남자보다 여자가 더욱 그러하였다.

37) 南朝鮮過渡政府 中央經濟委員會, 1946 『南朝鮮産業勞動力及賃金調査』, 119쪽 第十九表; 朝鮮銀行 調査部, 『朝鮮經濟年報』 1948年版, I-210~211쪽.

38) 南朝鮮過渡政府 中央經濟委員會, 1946 『南朝鮮産業勞動力及賃金調査』, 94쪽 第十九表.

39) 朝鮮銀行 調査部, 『經濟年鑑』 1949年版, Ⅳ-179쪽.

표 3-14 1946년 충북지역 미숙련노동자의 교육 정도 (단위: 명, %)

지역 \ 학력		미취학	소학교	중학교	고등교육	기타	합계
충북	인원수	2,966 41.4	2,956 41.2	746 10.4	30 0.47	471 6.6	7,169 100
남한	비 율	28.4	43.2	12.9	1.8	13.8	100

자료: 朝鮮銀行 調査部, 『經濟年鑑』 1949年版, Ⅳ-179쪽.

충북지역 연령별 노동자 분포는 1948년 1월 말 현재 노동자 7,169명 중 89.7%가 18세 이상으로, 남한 전체의 91.7%보다 낮은 수치이다. 이는 〈표 3-9〉에서 알 수 있는 것처럼 고용률이 가장 높고 업체수에서 가장 큰 비중을 차지하던 섬유공업분야에 18세 이하의 청소년이 많이 종사하였기 때문이다. 특히, 섬유공업에 많이 종사하는 여성노동자는 18세 이하가 전체의 45.2%인 660명으로 남한의 32.6%보다 매우 높은 비중을 차지하였다.[40]

이 같은 충북지역 노동자의 교육 정도와 연령분포는 열악한 노동조건으로 이어졌다. 실제 충북지역 노동자의 임금은 저렴하였다. 1946년 11월 137개 업체 3,970명의 노동자를 대상으로 한 조사에 의하면, 충북지역 1일 평균노동시간은 7.23시간으로 남한 평균 7.72시간과 거의 비슷하였다. 반면에 1일 8시간 평균임금은 충북지역이 64.0원인 반면, 남한 전체의 평균은 79.6원이었다.[41] 충북지역 노동자들이 다른 지역 노동자들보다 평균 20%나 저임금을 받고 있었다. 특히, 18세 이하의 여성노동자가 많이 고용된 방직공업분야가 그러

40) 朝鮮銀行 調査部, 『經濟年鑑』 1949年版, Ⅳ-180쪽, 표 172, 道 및 年齡別勞動者數 참조.

41) 南朝鮮過渡政府 中央經濟委員會, 1946 『南朝鮮産業勞動力及賃金調査』, 49쪽 第六表.

하였다.

이 같은 저임금구조는 1948년에 들어와 더욱 악화되었다. 1948년 1월 말 현재 1개월간의 평균노동시간이 남한 평균치 203시간보다 많은 216시간이었다. 이는 전국에서 경상남도 다음으로 많은 노동시간이었다. 1인당 1일간의 평균노동시간 역시 전국은 8시간이었던 데 반해, 충북은 9시간이었다. 그럼에도 불구하고 1개월간의 평균임금은 3,441원으로 남한의 4,159원에 훨씬 미치지 못하였다. 이는 남한 평균치보다 17.3%나 낮은 임금으로 전국에서 제주도 다음으로 저임금이었다.[42)]

그 밖에 1946년 11월에 조사한 바에 의하면, 충북지역 소재 137개의 공장 중 합숙소나 주택을 소유한 공장은 남한 평균 20.2%보다 많은 25.6%였다. 그렇지만 부속병원은 남한 평균 대 충북 비율(%)이 1.7 : 1.5, 지정병원은 27.0 : 23.4, 목욕탕은 21.0 : 16.8, 이발소는 3.2 : 2.9, 체육시설은 18.8 : 12.4, 오락시설은 7.0 : 7.3%였다.[43)] 전반적으로 충북지역에 소재한 공장들의 부속시설이 다른 지역보다 적은 실정이었다. 따라서 충북지역 노동자는 다른 지역에 비해 열악한 작업환경에서 장시간 노동과 저임금에 시달리고 있었다. 이는 충북지역의 영세한 공업구조, 낮은 노동자의 교육 정도, 18세 이하의 청소년이 많았던 노동자 연령구성과 구조적으로 연관되어 있었다.

더욱이 노동자의 삶을 억압하던 것은 명목상의 임금뿐만이 아니다. 더 큰 문제는 산업 위축, 생필품 생산량의 감소와 물가 등귀 등으로 점점 하락하는 실질임금이었다. 해방 이후 전국의 실질임금은 1936년 100을 기준으로 해방 직전 6월이 108.9, 1946년 43.3,

42) 朝鮮銀行 調査部, 『經濟年鑑』 1949年版, Ⅳ-182쪽(표 174) 道別勞動時間과 支拂賃金 참조.

43) 南朝鮮過渡政府 中央經濟委員會, 1946 『南朝鮮産業勞動力及賃金調査』, 101~114쪽 第十七表.

1947년 35.6으로 2년 사이에 3배나 급락하였다.[44] 실제 실질임금에 큰 영향을 미치는 물가는 폭등하는 추세였다. 한 예로 전국의 물가는 1946년은 1944년의 92배, 1946년 이후는 매년 2배씩 앙등하였다.[45] 충북 청주지역 1946년의 물가 역시 1945년보다 쌀은 6배, 소고기는 3.6배, 보리는 12.8배, 밀가루는 8.6배, 소금은 21.6배나 치솟았다.[46]

이와 같이 노동자들은 악성 인플레와 고실업 상황에서 절대생활마저 위협받을 정도의 저임금과 열악한 노동조건에 시달리고 있었다. 더욱이 격변의 해방정국은 노동자들로 하여금 생존권 투쟁을 자극하였고, 그로 인해 노동운동이 일상화되는 양상이었다.

해방 이후부터 1947년 3월 말까지의 노동쟁의 발생건수는 2,388건, 참가인원 약 60만 명, 사망자 26명, 피검자 8,000여 명, 피해고자 16만 명에 이르렀다.[47] 주로 임금인상과 해고 반대를 요구하며 파업형태로 일어난 노동쟁의는 당시 정치상황과 맞물려 매우 격렬한 형태로 전개되었다. 더욱이 노동쟁의는 공격적 노동쟁의와 방어적 노동쟁의로 대별할 수 있는데, 임금인상, 노동시간 단축, 감독자의 배척, 노조 승인, 휴일임금 지급, 미지급 급료의 요구 등과 같은 공격적 노동쟁의가 1946년도에 일어난 전체 노동쟁의 중 78%나 되었다.[48]

〈표 3-15〉는 미군정 중앙노동부에서 1945년 12월부터 1947년 사이에 일어난 노동쟁의 발생건수를 조사한 것으로 당시 노동운동의 양상을 엿볼 수 있다. 〈표 3-15〉에서 남한 전체의 노동쟁의 발

44) 朝鮮銀行 調査部, 『朝鮮經濟年報』 1948年版, I-215쪽.
45) 朝鮮銀行 調査部, 『經濟年鑑』 1949年版, 2쪽.
46) 朝鮮銀行 調査部, 『朝鮮經濟年報』 1948年版, 地 63~64쪽.
47) 朝鮮銀行 調査部, 『經濟年鑑』 1949年版, I-73쪽.
48) 朝鮮銀行 調査部, 『朝鮮經濟年報』 1948年版, I-207쪽.

표 3-15 1945~1947년 노동쟁의 발생건수

지역 \ 시기		1945.12	1946	1947.1~2	1947.3	1947.4~5	1947.7	1947.8	1947.9~12	계
충북	건 수	–	–	–	2	–	1	1	–	4
	인원수				176		14	50		240
남한	건 수	1	170	5	69	15	7	5	27	305
	인원수	308	57,434	473	14,774	6,539	2,658	770	6,475	93,017

자료: 朝鮮銀行 調査部, 『朝鮮經濟年報』 1948年版, I-208~211쪽.

생건수는 305건에 9만 3,017명이 참가하였다. 충북은 전체 발생건수은 1.3%인 4건, 참가인원은 0.3%인 240명에 불과하였다. 이는 남한 10개 시도에서 가장 낮은 발생률이다. 1946년 9월 철도 기관사들이 주도한 전국 총파업 때도 충북지역에서 일어난 파업건수는 공식적으로 집계되지 않았다. 다만, 1947년 3월 철도 노동자들이 주도하는 해방 후 최초의 전국 24시간 총파업 때 충북에서 일어난 노동쟁의 절반인 2건이 발생하였을 뿐이다. 그리고 1947년 7, 8월에 각각 1건씩 노동쟁의가 일어났다. 이들 노동쟁의 4건 중 3건은 모두 임금인상을 요구하면서 일으킨 파업이었다. 그 중 행정조정을 통해 해결된 파업은 1건에 불과하였다.[49]

이처럼 충북지역에서 노동쟁의 발생건수가 적었던 것은 앞에서 언급한 바와 같이 충북지역의 공업비중이 전국의 2.6%였고, 노동자수 역시 3.3%에 불과하였기 때문이다. 실업률 역시 다른 지역에 비해 낮았으며 사업체의 규모도 대부분 영세한 소규모였다. 또한 비중이 높았던 귀속사업체는 다른 어느 도보다 충북이 잘 관리되었다.

특히, 충북지역 노동자들의 움직임이 격렬하지 않았던 것은 미

49) 朝鮮銀行 調査部, 『朝鮮經濟年報』 1948年版, Ⅲ-158쪽.

군정 지배력이 일찍 관철된 점이다. 충북지역은 일부 지역 외에는 해방 직후 인민위원회의 활동이 두드러지지 않았을 뿐 아니라, 좌우익의 갈등과 대립과정에서 우익세력이 일찍 헤게모니를 장악하였다.[50] 또한 앞 절에서도 살펴본 바와 같이 해방 전후 충북지역은 사회 유동성이 낮았기 때문에 경제적 불평등을 반란의 자극제로 전환시킬 수 있는 사회적 배경이 미약하였다. 이 같은 사실은 〈표 3-7〉에서 충북지역이 국가와 사회에 대한 범죄발생률이 전국에서 최하위였던 데서도 알 수 있다.

3) 농업 변동과 농민들의 삶

해방 직후 미군정기 농업경제는 혼란 그 자체였다. 1946년 가을 이후 토지개혁을 우려한 부재지주의 토지 방매로 소작권 이동과 소작쟁의가 빈발하였을 뿐 아니라, 지주들이 방매하는 토지를 매입하려는 농민들은 소를 팔고 고리부채를 지는 농민도 적지 않았다.[51] 이는 1945~1946년 농지의 소유면적별 분포상황을 보아도 알 수 있다.

〈표 3-16〉에서 충북은 물론 남한의 농가 소유면적은 전체적으로 하향 분화하는 추세였다. 그래서 10정보 이하는 점점 그 숫자가 늘어나는 한편, 그 이상은 감소하는 양상이었다. 농지면적도 줄어드는 경향이었다.

실제 충북지역 한 농가의 평균소유면적은 1945년의 경우 0.91

50) 해방 이후 충북지역에서의 좌우익 갈등과 대립과정에 관해서는『忠淸北道誌』上(1992), 399~410쪽; 박명림, 앞의 논문, 132~150쪽 참조. 해방 직후 충북지역 역시 좌우익의 대립이 치열했던 것만은 사실이나, 1946년 중엽 이후 우익이 헤게모니를 장악하고 있었다.

51) 朝鮮銀行 調査部,『朝鮮經濟年報』1948年版, I-361쪽.

표 3-16 1945~1946년 농지의 소유면적별 분포

지역 \ 면적		1단보 미만	1단보 이상	1정보 이상	2정보 이상	5정보 이상	10정보 이상	20정보 이상	30정보 이상	50정보 이상	합계	총면적
충북	1945	18,051	111,316	16,610	14,631	3,019	938	416	190	91	165,262	149,994
	1946	19,220	114,100	16,532	15,427	3,093	923	370	161	75	169,901	143,582
	증감	+1169	+2784	−78	+796	+74	−15	−46	−29	−16	+4,639	−6,412
남한	1945	544,681	1,487,608	271,327	208,295	43,341	14,635	5,612	3,258	1,293	2,580,050	2,025,448
	1946	596,191	1,625,501	307,563	223,305	45,120	14,432	5,331	3,196	1,484	2,822,123	1,990,868
	증감	+51,510	+137,893	+36,236	+15,010	+1,779	−203	−281	−61	+191	+242,073	−34,580

주: 조선인 소유면적에 한하며 외국인 소유는 제외하였다.
자료: 朝鮮銀行 調査部, 『朝鮮經濟年報』 1948年版, I-32~36쪽.

정보로 여기에 미치지 못하는 1정보 이하의 영세농가가 전체의 78.3%에 이르고 있다. 그리고 1946년은 평균 0.85정보로 1945년보다 낮을 뿐 아니라, 1정보 이하 농가도 78.5%로 상승하였다. 전국적인 추세는 0.79정보에서 0.71정보로 평균소유면적이 줄어들었으며 1정보 이하는 78.7%로 동일하였다.

따라서 충북지역은 다른 지역보다 농지 소유면적의 하향 분화가 더욱 촉진되었음을 알 수 있다. 특히, 10정보 이상의 대지주는 전체적으로 줄어드는 양상이었지만, 남한 전체적으로는 오히려 50정보 이상 소유자가 증가하는 양상이었다. 이는 충북지역이 다른 지역에 비해 지주층의 감소와 영세빈농층의 증가현상이 두드러졌기 때문이다.

이 같은 결과는 해방 직후 미군정기에 들어와 지주제가 위기를 맞고 농민의 빈농화가 촉진된 결과이다. 그렇지만 營農別 농가호수는 지주, 특히 부재지주들의 토지매각으로 자작농이 증가하였다. 1946년 남한 전체의 자작농가는 1944년보다 5만 명, 자소작농은 12

표 3-17 1945년 충북지역 농민의 경영면적 분포

1945	10町~	5町~	3町~	2町~	1町~	0.5町~	0.5町미만 無	합계	1946	1943
자 작	3	4	342	1,465	3,482	5,858	5,467	16,631	17,367	15,857
자소작	1	8	41	1,850	5,205	7,877	6,921	22,348	24,801	20,605
소자작	–	10	471	1,768	5,403	8,818	9,635	26,196		24,993
소 작	–	17	1,068	2,805	12,518	25,617	24,523	66,548	31,264	
기 타	–	–	–	–	–	–	–	4,471	63,153	73,842
합계	4	242	2,295	7,888	26,608	48,170	46,546	3,471	136,194	137,721
1946 (증감)	6 (+2)	93 (−149)	1,261 (−1,034)	6,349 (−1,539)	25,701 (−907)	46,221 (−1,949)	57,044 (+10,498)	137,721		

자료: 朝鮮銀行 調査部, 『朝鮮經濟年報』 1948年版, I-28·31, 地 56쪽.

만 명, 순수 화전민과 농업 노동자는 2만 4,000명이 증가하였고 소작농은 6만 명이 감소하였다.[52] 소작농이 줄어들고 자작농이 증가하는 추세였다.

이는 충북지역도 마찬가지였다. 〈표 3-17〉에서 충북지역 자작농은 매년 증가하는 추세였다. 이는 지주들이 매각하는 토지를 농민들이 매입하였기 때문이다. 실제 충북지역에서 500석 이상 추수한 대지주는 1943년 30명에서 1946년 말 13명으로 급감하였고 소유면적도 33.6%나 감소된 1,680정보였다.[53] 그 결과 〈표 3-17〉에서 1946년의 자작농은 1945년보다 736명 증가한 반면, 소작농은 3,395명이나 대폭 감소하였다. 더욱이 1949년에 이르면, 〈표 3-18〉과 같이 자작농은 1947년 14%에서 38%로 상승한 것에 반비례하여 소작농은 45%에서 19%로 낮아졌다.

52) 위의 책, I-28쪽.
53) 農林局 農地局, 1951 『農地改革統計要覽』, 9쪽.

표 3-18 1947~1949년 충북지역 농가의 경작형태

연도 \ 형태	자작		자소작		소작		계	
	호수	%	호수	%	호수	%	호수	%
1947. 12	18,620	14	56,568	41	62,059	45	137,247	100
1949. 6	60,076	38	67,800	43	30,428	19	158,304	100

자료: 農林局 農地局, 1951 『農地改革統計要覽』, 8, 11쪽.

그렇지만 농가 1호당 평균경작면적은 줄어드는 경향이었다. 1935년 이후 1944년에 이르는 10년간의 전국 농가 1호당 평균경작면적은 1.55정보였으나, 해방 후 1946년은 1.25정보(남한)로 영세성이 심화되었다.[54] 1947년 4월 이후 1년 동안의 농가경제 조사에 의하면, 평균 1.39정보를 경작하는 농가의 수입과 지출은 4.9% 적자였다.[55] 그렇다면 지주를 뺀 대다수의 농민들은 재생산기반을 확보하지 못한 상태에서 만성적인 적자와 빈곤에 시달려야만 하였다.

충북지역 농민들도 마찬가지였다. 〈표 3-17〉에서 1945년 충북지역 자작·자소작·소자작·소작농의 경영면적은 69.6%가 0.5정보 이하의 영세농이었고 1정보 이하는 전체의 89.1%나 되었다. 이는 1정보 이하의 토지를 소유한 78.3%보다 10% 이상 높은 수치이며 그만큼 지주들의 농지 소유면적이 많았다는 것을 보여 준다. 또한 전혀 농사를 짓지 않는 농업 노동자는 1945년의 경우 1943년보다 배가 많은 3,471명이었다. 이렇게 농업 노동자가 증가한 것은 해방 이후 해외나 다른 지역에서 이주한 농민들이 증가하고 고리채 등으로 파산한 농민들이 많았기 때문이나, 이들 역시 1946년에 들어와 절반으로 줄어들었다. 이 같은 양상은 府郡別로 약간의 편차를 보이

54) 朝鮮銀行 調査部, 『經濟年鑑』 1949年版, 4쪽.
55) 위의 책, I-8쪽.

표 3-19 충청북도 부군별 경영면적·경영형태 분포

분포 \ 지역		청주	청원	옥천	보은	영동	진천	괴산	음성	충주	제천	단양	합계
경영면적	1町 미만	286	4,947	4,380	3,412	5,035	3,104	5,959	4,102	6,540	5,797	2,659	46,221
	0.5町 미만	621	17,324	3,883	4,472	4,861	2,412	6,977	3,357	5,480	5,150	2,507	57,044
	계	907	22,271	8,263	7,884	9,896	5,516	12,936	7,459	12,020	10,947	5,166	103,265
	%	86.7	89.6	80.0	67.3	79.9	64.6	77.2	58.7	64.6	82.9	68.2	75.0
경영형태	소자작	102	7,425	2,062	3,555	2,353	1,791	3,162	2,516	4,032	2,382	1,884	31,264
	소작	671	10,003	3,897	4,075	5,957	4,850	7,258	6,606	10,148	6,559	3,129	63,153
	기타	–	–	167	–	123	–	720	103	–	–	23	–
	계	773	17,428	6,126	7,630	8,433	6,641	11,140	9,225	14,180	8,941	5,036	94,417
	%	73.9	70.1	59.3	65.1	68.1	77.8	66.5	72.6	76.2	67.7	66.5	68.6

주: 비율(%)은 군별 전체 농가에 대한 백분비이다.
자료: 朝鮮銀行 調査部, 『朝鮮經濟年報』 1948年版, 地 56쪽.

고 있었다.

〈표 3-19〉에서 도시지역인 청주와 그 주변지역이 전반적으로 경영면적이 적고 소작농이 많았다. 청주는 1정보 미만이 86.7%이고 소작지가 많은 농가가 전체의 73.9%에 이르고 있다. 이는 청주와 이웃한 청원군 지역도 마찬가지였다. 이는 그만큼 도시지역으로 인구가 집중되어 토지와 소작지가 분산되었기 때문이다. 반대로 산간지역으로 갈수록 소작지가 줄어드는 대신 자작농이 증가하는 양상을 보이고 있다. 다만, 경영면적에 있어서는 충주가, 경영형태에 있어서는 진천이 예외적이었다. 충주는 다른 지역에 비해 상대적으로 1정보 이상의 농가가 많았다. 진천은 소작농이 높은 비율이었다. 이처럼 해방 직후 자작농이 증가하는 추세였지만, 그것은 경영면적의 하향 분화 속에서 이루어졌으며 거의 절반에 가까운 농민들은 극빈

생활을 면치 못하였다. 특히, 생계를 찾아 인구가 집중된 도시지역일수록 소작농의 비율이 높을 뿐 아니라, 절대생활마저 위협받는 극빈농이 많았다.

따라서 해방 직후 충북지역 농민들의 경영형태는 다른 지역과 마찬가지로 자작농이 수적으로 증가하는 양상이었지만, 평균경영면적은 하향 분화되면서 0.5정보 이하를 경작하는 빈농이 1945년 69.9%에서 1946년 76.4%로 확대되었다. 이는 〈표 3-17〉에서 1946년 경영면적이 0.5~10정보 미만은 1945년보다 줄어든 반면, 0.5정보 미만은 전년도보다 22.6% 1만여 명이나 증가한 데서도 알 수 있다. 더욱이 〈표 3-17〉에서 1945년 1정보 미만의 소작농과 0.5정보 미만의 소자작농 및 농업 노동자는 전체의 46.4%였다. 거의 절반에 이르는 이들 농민들은 절대생활마저 위협받는 극빈농을 면치 못하였다.

그 밖에 농민들의 영세화와 빈곤화를 촉진한 것은 고율의 소작료였다. 미군정은 1945년 10월 15일 법령 제9호로 소작료 3/1제를 법제화하였지만 실효를 거두지 못하였다.[56] 즉, 해방 직후에도 여전하였던 고율의 소작료는 절대다수가 지주들의 토지를 소작하는 농민들의 삶을 위협하고 절대생활마저 위기에 몰아넣고 있었다. 특히, 46.4%에 이르던 소작빈농들이 그러하였다. 이들은 농우마저 구하기 힘들어 영농에 어려움을 겪었다. 해방 전에 7만여 두였던 충북지역의 한우는 1947년에 들어와 屠殺牛의 대량 반출로 43%나 감소된 약 3만여 두밖에 없었다.[57] 1946년도에는 농가 100호당 27.9마리로, 이는 전국 10개 시도에서 전북·전남·충남에 이어 네 번째로 작은 비율이었다.[58]

---

56) 朝鮮通信社, 『朝鮮年鑑』 1947年版, 37쪽.

57) 朝鮮銀行 調査部, 『朝鮮經濟年報』 1948年版, 地 58쪽.

58) 위의 책, Ⅲ-29쪽.

또한 충북지역의 농업 특산물은 蠶業, 면화, 충주·음성지역의 황색연초, 영동의 감과 인삼, 충주의 林檎, 보은의 대추였다.[59] 이 중 농가수익과 직결될 수 있는 산물은 잠업, 면화, 연초였지만, 해방 이후 경제 위축으로 농가수익을 보장할 수 없었다. 이 역시 해방 이후 충북지역 농업경제의 위축을 초래하고 농민들의 궁핍생활을 악순환시키는 구조적인 요인으로 작용하였을 것이다.

4. 맺음말

이상으로 해방 직후 충북지역의 사회경제 변동상황을 알아보았다. 여기서는 해방 직후 미군정기 충북지역의 사회경제 변동이 가지는 역사적 의미와 특성에 초점을 맞추어 지금까지 검토한 내용을 정리할 것이다.

첫째, 해방 이후 귀환동포와 월남인구와 같은 사회증가로 인해 남한 인구는 급속히 증가하였으나, 충북지역은 인구증가율이 가장 낮았다. 지역 내 인구이동도 정체되어 있었다. 그 이유는 식민지 공업화 과정에서 충북지역이 소외된 결과 새로운 인구를 흡수할 만한 고용기회와 도시발달이 저조하였고 농업비중이 높았기 때문이다. 이는 해방 이후에도 여전히 농민들이 토지에 묶여 농촌에 긴박되어 있었다는 것을 보여 준다.

둘째, 충북지역은 다른 지역과 마찬가지로 해방을 전후하여 여초에서 남초로 성비가 역전되었지만, 인구의 자연증가율은 다른 시도보다 낮았다. 충북지역은 다른 지역에 비해 출생률이 낮은 데

59) 위의 책, 地 55쪽.

다 영유아 사망률마저 매우 높았다. 이는 충북지역이 다른 곳에 비해 빈곤하고 도민의 영양상태와 의료시설 등이 낙후되었기 때문이다.

셋째, 충북도민의 교육수준 역시 다른 지역에 비해 낮은 편이었다. 특히, 지역사회의 엘리트집단이자 지도집단으로 활동하였을 전문대학 이상 출신자가 매우 작은 비율이며 이들 중 충북지역에 거주하는 자는 불과 1.7%에 지나지 않았다. 이 같은 낮은 교육수준과 고등교육 이수자의 부족은 해방 이후 충북 지역사회를 이끌고 갈 새로운 엘리트집단의 형성과 세력화에 치명적인 한계가 있는 것으로, 이후 지역사회 발전에 걸림돌로 작용할 수밖에 없었다.

그렇지만 충북지역의 교육시설은 양호한 편이었다. 인구 1,000명당 학생수 역시 전국 평균치보다 13명이 더 많았으며 도별로는 전북 다음으로 많았다. 학생수와 학급수뿐 아니라, 충북지역의 진학률도 높은 편이었다. 이는 높은 교육열에 바탕을 둔 것으로 지역인재 양성이라는 면에서 해방 이후 충북지역의 높은 잠재력을 보여준다.

넷째, 위와 같은 이유로 충북지역은 해방 이후 다른 어느 지역보다도 사회 유동성이 약한 정태적인 사회구조였다. 해방정국이 몰고 온 격변의 소용돌이 역시 심각하지 않았다. 미군은 충북을 손쉽게 점령하였고 인민위원회의 활동 역시 전국에서 가장 미약하였다. 충북은 미군정기에 가장 보수적이고 우익적인 도로 꼽히었다. 그래서 1948년 범죄건수에 대한 충북의 검거율이 전국에서 최고치인 91.3%를 기록하였을 뿐 아니라, 미군정으로부터 귀속재산을 잘 관리한 모범도로서 표창까지 받았다. 이처럼 충북지역은 위로부터 주도하는 새로운 지배질서가 다른 어느 시도보다도 일찍 관철되었다. 이는 해방 격변기의 사회안정을 초래하였으나, 이후 충북 사회가 보수화되는 토대를 이루었다.

다섯째, 해방 직후 충북의 사업체수는 1930년대 이후 식민지 공업화에서 소외된 결과 남한 전체에서 차지하는 비중이 2.5% 정도에 불과하였다. 그 결과 해방에 따른 충북지역의 사업체수 감소율과 실업률은 다른 지역에 비해 낮았다. 그 이유는 충북지역의 공업구조가 충북지역에서 생산되는 원료를 사용하는 방직공업 등을 중심으로 한 영세한 중소규모의 공장이 주류를 이루었기 때문이다. 그래서 해방의 충격이 상대적으로 덜하였다. 다른 지역과는 달리 여자 노동자의 감소율이 낮았던 것도 여성 고용률이 높았던 방직공업이 주축을 이루었기 때문이다.

여섯째, 충북지역 노동자의 교육 정도와 취업연령은 남한 전체에 비해 전반적으로 낮은 실정이었다. 이는 열악한 노동조건으로 이어졌다. 충북지역 노동자, 특히 18세 이하의 여성 노동자가 많이 고용된 방직공업의 노동자 임금은 저렴하여 다른 지역 노동자들보다 평균적으로 20%나 저임금을 받고 있었으며 전국에서 두 번째로 많은 노동시간에 시달리고 있었다. 그 밖에 충북지역에 소재한 공장들의 부속 복지시설 역시 다른 지역보다 부족하였다. 따라서 충북지역 노동자는 다른 지역에 비해 열악한 작업환경에서 장시간 노동과 저임금에 시달리고 있었다.

일곱째, 해방 이후 노동자들은 악성 인플레와 고실업 상황에서 절대생활마저 위협받을 정도의 저임금과 열악한 노동조건에 저항하고 변혁운동에 참여하였다. 노동운동이 일상화되는 양상하에서 충북지역의 노동쟁의 발생건수는 남한 10개 시도에서 가장 낮았다. 그 이유는 사업체 대부분이 영세한 소규모였고 비중이 높았던 귀속사업체가 다른 어느 도보다 잘 관리된 점, 충북지역의 미군정 지배력이 일찍 관철된 점, 좌우익의 갈등과 대립과정에서 우익세력이 일찍 헤게모니를 장악한 점 등을 들 수 있다.

여덟째, 해방 이후 남한의 농가 소유 및 경영면적은 전체적으로 하향 분화하는 추세였다. 경영형태는 대지주들의 토지 매각 등으로 소작농이 줄어드는 대신 자작농이 증가하는 추세였다. 이는 충북이 더욱 두드러진 경향으로 나타났다.

이와 같은 조건에서 0.5정보 이하를 경작하는 빈농은 1945년 69.9%에서 1946년 76.4%로 확대되었다. 거의 절반에 이르는 농민들은 절대생활마저 위협받는 극빈농을 면치 못하였다. 그 밖에 고율의 소작료, 충북지역 특산물의 불황 등도 해방 이후 충북지역 농업경제의 위축을 초래하고 농민들의 궁핍생활을 악순환시키는 구조적인 요인으로 작용하였다.

이상과 같이 해방 이후 미군정기 충북지역의 사회경제구조는 다른 지역과 비슷한 양상으로 재편되지만, 그 조건은 매우 열악한 것이었다. 특히, 다른 지역보다 낮은 도민들의 교육수준과 엘리트집단의 부족, 방직공업을 중심으로 한 영세한 공업구조, 열악한 노동조건, 사회의 보수화와 위로부터의 지배력 작동 등과 같은 충북지역의 여러 특성들은 지속적인 저발전의 가능성과 방향성을 규정하고 있었다. 이는 식민지 유산의 연속선상에 있는 것일 뿐 아니라, 해방 이후 형성된 지배체제하에서 새로운 형태로 확대 재생산되어 오늘에 이르고 있다. 이에 관해서는 앞으로 보다 정치한 분석이 요구된다.

제 4 장

해방 이후 충북지역 귀속사업체 불하와 지역경제

1. 머리말
2. 귀속사업체 접수와 관리
3. 귀속사업체 불하
4. 맺음말

1. 머 리 말

해방 후 남한경제를 변동시키는 기본경제구조는 귀속재산과 민간기업체, 그리고 미국의 대한경제원조를 주축으로 한 3중 구조였다. 또한 오늘날 한국 자본주의의 구체적인 원형이 만들어지는 것은 1950년대이며, 그 과정에서 귀속재산 불하가 결정적인 계기가 되었다.

귀속재산이라 함은 일반적으로 일제하 조선총독부와 일본인들이 소유하다가 해방 후 미군정이 접수한 각종 재산을 총칭한다. 그것은 크게 귀속농지, 귀속사업체, 기타 귀속부동산 등으로 구분된다. 본 장에서 다루고자 하는 귀속사업체는 전체 사업체의 약 25%, 종업원은 약 50%나 되었다. 귀속사업체의 처리여하는 해방 이후 한국 자본주의의 성격을 규정짓는 중요한 변수로 작용하였다.

현재 귀속사업체에 관한 연구는 상당히 축적된 상태이며 그 대강이 어느 정도 해명되고 있으나,[1] 대부분 전국을 단위로 하거나 특정 업종을 연구대상으로 삼은 것들이다. 특정 지역을 대상으로 한 연구는 서울과 부산지역이 확인되고 있을 뿐이다.[2]

1) 이대근, 1983「미군정하 歸屬財産 처리에 대한 평가」『한국사회연구 I』, 한길사; 김윤수, 1988「8·15 이후 귀속사업체 불하에 관한 연구」, 서울대 경제학과 석사학위논문; 李大根, 1989「解放後 歸屬事業體의 實態와 그 處理過程」『近代朝鮮의 經濟構造』, 比峰出版社; 김기원, 1990『미군정기 경제구조』, 푸른산; 공제욱, 1993『1950년대 한국의 자본가 연구』, 백산서당; 李大根, 1993「政府樹立後 歸屬事業體의 實態와 그 處理過程」『近代朝鮮工業化의 硏究』, 一潮閣; 徐文錫, 1998「해방 이후 1950년대까지의 한국 면방직공업에 관한 연구」『產業硏究』21, 단국대학교 부설 산업경제연구원.

귀속사업체는 해방 후 국가경제를 좌우하는 핵심 경제축으로 작용하였을 뿐 아니라, 현 지역경제의 물적 토대와 원형을 제공하였다. 현 지역사회 경제를 이해하기 위해서는 해당 지역의 귀속사업체가 어떠한 경제사적 위치를 갖고 있는지, 그것이 지역경제에 어떠한 규정력을 발휘하는지 등을 전체사적인 흐름 위에서 규명될 필요성이 있다.

따라서 본 장에서는 기존의 연구성과를 바탕으로 충북지역의 귀속사업체가 1945~1960년에 걸쳐 접수, 관리, 불하되는 일련의 과정을 해명하고자 한다. 특히, 여기서는 전국적인 일반경향이 충북지역에서는 어떻게 관철되며, 그와 다른 충북지역의 고유한 조건은 무엇이었고, 그것이 이후 충북경제에 어떠한 특질로 작용하는지에 초점을 맞출 것이다.

2. 귀속사업체 접수와 관리

1) 귀속사업체 접수

1945년 8·15 직후 일본인 소유 기업체는 정치적 공백상태에서 혼란과 파괴가 극심하였다.[3] 실제 1946년 11월 현재 專賣事業場과

2) 金大來·崔成日, 1995「부산지역 귀속사업체에 관한 연구(I)」『論文集』(人文·社會科學大學篇) 39; 최봉대, 2000「1950년대 서울지역 귀속사업체 불하 실태연구」『국사관논총』94; 김대래, 2008「미군정기 부산지역 귀속사업체의 접수에 관한 연구」『항도부산』제24호, 부산광역시사편찬위원회; 김대래, 2009「부산지역 귀속사업체의 연속과 단절(1945-1960)」『항도부산』제25호, 부산광역시사편찬위원회.

3) 朝鮮通信社, 1947『朝鮮年鑑』, 160쪽.

官營事業場을 제외한 사업장수는 총 5,249개로, 이는 1944년 9,323개에 비해 무려 43.7%나 감소한 숫자다. 노동자수는 30만 520명에서 12만 2,159명으로 62.9%나 감소하였다.

충북은 사업장수가 1944년 222개에서 137개로 38.3%, 노동자수는 6,583명에서 3,970명으로 39.7% 감소하였다.[4)] 충북의 감소율이 전국보다 적은 것은 일본인 소유의 대규모 사업장이 적고 소규모의 중소공장이 주를 이루었기 때문이다. 이들 사업장은 당시 정치적 진공상태를 수습하고 있던 건국준비위원회와 각 기업체 종업원들이 이른바 '관리위원회'를 조직하여 자주적으로 공장을 운영하던 곳이 많았다.[5)]

이 같은 상황에서 1945년 9월 8일 미군이 상륙하고 군정이 시행되면서, 일본인 소유 재산은 주로 1945년 9월 25일자로 제정된 미군정 법령 2호 '패전국 소속재산의 동결 및 이전 제한의 건'과, 12월 6일자로 제정된 법령 33호 '조선 내 일본인 재산의 권리귀속에 관한 건'에 의거하여 미군정청에 귀속되기에 이르렀다.[6)] 귀속재산에는 농지, 임야, 대지, 기업체, 주식, 광산, 주택, 점포, 창고, 선박 등 일본인이 소유하고 있던 일체의 재산이 포함되었으며, 귀속농지는 1948년 2월 현재 전체 농경지의 12.3%나 되었다.

귀속사업체는 1947년 9월 현재 광산이 297개, 공장은 1,551개(비귀속공장 3,959개)였다. 그 중 충북에 있던 귀속사업체는 광산이 47개, 공장이 33개로 조사되었다.[7)] 그렇지만 1947년 조사통계는 매

4) 朝鮮銀行 調査部, 1948 『朝鮮經濟年報』, I-201~202쪽.

5) 朝鮮通信社, 1947 『朝鮮年鑑』 160쪽.

6) 이에 대해서는 金基元, 1989 「美軍政期 歸屬財産에 관한 연구-企業體의 處理를 중심으로」, 서울대 대학원 경제학과 박사학위논문, 7~14, 45~52쪽에서 상세히 다루고 있다.

7) 『朝鮮經濟年報』, 1948, I-324쪽.

우 부정확하며 광산 같은 경우 중앙직할과 경기·경북 관할은 아직 조사되지도 않은 상태였다.

충북의 경우는 다른 도에 비해 조사가 양호한 편이었다. 충북은 도면적이 좁은 데다가 귀속사업체의 절반 이상이 청주와 충주에 집중되어 있어 파악이 용이하였다. 귀속재산에 대한 조사 역시 다른 도보다 빠른 1947년 9월부터 시작되었다. 귀속공장에 대한 회계감사도 충북이 가장 먼저 실시되었다. 그럼에도 불구하고 당시 불안한 정치상황과 맞물려 1947년 말까지도 30% 정도밖에 완료하지 못한 실정이었다.[8)]

그 뒤 귀속사업체에 대한 조사는 1948년에 들어와 본격적인 조사가 이루어졌고 그 숫자는 해체 소멸되지 않은 것만 2,500~3,000개나 되었다.[9)] 그것은 남한 총자산의 70~80%에 이르렀던 것으로 주장될 정도로 남한 경제의 절대적인 비중을 차지하였다.[10)] 귀속광산 역시 전체 광산의 90% 이상을 차지하고 있었다.[11)] 귀속광산은 1947년 5월 14일부 중앙경제위원회 통첩제470호의 1에 의하여 관재처의 동의를 얻어 광무국 관하에서 개발할 수 있게 하였다.[12)]

그러면 당시 귀속사업체의 비중은 얼마나 되었는지 1948년도의 조사통계자료를 통해 구체적으로 살펴보자. 이는 〈표 4-1〉과 같은 귀속사업체의 분포상황을 통해 엿볼 수 있다.

8) 위의 책, 地-64쪽.

9) 金基元, 앞의 논문, 15~34쪽.

10) 이대근, 앞의 논문(1983. 6), 주 2 참조.

11) 1948년에 충북 재산관리처에서 임대계약 또는 관리 중에 있는 광산은 600여 개에 이른다고 하였는데(『朝鮮經濟年報』, 1948, 地-64쪽), 이것은 광업업체수가 아니라 광구수를 지칭한 것으로 보인다. 참고로 1945년 8월 충북의 광산수는 704개였다(『朝鮮經濟年報』, 1948, Ⅲ-35쪽). 이 같은 통계자료를 보아도 충북지역 귀속광산 비율이 90% 이상이었다는 주장은 설득력을 얻는다.

12) 朝鮮銀行 調査部, 『朝鮮年鑑』 1949, I-34쪽.

표 4-1 1948년 말 현재 공업기업체 분포

		종업원 규모					종업원수					공산액	
		29인 이하	30인 이상	100인 이상	계	%	사무원	기술자	노무자	계	%	공산액 (千円)	%
官營	중앙 직할	50	59	74	183	4.8	4,045	1,893	31,841	37,779	28.8	11,636,925	22.1
	지방 관리	356	232	51	639	16.8	2,904	2,058	20,601	25,563	19.5	6,790,732	12.9
私營		2,363	546	77	2,986	78.4	5,324	4,596	57,854	67,774	51.7	34,219,483	65.0
계		2,769	837	202	3,808	100	12,273	8,547	110,296	131,116	100	52,647,139	100

자료: 朝鮮銀行 調査部, 1949『朝鮮年鑑』, I-47~48쪽. 광업과 운수, 농림업, 상업은 제외함.

〈표 4-1〉에서 관영으로 분류된 귀속공업기업체수는 822개 21.6%로, 78.4%에 이르는 민영업체가 훨씬 높은 비율이다. 그렇지만 100인 이상 대규모 사업체는 125 대 77로 귀속사업체의 비중이 압도적으로 높을 뿐 아니라, 종업원수 역시 48.3%로서 큰 차이가 없었다. 이는 귀속기업체가 규모면에서 대규모이고 기계화 정도도 앞서 있었다는 것을 단적으로 보여 주는 것이다. 실제 기간공업체로 지목되는 대기업체의 대부분은 귀속기업체였다.[13]

이에 반해 충북은 1948년 1월 말 현재 광업·운수업체 등을 포함한 총사업체수가 215개였다. 그 중 귀속사업체는 65개 30.2%였다. 그렇지만 노동자수는 총 7,169명 중 4,173명으로 58.2%나 되었다.[14] 이 같은 양상은 전국에 비해 귀속사업체의 비중과 고용률이 약간 높은 편이나, 100인 이상 사업체가 총 215개 업체 중 10개 업

13)『經濟年鑑』, 1955, I-119쪽.

14) 南朝鮮過渡政府 勞動部, 1948『第二回 南朝鮮勞動統計調査結果報告』.

체 4.7%에 불과하였다. 이는 남한 총 5,404개 업체 중 100인 이상 사업체가 347개 6.43%였던 것에 비해 낮은 편이었다.[15] 이는 역으로 일제시대 충북지역의 공업화가 일본인 자본에 의해 주도되고 주로 중소사업체 위주였었다는 것을 보여 주는 것이다. 그 같은 사실은 〈표 4-2〉를 통해 알 수 있다.

〈표 4-2〉에서 1948년까지 조사된 귀속사업체 숫자는 1,996개로, 충북은 4.0%인 80개 업체에 불과하였다. 이는 전국에서 가장 낮은 비율로서 일제시대 충북지역의 공업화가 상대적으로 뒤떨어진 결과이다.

특히, 귀속사업체 업종분포에 나타난 충북지역의 공업화 특징은 기형적이었다. 〈표 4-2〉에서 업종별 비율은 제조공업(13.4%)>식료품공업(12.5%)>주조업(10.0%)>섬유공업(9.6%)>정미업(7.0%) 순이다. 그에 반해 충북은 주조업(21.3%)>섬유공업(18.8%)>광업(12.5%)>정미업(10%) 순으로, 남한에서 가장 높은 비중을 차지하던 제조공업은 이렇다 할 업체가 하나도 없었다. 더욱이 귀속사업체의 21.3%에 이르는 주조업은 충북도민의 건강을 담보로 한 것이며, 그 다음 높은 비율인 섬유공업과 광업은 각각 농업과 광산 자원을 원료로 한 것이었다. 따라서 일제시대 일본인 자본이 주도하는 충북지역의 공업화는 기형적인 것이었을 뿐 아니라, 충북지역의 인적·물적 자원을 수탈하는 양상으로 전개되었음을 알 수 있다. 이는 해방 이후 충북지역 공업화의 원형을 이루어 도의 발전에 부정적인 영향을 끼칠 수밖에 없었다.[16]

그렇다면 충북지역 귀속사업체의 정확한 규모는 얼마나 될까. 1948년 12월에 조사된 바에 의하면, 남한의 귀속사업체는 2,447개

15) 朝鮮銀行 調査部, 1949『朝鮮年鑑』Ⅳ-176쪽.
16)『朝鮮經濟年報』, 1948, 地-61 참조.

표 4-2 도별·사업별 주요 귀속사업체 분포

업종 \ 지역	서울	경기	충북	충남	전북	전남	경북	경남	강원	계	%
토건업	35	3	1	-	3	-	1	1	1	45	2.3
광업	2	20	10	2	11	4	-	1	8	58	2.9
기계업	46	18	1	16	3	13	6	34	2	139	7.0
철강업	11	15	1	2	12	9	18	37	2	107	5.4
운수업	2	1	2	3	1	4	-	-	4	17	0.9
목재업	11	15	6	11	9	17	19	18	15	121	6.1
요업	8	13	5	16	1	17	2	14	1	77	3.9
고무공업	6	4	-	-	-	-	3	7	-	20	1.0
화학공업	7	12	3	-	3	8	7	18	4	62	3.1
섬유공업	20	15	15	18	7	23	33	47	13	191	9.6
출판인쇄업	17	4	3	5	4	3	9	12	-	57	2.9
식료품공업	25	19	4	19	17	27	47	76	16	250	12.5
주조업	3	6	17	27	26	42	39	35	5	200	10.0
약품공업	16	4	-	-	-	1	1	7	-	29	1.5
농림업	1	-	-	-	-	2	-	3	2	8	0.4
수산업	-	-	-	-	3	4	5	34	9	55	2.8
전기업	9	1	-	1	-	1	1	7	-	20	1.0
정미업	2	12	8	40	18	51	7	-	1	139	7.0
창고업	3	-	2	-	-	-	-	-	-	3	0.2
제조공업	55	24	-	25	23	25	32	77	5	268	13.4
상업	44	-	2	-	1	2	-	-	-	49	2.5
기타	29	4	-	2	8	13	12	8	5	81	4.1
총계	352	190	80	187	150	266	242	436	93	1,996	100
%	17.6	9.5	4.0	9.4	7.5	13.3	12,1	21.8	4.7	100	

자료: 『朝鮮經濟年報』, 1948, Ⅲ-196쪽.

표 4-3 1951년 12월 현재 충북지역 귀속기업체 시군별 일람표

관리＼지역	청주	청원	충주	제천	영동	옥천	음성	괴산	보은	진천	단양	계
중앙직할	7	-	4	2	2	2	1	1	-	-	1	20
지방관할	6	1	5	5	4	3	1	3	-	-	2	30
임대차	15	3	8	3	5	3	1	1	2	-	6	47
불하	4	-	-	-	-	-	-	-	-	-	-	4
계	32	4	17	10	11	8	3	5	2	-	9	101
%	31.7	4.0	16.8	9.9	10.9	7.9	3.0	5.0	2.0	-	8.9	100

자료: 國民日報社, 1952 『忠北年鑑』, 98쪽.

로 그 중 충북은 2.5%에 불과한 63개 업체로 조사되었다.[17] 그리고 1949년도 『經濟年鑑』에 의하면, 충북지역 귀속사업체는 중앙관할 14개와 지방관할 59개로 모두 73개가 파악되었다.[18] 이는 남한의 귀속사업체 3,089업체(조사 당시 존재하지 않거나 중복기재된 기업 제외)의 2.4%에 불과하며 제주도를 제외하면 남한에서 가장 낮은 수치이다.

그런데 귀속사업체 규모는 자료마다 다르다. 이는 그만큼 정확한 조사가 이루어지지 않았다는 것을 보여 준다. 현재까지 확인할 수 있는 가장 정확한 충북지역의 귀속사업체 통계는 1951년 12월 말 조사로 〈표 4-3〉과 같다.

〈표 4-3〉에 의하면, 충북지역 귀속기업체는 101개이다. 그러나 이 역시 상업과 농림업은 제외된 숫자이다. 또한 1953년 말 현재

17) USAFIK, Republic of Korea Economic Summation, No. 36, p. 7.
18) 朝鮮銀行 調査部, 1949 『經濟年鑑』, Ⅲ-79~147쪽. 南北綿業株式會社 소속 3개 공장은 각각 개별 귀속사업체로 분류하였다.

표 4-4 충북지역 귀속사업체의 회사형태

회사형태	주식회사	합자회사	유한회사	합명회사	기타	조합	지점	개인	계
사업체수	25	3	2	2	3	5	11	22	73
%	34.3	4.1	2.7	2.7	4.1	6.9	15.1	30.1	100
전국 비율	39.4	4.4	2.6	1.0	13.6	2.3	4.6	32.2	100

주: 전국 비율은 충북을 포함한 것이다.
자료: 朝鮮銀行 調査部, 1949『經濟年鑑』, Ⅲ-79～147쪽.

불하대상 국유광산 총 865개 중 충북이 147개에 이르고 있다.[19] 광산수와 광업사업체수는 다르다는 점을 인정하더라도 충북지역 귀속 광산수는 〈표 4-4〉의 18개보다 많았을 것이다. 따라서 실제 충북지역 귀속기업체수는 101개보다는 많았을 것으로 추정된다.

1951년에 최소 101개에 이르던 충북지역 귀속사업체는 중앙관할이 19.8%, 지방관할이 29.7%, 임대차 및 불하된 것이 50.5%였다. 1949년에 조사된 73개의 귀속사업체 중 중앙 관할업체는 14개 19.2%, 지방 관할업체는 59개 80.8%였다. 이것으로 보아 1951년에 임대차·불하된 것은 주로 지방 관할업체였던 것으로 보인다. 참고로 1949년도 조사자료에 의하면, 전체 귀속사업체 중 중앙관할은 3,089개 중 384개 12.4%였다.[20]

이것으로 보아 충북지역의 귀속사업체는 다른 지역에 비해 중앙관할의 비중이 높았다. 그 이유는 농림부 소속 林產物 회사와 일본에 본사를 둔 섬유회사의 지점(공장)이 많았기 때문이다. 이는 〈표 4-4〉와 같은 해방 전 귀속사업체 회사형태에서도 확인된다. 〈표 4-4〉에서 충북지역은 전국에 비해 지점과 조합형태의 비율이

19) 『經濟年鑑』, 1955, I-116쪽.
20) 朝鮮銀行 調査部, 1949『經濟年鑑』, Ⅲ-79~147쪽.

압도적으로 높은 편인데, 이는 섬유회사 지점과 농림업 계통의 조합이 다른 도에 비해 많았기 때문이다.

이 같은 충북지역 귀속사업체수는 전체 사업체의 절반을 넘는 것이었다. 1951년 말 충북지역의 광업 및 공장수는 한국전쟁 이전 251개에서 155개로 줄어든 상태이다.[21] 한국전쟁으로 민간사업체가 상당수 파괴된 상황에서 귀속사업체의 비중은 상대적으로 높아져 65.2%에 육박하였다.

한편, 1951년 충북지역 귀속사업체의 시·군별 분포는 〈표 4-5〉와 같다. 귀속사업체는 도청 소재지이자 충북선 개통으로 일찍부터 일본인 자본이 투자된 청주에 31.7%, 1928년 이후 충북선의 종착역이자 북부지역의 중심지였던 충주에 16.8%가 집중 분포해 있었다. 이 비율은 1949년 조사자료에서 확인할 수 있는 청주 30.1%, 충주 17.8%의 귀속사업체 분포비율과 큰 차이가 없었다.[22] 그 밖에 경부철도역이 있었던 영동과 옥천에 각각 10.9%와 7.9%가 있었다. 그리

표 4-5 1951년 12월 현재 충북지역 귀속기업체 업종별 일람표

업종 / 관리	酒造	鐵工	精米	製材	運送	製紙	石炭	製陶	印刷	醬油	石炭판매	製糸	製瓦	文化	鑛	麵子	繰綿	製麻	청량음료	계
중앙직할					3		1					1			8	3	3	1		20
지방관할	8	1	7	7	1	4	1						1							30
임대차	7	1	4	7		1	1	1	3	2	1	4	2	2	10				1	47
불하	1			1						1		1								4
계	16	2	11	15	4	5	3	1	3	3	1	6	3	2	18	3	3	1	1	101
%	15.8	2.0	10.9	14.9	4.0	5.0	3.0	1.0	3.0	3.0	1.0	6.0	3.0	2.0	17.8	3.0	3.0	1.0	1.0	100

자료: 國民日報社, 1952『忠北年鑑』, 98쪽. 기업체에 한하며 상업, 농림업은 제외됨.

21) 國民日報社, 1952『忠北年鑑』, 146쪽.

22) 朝鮮銀行 調査部, 1949『經濟年鑑』, Ⅲ-79~147쪽에서 통계.

고 광산이 많은 제천과 단양에는 9% 내외가 분포해 있었다. 이는 일제시대에 청주와 충주를 중심으로 공업화가 진전된 결과이자, 철도 개통과 공업화와의 밀접한 상관관계를 잘 보여 주고 있다.

1951년 업종별 귀속사업체의 분포는 1948년도의 조사자료인 앞의 〈표 4-2〉와 큰 차이가 없었다. 〈표 4-2〉에서 업종별 순위는 주조업(17개 업체)>섬유공업(15)>광업(10)>정미업(8)이었는데, 1951년 조사자료인 〈표 4-5〉는 광업(18개 업체)>주조업(16)>제재업(15)>정미업(11)>제사·제마·조면과 같은 섬유업(10) 순으로 귀속사업체가 많았다. 따라서 일제하 일본 자본이 주도하는 충북지역의 공업화는 주조업, 섬유업, 광업을 기축으로 전개되었음을 알 수 있다. 그것은 충북지역에 대한 일제의 자원수탈의 연장선상에 있었을 뿐 아니라, 기형적인 충북지역 공업화의 원형을 이루는 것이었다.

2) 귀속사업체 관리

미군정은 귀속사업체 관리를 위해 1945년 10월 1일 재산관리과를 설치한 뒤 그 책임자로서 미국인 재산관리관을 11월에 임명하였다. 그리고 지방에는 1946년 4월에 도재산관리소가 설치됨으로써 본격적인 귀속사업체 관리가 시작되었다. 이를 위해 미군정은 군정 3년 동안 11개의 관재령을 발표하였다. 그 주요 내용은 전국의 사업체를 중앙직할과 지방관할로 구분한 뒤 관리인제도를 통해 운영하는 것이었다.[23)]

이에 따라 충청북도는 1946년 4월에 설치된 재산관리소가 1947년 6월에 재산관리처(관재처)로 개편되고 3署1室로 기구를 확

23) 金大來·崔成日, 앞의 논문, 45쪽. 미군정기 귀속재산 관리에 관해서는 金基元, 앞의 논문, 117~162쪽에서 상세히 다루고 있다.

대하였다. 주요 지역에는 地區署를 설치한 뒤 재산관리 사무를 일제히 개시하였다. 1947년 7월에는 충청북도 관재처 안에 財産處分署를 신설하여 장차의 불하준비를 하게 하고, 9월에는 미국인 관리관의 요청으로 한국인 고문제를 약 3개월간 실시하였다. 1947년 12월에는 기본조사의 급속 완수를 위하여 중앙부 지시에 따라 기구개혁을 단행하고 진용을 개편하여 새로 부처장을 두는 것 외에 운영·기본조사·처분 3署와 총무·회계 2室로 한층 강화하였다. 1948년 2월에는 전에 설치한 각 地區署 管下에 4개소의 출장소를 두었다.

1948년 11월 12일 관재행정을 미군측으로부터 이관 받은 대한민국 정부는 1948년 12월 10일 대통령령 제42호 管財總局職制 반포와 더불어 본격적인 기관 조정과 인원배치에 만전을 기하였다. 이에 따라 충청북도 관재처는 임시관재소로 개칭되었으며 1950년 4월에는 도 관재국으로 개편되었다. 관재국의 주요 업무는 도내 일체의 관재를 관리, 처분하는 사업을 담당하였다. 직제는 총무, 처분, 관리, 경리 4과를 두고 도내 중요지역 4개소(청주, 충주, 영동, 제천)에 출장소를 설치한 뒤 각 귀속사업체마다 관리인 등을 임명하여 귀속재산을 관리하였다.[24)]

이 같은 관리기관의 변동하에 이루어진 충북지역의 귀속사업체 관리는 자체의 도면적이 좁은데다가 귀속재산의 31.7%가 청주에, 16.8%가 충주에 집중되어 있어 다른 도에 비하여 관리가 용이하였다. 그래서 귀속재산 관리에 있어서 모범 도로서 맥아더사령부로부터 표창까지 받은 일이 있었다. 또한 충북은 관리인들의 생산의욕을 진흥하고 귀속재산을 온전히 보전하기 위하여 사업체에 대한 임대계약을 조속히 체결하도록 하였다. 그 결과 1947년 현재 80% 가

24) 國民日報社, 1952 『忠北年鑑』, 96~97쪽; 淸州文化社, 1956 『忠北寶鑑』, 187~188쪽 참조.

표 4-6 충북지역 귀속사업체 관리형태

관리형태	대표	관리	임대	기타	계
사업체수	21	17	18	17	73
%	28.8	23.3	24.7	23.3	100
전국 비율	12.2	66.6	19.4	1.9	100

주: 전국 비율은 金基元, 『美軍政期 歸屬財産에 관한 硏究』, 서울대 경제학과 박사학위 논문, 1989, 161쪽 표 25에서 산출한 값이다(충북을 포함한 전국치).
자료: 朝鮮銀行 調査部, 1949 『經濟年鑑』, Ⅲ-79~147쪽.

량이 계약 완료되어 다른 도에 비하여 높은 실적을 올렸다.[25)]

실제 1949년 충북지역 귀속사업체의 관리형태를 보면 〈표 4-6〉과 같다. 이에 의하면, 충북지역은 1949년에 전체의 76.7%가 관리나 대표·임대 형태로 관리되었다. 이것은 충북지역이 다른 도에 비해 귀속사업체가 잘 관리되었다는 것을 보여 주는 것이다. 그것은 다른 도에 비해 대표이사제나 임대비율이 상대적으로 높은 데서도 알 수 있다. 그 이유는 위에서 언급한 바와 같이 귀속사업체가 특정 지역에 밀집해 있고 파악이 용이한 일제하 대기업의 지점과 광산 등이 많았기 때문이다.

그렇다면 충북지역 귀속사업체의 관리인 또는 임대자는 어떤 층이었을까? 현재 파악 가능한 것은 1949년도 당시의 55명이 확인되고 있다.[26)] 이들의 이력을 확인하기 위해 1936~1941년도 조선총독부 소속 충북지역 공무원,[27)] 1942년 충북지역 회사 중역(대표 포함) 67명,[28)] 1948년 충북지역 상공업자 103명[29)]과 대조해 보았다.

25) 『朝鮮經濟年報』, 1948, 地-64쪽.
26) 朝鮮銀行 調査部, 1949 『經濟年鑑』, Ⅲ-79~147쪽.
27) 朝鮮總督府, 1936~1941 『朝鮮總督府及所屬官署職員錄』.
28) 東亞經濟時報社, 1942 『朝鮮銀行會社要錄』.
29) 中外商工情報社, 1948 『全國商工信用錄』.

그 결과 일제하 공무원이었던 인물이 5명, 회사 중역이 5명, 1948년 상공업자가 5명씩으로 나타났다. 나머지 40명은 파악이 불가능하였다. 이 같은 결과는 귀속사업체 관리인이나 임대인으로 상공업자가 소수 밖에 참여하지 않은 것으로 추정할 수 있다. 따라서 충북지역 귀속사업체 관리인이나 임대인은 회사 경영경험이 없는 자가 대부분으로, 그 때문에 귀속사업체 경영이 부진할 수밖에 없었다.

실제 충북지역 귀속사업체의 운영실적은 매우 부진하였다. 이는 다른 지역도 마찬가지였다. 관리인의 무능은 파괴와 불필요한 손실을 초래하였을 뿐 아니라,[30] 앞의 〈표 4-1〉에서 공업기업체 종업원수에 큰 차이가 없고 기계화의 정도도 훨씬 앞선 귀속기업체가 공산액에 있어 사영기업체에 비하여 현저한 차이가 있었다. 이는 귀속기업체의 부진을 보여 주는 단적인 예이다.

또한 귀속사업체 관리와 운영과정에서도 부정한 일이 많았다. 그 결과 1951년 12월 말 현재 충북지역 귀속사업체 태반은 유휴 또는 황폐되어 있었다.[31] 이는 8·15 직후의 귀속사업체 2,707건 중 1953년 말까지 해체된 기업체수만 17%인 459건이나 된 데에서도 알 수 있다.[32] 따라서 사업체의 파손으로 국내 산업의 마비와 산업위축을 초래하는 귀속사업체는[33] 어떤 형태로든 민간에 불하되어 경제를 활성화시키고 국가재정을 돈독히 할 필요성이 강력하게 대두되기에 이르렀다.

30) 朝鮮銀行 調査部, 1949『經濟年鑑』, 10쪽.
31) 國民日報社, 1952『忠北年鑑』, 96~99쪽.
32)『經濟年鑑』, 1955, I-119쪽.
33) 朝鮮銀行 調査部, 1949『朝鮮銀行調査月報』28, 11, 87쪽.

3. 귀속사업체 불하

1) 귀속사업체 불하

귀속사업체 불하는 미군정에서 이미 계획 추진되었다. 1947년 현재 동산은 전부 불하되었고 부동산도 불하에 착수하였다.[34] 그렇지만 미군정의 기본방침이 애매하였고 소극적이었기 때문에 실효를 거둘 수 없었다.[35] 그 결과 1949년도 『經濟年鑑』에 의하면, 불하된 귀속사업체는 중앙직할 403개 업체 중 불하 완료가 2건, 불하 가계약이 1건으로 전체의 0.7%에 불과하였다. 그리고 지방관할 3,148개 업체 중 불하결정이 1건, 淸算拂下가 2건, 불하 완료 31건으로 1.1%에 지나지 않았다. 〈표 4-7〉에서도 1948년까지 불하된 기업체는 전체의 8%에 지나지 않았다. 충북지역은 한 건도 없었다.[36]

귀속재산 처리문제는 정부 수립 이후에도 기구문제와 행정권 이양문제로 극도의 혼란상을 초래하였다. 본격적인 귀속재산처리법안 역시 1949년 2월 중순에 이르러서야 국무회의에서 통과되었으나,[37] 이 법안을 둘러싼 정부쪽과 국회의 대립 끝에 1949년 12월 19일 법률 제74호로 통과되었다. 그리고 1950년 3월 30일 대통령령 제298호로 '귀속재산처리법시행령'이 반포되었고 그 뒤 1951년 8월 24일까지 4차에 걸친 개정안이 반포되었는데,[38] 기존 관리인 등에

34) 『朝鮮經濟年報』, 1948, 地-64쪽.
35) 朝鮮銀行 調査部, 1949 『朝鮮年鑑』, 10쪽.
36) 朝鮮銀行 調査部, 1949 『經濟年鑑』, Ⅲ-79~147쪽.
37) 朝鮮銀行 調査部, 1949 『朝鮮年鑑』, 28쪽.

표 4-7 귀속기업체의 연도별 불하상황

연도	1946	1947	1948	1949	1950	1951	1952	1953	1954	1955	1956	1957	1958	1959	1960	미상	계
건	1	29	157	65	37	413	324	361	282	138	100	53	34	24	6	37	2,061
%	0.05	1.4	7.6	3.2	1.8	20.0	15.7	17.5	13.7	6.7	4.9	2.6	1.7	1.2	0.3	1.8	100

자료: 財務部, 『法人臺帳』.

게 우선권을 부여하는 방식을 통해 신흥 유산계층에게 유리한 방향으로 제정되었다.[39]

더욱이 정부는 토자자본의 산업자본화 정책을 추진, 농지개혁으로 해체위기에 놓인 지주들이 귀속사업체 운영에 참가할 수 있도록 귀속재산처리법 시행령을 개정하였다. 1951년 6월 16일 국회에서 통과된 개정안 내용은 다음과 같다.[40]

1. 각부 장관 및 지방장관이 소관하고 있는 귀속기업체로서 현재 단독관리인이 임명되어 있는 귀속기업체에 대하여는 개정시행령 공포일로부터 6개월 이내에 이를 농림부장관이 추천하는 지주가 관리인의 반수 이상을 점하는 공동관리제로 전환시켜야 한다.
2. 이미 공동관리제를 실시하고 있는 귀속기업체에 대하여는 관리인 중 결원이 있을 때 농림부장관이 추천하는 지주로서 보충하여야 한다.
3. 귀속기업체의 관리인 또는 임차인을 변경할 때는 농림부장관이 추천하는 지주를 선임한다.
4. 지주가 단독으로 또는 공동으로 귀속기업체를 매수하였을 때는 그 대금의 9할 이상을 地價證券으로 납부하여야 하며 비지주와 공동으로 귀속기업체를 매수하였을 때는 그 대금의 5할 이상을 지가증권으로 납부하여야 한다.
5. 귀속기업체에 참여하고자 하는 지주는 개정시행령 공포일부터 5일 이내에

38) 『經濟年鑑』, 1955, I-376~378쪽.
39) 귀속재산처리법이 제정되는 일련의 과정과 성격에 관해서는 공제욱, 앞의 책, 69~79쪽 참조.
40) 韓國銀行 調査部, 1951 『韓國銀行調査月報』 36, 6, 78~79쪽.

농림부장관이 정하는 바에 의하여 농림부에 신청서를 제출하여야 한다.

이에 따라 실질적인 귀속사업체 불하는 1951년도부터 이루어지기 시작하였다(광산 제외). 〈표 4-7〉에서 귀속기업체의 불하는 1951년부터 본격적으로 이루어져 1954년까지 4년 동안 무려 전체의 67%가 완료되었다. 또 다른 자료에 의하면, 1953년 말까지 불하수속이 완료된 기업체수는 총 1,649건이었다. 이는 해체된 기업체 459개를 제외하면 전체의 73.4%나 불하된 것이다. 이 역시 1951~1953년 한국전쟁기에 집중 불하된 결과이다. 나머지는 1954년까지 총건수의 22%인 599건이 남아 있었는데, 그 반수 이상은 한국전쟁으로 대부분 기능을 상실한 채 휴업 내지는 일부 가동 중에 있었으며 완전 가동 중에 있는 공장은 겨우 1/3에 지나지 않았다.[41]

이 같은 상황은 충북의 경우도 마찬가지였다. 충북지역은 앞의 〈표 4-3〉에서 1951년 12월 말 현재 101개 중 4개 업체만 불하된 상태였다.[42] 그렇지만 1954년도 『大韓民國統計年鑑』에 의하면, 충북지역의 관영 기업체는 1948년 1월 65개에서 1954년 36개로 줄어들어 44.6%나 감소하였다. 그래서 전체 사업체수에서 차지하는 비중 역시 30.2%에서 16.2%로 반감되었고, 종업원은 4,173명에서 2,445명으로 감소되어 전체 종업원수에서 차지하는 비중 역시 58.2%에서 26.8%로 낮아졌다.[43]

이 같은 결과를 놓고 볼 때 충북지역은 1952년 이후 본격적으로 불하되었음을 알 수 있다. 이는 〈표 4-8〉을 통해서도 확인된다. 〈표 4-8〉에 의하면 충북지역은 1951년까지 2건에 불과하던 불하

41) 『經濟年鑑』, 1955, I-119쪽.
42) 國民日報社, 1952 『忠北年鑑』, 99쪽.
43) 內務部 統計局, 1954 『大韓民國統計年鑑』, 218~219쪽.

표 4-8 충북지역 귀속기업체의 연도별 불하상황

연도		1948	1949	1950	1951	1952	1953	1954	1955	1956	1957	1958	1959	1960	미상	계
충북	건	1	0	0	1	8	16	12	2	4	3	2	1		2	52
	%	1.9	0	0	1.9	15.4	30.8	23.1	3.9	7.7	5.8	3.9	1.9		3.9	100
전국	%	7.6	3.2	1.8	20.0	15.7	17.5	13.7	6.7	4.9	2.6	1.7	1.2	0.3	1.8	

자료: 財務部, 『法人臺帳』. 이 통계는 광산이 제외되었다.

실적이 1952~1954년에 집중적으로 이루어져 3년 동안 무려 전체의 69.2%가 불하되었다. 이는 1952~1954년의 전국치 47%보다 높은 수치이다. 따라서 충북지역의 귀속기업체 불하는 다른 지역보다 1년 늦은 1952년부터 1954년 사이에 집중되었고 1960년 이전에 거의 완료된 것으로 볼 수 있다. 이는 전국의 불하결과와 대동소이하다.[44] 다만 전국은 1955년 이후에 규모가 큰 주요 기업체가 불하된 반면에 충북의 경우 그 같은 특징을 찾아볼 수가 없었다. 그 이유는 충북지역의 경우 대규모 사업체가 거의 없었기 때문이다. 1960년도의 도매물가 수준으로 환산된 불하가격이 2,000만 환이 넘는 사업체가 전국에 132개가 분포해 있었던 반면 충북은 하나도 없었다.[45]

예를 들어, 〈표 4-8〉에는 포함되지 않은 忠北旅客自動車株式會社와 南韓製絲株式會社는 충북지역의 대표적인 귀속사업체였을 뿐 아니라 이후 충북지역의 경제 축을 이루던 회사였다. 충북여객자동차주식회사는 1937년 5월 29일 창설되었는데, 1944년 4월 조선자동차회가 1道1社制를 강행하여 보은자동차주식회사를 중심으로 도내 수 개 업체를 통합하여 충북여객자동차주식회사를 설립하였다. 8·15

44) 공제욱, 앞의 책, 87~100쪽.
45) 위의 책, 〈표 3-10〉 참조.

직후 한국인 주주와 종업원 대표가 맡아 관리하였는데, 귀속사업체로 분류되어 여러 운영상의 곤란을 겪었다. 그 뒤 1948년 9월 管財令 第10號에 따라 이사제가 실시, 鄭壽弘이 대표를 맡아 관리하였고 한국전쟁으로 막대한 피해를 입었다.[46] 1953년 12월에 일시불로 불하되었다.[47]

南韓製絲株式會社는 일본 京都에 본사를 둔 郡是製糸株式會社의 한 공장으로 1928년 11월 10일 창립되었다. 8·15 직후 귀속사업체로 분류되었으며 한국전쟁 때 全燒되다시피 하였다. 그 뒤 복구되어 1951년 李道榮에게 불하되었다.[48]

한편, 광업의 경우는 일반 귀속사업체보다 늦게 불하되었다. 한국전쟁 이후 국내 광산의 9할 이상을 점하는 국유광산의 불하문제는 수 년 동안의 현안이었다. 그 이유는 광업권 처분은 1951년 9월 26일 대통령령533호로 공포된 「국유광업권처분령」이 적용되고, 광산 시설 등 지상귀속재산은 1949년 12월 19일 법률 제74호 「귀속재산처리법」이 적용되어, 이원적인 법적용으로 귀속광산을 불하하는 데 근본적인 난점이 있었다. 이를 타개하고자 상공부는 1956년에 재무부와 협의하여 그 같은 난점을 타개하고자 일원적인 처리방안을 마련하였다.

그 골자는, 첫째 광산매각은 광산단위로 한다. 둘째, 불하가격 결정은 광업권심사위원회에서 한다. 셋째, 현 保鑛人의 투자액은 낙찰자에게 징수하여 일시 상환한다. 넷째, 지상권은 광업권에 일괄하여 매각한다.[49] 이는 기존 연고권을 인정하지 않는 一般公賣方式으로 광업계의 반발을 불러일으켰으나, 정부는 광산불하를 강행하였

46) 國民日報社, 1952『忠北年鑑』, 261쪽.
47) 財務部,『法人臺帳』.
48) 國民日報社, 1952『忠北年鑑』, 261~262쪽; 1956『忠北寶鑑』, 197쪽.
49) 韓國銀行 調査部, 1956. 4『韓國銀行調査月報』89, 調-62~63쪽.

표 4-9 국유광산 불하경매 결과

차 수	1차	2차	3차	4차	5차	6차	7차	8차	9차	계
일 자	'56. 5. 28	'56. 6. 26	'56. 7. 23	'56. 9. 18	'57. 2. 20	'57. 3. 28	'57. 5. 10	'57. 6. 10	'57. 7. 15	
대상 광산	37	60	63	21	9	15	24	58	11	231
입찰등록자	48	94	140	31	25	24	30	51	17	460
입찰참가자	25	68	73	17	17	15	20	33	7	275
응찰 광산	11	31	33	13	8	10	16	27	7	156
낙찰 광산	8	11	24	5	7	8	11	16	2	92

주: 총불하대상 광산수=312개.
자료: 韓國銀行 調査部, 1957. 8 『韓國銀行調査月報』 제11권 제8호, 39쪽.

다. 그리하여 1956년 5월부터 1957년 7월 동안 9차에 걸쳐 불하경매를 시행하였는데, 그 결과는 〈표 4-9〉와 같다.

〈표 4-9〉에서 1956~1957년 1년 동안 불하된 광산은 총 312개 중 낙찰된 광산은 92개였다. 이는 입찰등록자, 입찰참가자, 응찰 광산수에 비해 매우 부진한 실적이다. 그 이유는 일반공매방식을 취하였고 기존 보광인의 연고권을 인정하지 않았기 때문이다. 광산불하는 철저히 자본가만을 위한 불하방식이었다.

이 기간 동안 불하된 충북지역의 광산은 1차에 用夏鑛山(낙찰자=金喜鳳), 2차에 上原報恩鑛山(鄭東彬), 大鷹鑛山(李逢春), 德水鑛山(咸聖德), 忠北連水洞鑛山(蔡炳燁), 寶發鑛山(李德榮), 3차에 提川鑛山, 寶豊鑛山, 4차에 大也金山, 7차에 外川鑛山(兪鎭浩) 등이었다.[50)]

50) 韓國銀行 調査部, 1956. 7 『韓國銀行調査月報』 92, 調-61쪽; 93, 1965. 8, 調-75쪽; 94, 1956. 9, 調-62쪽; 96, 1956. 11, 調-53쪽; 11권 7호, 1957. 7, 51쪽.

2) 불하인과 불하결과

귀속기업체를 불하받은 층은 다양하였다. 〈표 4-10〉에서 가장 높은 비율을 보이는 것은 전직 귀속사업체 관리인이었다. 이는 전체의 51.8%나 차지할 정도로 압도적인 비중이었다. 그 다음은 미군정기 기업주가 14.5%, 일제 말 기업가가 13.3%의 순이다.

충북의 경우는 현재 파악 가능한 불하인 44명 중, 순수 귀속사

표 4-10 귀속사업체 불하인 출신 배경

불하인 전직	광공업	상업 기타 업체	합계	비율
일제 말 기업가	94	2	96	13.3
일제 말 기업가, 지주	14	3	17	2.4
일제 말 기업가, 기술자	1	1	2	2.8
일제 말 기업가, 관리인	53	4	57	7.9
일제 말 기업가, 미군정기 기업주	21	2	23	3.2
일제 말 기업가, 지주, 관리인	3	1	4	0.6
일제 말 기업가, 지주, 미군정기 기업주	1		1	0.0
기술자	4		4	0.6
기술자, 관리인	2	1		0.4
지주	21	2	3	3.2
지주, 관리인	10		23	
지주, 미군정기 기업주	3		10	1.4
관리인	358	17	3	0.6
미군정기 기업주	96	9	375	51.8
계	681	42	723	100

자료: 홍진기, 1970. 3「귀속재산에 대한 법적 과제」『신천지』, 63쪽.

표 4-11 1950년대 충북지역 광업 및 공장수

시기 \ 업종	광업	섬유업	금속기계업	화학공업	식료품업	요업	기타 공업	계
한국전쟁 이전	54	65	31	25	30	32	14	251
1951년 말	30	29	17	19	27	22	11	155
1953년 말	63	69	14	11	15	11	14	197
1958년 말	45	88	38	138	?	?	65	329

주: 계는 광업을 제외한 것임. 귀속사업체 포함한 숫자임.
자료: 한국전쟁 전후는 國民日報社, 1952『忠北年鑑』, 146쪽. 1953년 말은 忠淸北道, 1955『道勢一覽』87~89쪽. 1958년 말은 忠淸北道, 1960『道勢一覽』, 191~197쪽.

업체 관리인 출신이 5명, 일제 말 기업가이자 관리인 출신이 2명, 일제 말 공무원 출신이 4명, 일제 말 기업가 출신이 4명, 미군정기 기업가가 1명이었다. 충북 역시 불하받은 층은 미군정기 귀속사업체 관리인 출신비율이 가장 높으며, 그 다음은 일제 말 관료와 회사 경영인 출신이었다.

그렇다면 귀속사업체 불하는 지역경제에 어떠한 영향을 미쳤을까? 〈표 4-11〉은 1950년대 충북지역 광업 및 공장수 추이이다. 이에 따르면 한국전쟁기 충북지역의 기업체는 38.3%나 감소될 정도로 위축되었다. 특히, 충북지역 경제의 주축을 이루던 섬유업과 광업의 피해가 극심하였다. 그 뒤 충북지역의 기업체수는 점점 회복되었으나, 귀속사업체의 53%나 집중 불하된 1951~1953년까지도 한국전쟁 이전의 수준을 회복하지 못하였다.

그렇지만 그 뒤 충북지역의 광업과 공장수는 급속히 늘어나 1958년에 이르면 광업업체 45개, 공장 329업체 도합 374개에 이른다. 1958년에 이르면 귀속사업체 역시 거의 대부분 불하가 완료된 상태였다(광산 제외). 따라서 1950년대 후반 충북지역의 기업체수

표 4-12 1950년대 충북지역 사업체 및 종업원수 추이

연도 \ 업종	광업		제조업		계	
	사업체수	종업원수	사업체수	종업원수	사업체수	종업원수
1955	38(13.4)	2,504(9.2)	270(3.1)	5,098(2.5)	308(3.4)	7,602(3.0)
1959	52(14.3)		428(3.3)		480(3.6)	
1962	73(18.1)	3,909(10.9)	541(3.6)	8,119(2.2)	614(4.0)	12,028(3.0)

주: 괄호 안 %는 전국 비중치이다.
자료: 내무부 통계국, 1958 『대한민국통계년감』 제5회; 한국산업은행, 1959 『광업 및 제조업사업체명부』; 중소기업은행, 1962 『광업 제조업 사업체조사보고서』..

증가는 민간에서 이루어진 것이다. 상대적으로 귀속사업체의 비중은 낮아질 수밖에 없었다. 더욱이 귀속사업 불하자금이 중소공업 육성자금으로 쓰이기도 하였다. 불하자금은 1959년 12월 말 현재 23개 기업체에 총 6,885만 원이 융자되었다.[51]

따라서 1950년대 후반 충북지역은 비약적인 공업화가 이루어졌으며, 그것을 주도한 것은 민간기업이었다. 그에 따라서 충북지역의 기업체가 전국에서 차지하는 비중 역시 상승되었다. 〈표 4-12〉에서 광업체수는 1955년 13.4%에서 1962년 18.1%로 상승되었고, 제조업체수는 3.1%에서 3.6%로 올라갔다. 다만 제조업체의 종업원 고용률은 2.5%에서 2.2%로 낮아졌는데, 이는 전국에 비해 상대적으로 대규모의 제조업체가 아닌 중소규모의 공장이 주류를 이루었다는 것을 말해 준다.

이와 같이 1950년대 이후 충북지역 역시 다른 지역과 마찬가지로 공업화가 촉진되었는데, 그것은 불하된 귀속사업체가 주도한 것이 아니라 민간기업체가 주도하였다. 그 같은 사실은 1965년 종업원 50명 이상 공장 18개 중 귀속공장은 4개에 불과하였으며, 광산

51) 忠淸北道, 1960 『道勢一覽』, 194쪽.

은 12개 중 월악광산, 무극광산, 대화광산 등 3개에 불과했던 데서도 알 수 있다.[52] 다만 불하된 귀속사업체를 계승한 대기업체가 1950년대 이후 공업화를 주도하던 전국 상황과는 달리,[53] 충북지역은 중소규모의 제조업체가 1950년대 후반 공업화를 이끌었다.

4. 맺음말

이상으로 충북지역의 귀속사업체가 접수, 관리, 불하되는 일련의 과정을 살펴보았다. 여기서는 충북지역의 귀속사업체가 갖는 보편성과 특수성에 초점을 맞추어 지금까지 검토한 내용을 정리할 것이다.

귀속사업체에 대한 조사는 1948년에 들어와 본격적으로 이루어졌고 그 숫자는 해체 소멸되지 않은 것만 2,500~3,000개나 되었다. 그것은 남한 총자산의 70~80%에 이르렀던 것으로 주장될 정도로 남한경제의 절대적인 비중을 차지하고 있었을 뿐 아니라, 규모면에서도 대규모이고 기계화 정도도 앞서 있었다. 귀속광산 역시 전체 광산의 90% 이상을 차지하였다.

충북지역의 귀속사업체 규모는 자료마다 다르게 나타나 있다. 1948년에는 남한 전체의 4%인 80개, 1949년에는 2.4%인 73개, 1951년에는 101개(상업·농림업 제외) 업체가 조사되었다. 따라서 충북지역의 귀속사업체는 최소 101개 이상이었고 그것이 남한 전체에서 차지하는 비중은 2.4~4% 정도에 불과하였던 것으로 보인다. 이

52) 청주상공회의소, 1965『清州商工名鑑』참조.
53) 공제욱, 앞의 책, 100~118쪽.

는 남한 내륙에서 가장 낮은 비율로써 일제시대 충북지역의 공업화가 가장 뒤떨어진 결과일 뿐 아니라, 오늘날 충북지역 경제의 원형을 이루는 것이었다.

이 같은 충북지역의 귀속사업체 숫자는 1948년 1월 말 현재 도내 전체 사업체에서 차지하는 비중이 30.2%였으나, 귀속사업체에 종사하는 노동자수는 58.2%나 되었다. 이는 전국에 비해 귀속사업체의 비중과 고용률이 약간 높은 편이다. 그렇지만 100인 이상 사업체는 남한 전체의 6.4%보다 낮은 10개 업체 4.7%에 불과하였다. 이는 일제시대 충북지역의 공업화가 일본인 자본에 의해 주도되고 주로 중소사업체 위주였기 때문에 나타난 결과이다.

실제 1949년도 조사에 의하면, 충북지역 귀속사업체는 73개 중 중앙관할업체가 14개 19.2%(남한 전체 12.4%), 지방관할업체가 59개 80.8%였다. 이것으로 보아 충북지역은 다른 지역에 비해 중앙관할의 비중이 높았다. 그 이유는 농림부 소속 林產物 회사와 일본에 본사를 둔 섬유회사의 지점(공장)이 많았기 때문이다.

또한 충북지역 귀속사업체의 시·군별 분포는 전체 101개 중 도청 소재지이자 충북선 개통으로 일찍부터 일본인 자본이 투자된 청주에 31.7%, 1928년 이후 충북선의 종착역이자 북부지역의 중심지였던 충주에 16.8%가 집중 분포해 있었다. 그 밖에 경부철도 역이 있었던 영동과 옥천에 각각 10.9%와 7.9%가 있었다. 그리고 광산이 많은 제천과 단양에는 9% 내외가 분포해 있었다. 이는 일제시대에 청주와 충주를 중심으로 공업화가 진전된 결과이자, 철도 개통과 공업화와의 밀접한 상관관계를 잘 보여 주고 있다.

특히, 귀속사업체 업종분포에 나타난 충북지역의 공업화 특징은 기형적이었다. 충북지역 귀속사업체 업종별 비율은 주조업(21.3%)>섬유공업(18.8%)>광업(12.5%)>정미업(10%) 순으로, 남한에서 가장 높은 비중을 차지하던 제조공업은 이렇다 할 업체가 하나도 없었다. 더욱이 귀속사업체의 21.3%에 이르는 주조업은 충북도민의 건강을 담보로 한 것이며, 그 다음 높은 비율인 섬유공업과 광업은 각각 농업과 광산 자원을 원료로 한 것이었다. 따라서 일제하 일본자본이 주도하는 충북지역의 공업화는 청주와 충주를 중심으로 주조업, 섬유업, 광업을 기축으로 전개되었음을 알 수 있다. 그것은 충북지역에 대한 일제의 자원수탈의 연장선상에 있었을 뿐 아니라, 기형적인 충북지역 공업화의 원형을 이루는 것이었다.

충북지역의 귀속사업체 관리는 자체의 도의 면적이 좁은데다가 귀속재산이 청주와 충주에 집중되어 있고 파악이 용이한 일제하 대기업의 지점과 광산 등이 많았기 때문에, 다른 도에 비해 귀속사업체가 잘 관리되었다. 그렇지만 귀속사업체의 관리인이나 임대자는 회사 경영경험이 없는 자가 대부분이었다. 귀속사업체 경영은 다른 도와 마찬가지로 부진할 수밖에 없었다. 또한 귀속사업체 관리와 운영과정에서도 부정한 일이 많았다.

한편, 충북지역 귀속사업체 불하는 다른 지역보다 1년 늦은 1952년부터 1954년 사이에 집중되었고 1960년 이전에 거의 완료된 것으로 볼 수 있다. 광산은 1956년 이후 불하되었다. 이는 전국의 불하 결과와 대동소이하다. 다만 전국적으로는 1951~1953년 한국전쟁기에 중소규모의 기업체가 집중 불하되고 1955년 이후에 규모가 큰 주요 기업체가 불하된 반면에 충북의 경우 그 같은 특징을 찾아볼 수가 없었다. 그 이유는 충북지역의 경우 대규모 사업체가 거의 없었기 때문이다. 귀속기업체를 불하받은 층은 충북 역시 미군정기 귀속사업체 관리인 출신비율이 가장 높으며, 그 다음은 일제 말 관료와 회사 경영인 출신이었다.

이 같은 귀속사업체 불하는 지역경제를 활성화시키는 요인으로 작용한 것만은 사실이다. 그렇지만 그 영향력은 일반적으로 알려진 것보다 크지 않았다. 1950년대 충북지역 광업과 공장수는 한국전쟁 이후 급속히 늘어나 1958년에 이르면 374개로, 1951년 말 155개보다 2배 이상이나 증가하였다. 1951~1958년 사이에 불하된 귀속사업체는 48개에 불과할 뿐 아니라, 귀속사업체에서 큰 비중을 차지하고 충북지역 경제의 주축을 이루던 섬유업과 광업분야의 전쟁 피해가 극심하였다.

이것으로 보아 1950년대 후반 충북지역은 비약적인 공업화가 이루어졌으며 그것을 주도한 것은 민간기업이었다. 충북지역의 기업체가 전국에서 차지하는 비중 역시 1955년 13.4%에서 1962년 18.1%로 상승되었고, 제조업체수는 3.1%에서 3.6%로 올라갔다. 다만 제조업체의 종업원 고용률은 2.5%에서 2.2%로 낮아졌는데, 이는 전국에 비해 상대적으로 대규모의 제조업체가 아닌 중소규모의 공장이 주류를 이루었다는 것을 말해준다.

따라서 한국전쟁 이후 충북지역 역시 다른 지역과 마찬가지로 공업화가 촉진되었는데, 그것은 불하된 귀속사업체가 주도한 것이 아니라 중소규모의 민간제조업체가 주도하였다. 그에 반해 전국적인 상황은 불하된 귀속사업체를 계승한 대기업체가 1950년대 이후 공업화를 주도하였다. 이 때문에 충북지역은 한국전쟁 이후 민간에서 설립된 중소규모의 공장들에 의해 새로운 경제구조가 형성되기는 하였지만, 대규모의 기업체와 재벌이 주도하는 1950년대 이후 한국경제구조에서 소외될 수밖에 없었다. 그것은 곧 지역경제의 낙후로 이어졌다. 이와 같은 충북지역의 공업화 특성은 이미 일제하 일본인 자본이 주도하는 공업화 과정에서 구조적인 원형이 뿌리박혀 있었다.

제 5 장

한국전쟁 전후 충북지역 인구변동과 민간인 피해

1. 머리말

해방과 분단, 그리고 전쟁을 거치면서 한국의 모든 지역은 지역단위의 이념 갈등과 대립 속에 '대한민국 만들기'에 순응되어 갔다. 그 과정에서 수많은 사람들이 이념의 칼날에 희생되거나, 전쟁의 소용돌이에 휘말리어 삶터를 달리하고 삶과 죽음의 경계선을 그었다. 그것은 몇 번에 걸친 이념 필터를 통해 색깔이 다른 생명을 걸러 내는 비극적인 역사의 길이었다.

그 과정에서 이념과 계급에 따라 남북한이 바뀌는 이동이 있었을 뿐 아니라, 새로운 삶터를 찾아 떠나고 떠나오는 민초들이 있었고 평화와 안전지대를 꿈꾸는 이들의 처절한 몸부림이 있었다. 그런 이동과 삶과 몸부림은 충북지역도 예외가 아니었다.

그러나 불행히도 역사적 상흔은 가려진 채 아직도 진실을 드러내지 않고 있다. 또는 묻혀버렸거나 아니 변색되어 있다. 또는 찾아주기를 기다리고 있거나, 우리가 모르고 있는지도 모른다.

그것은 충북지역도 마찬가지이다. 실제 해방 이후부터 1950년대 충북지역의 실상이 담겨 있는 자료는 많지 않다. 당시 발행된 신문도 찾아볼 수 없다.[1)] 연구도 매우 부진한 실정이다.[2)] 그 때문

---

1) 해방 이후부터 한국전쟁기에 발행된 충북지역 신문은 다음과 같으나, 현재 거의 확인되지 않고 있다. 《동아충북판》, 1945. 12. 3, 1946. 5. 등사신문, 주간, 5백부 정도 발행; 《국민일보》, 1946. 3. 1, 1953. 11, 1954. 3. 22. 충북신보로 속간, 현 충청일보; 《충북신보》, 1949년 7월 26일 창간, 주간, 전쟁으로 폐간.

2) 해방 이후부터 1950년대에 이르는 충북지역의 현대사에 관한 학술적인 연구논문은 다음과 같다. 다른 지역에 비해 연구성과가 매우 부족한 실정이다.

에 본 장에서 다루고자 하는 한국전쟁 전후 1950년대 충북지역의 인구변동과 민간인 피해문제도 자료와 연구의 부족함을 안고 출발할 수밖에 없다.

본 장에서 주로 다루고자 하는 것은 한국전쟁 전후 1950년대 충북지역 인구 추이를 살펴본 뒤, 인구감소의 원인 중의 하나인 전쟁에 따른 민간인 피해, 특히 인구감소가 심각하였던 단양과 영동지역의 좌익활동과 민간인 학살문제이다. 이를 위해서는 한국전쟁기 충북 땅에서 벌어진 사건들과 사람들의 움직임을 자세히 들여다볼 수 있어야 하나, 그를 위한 징검다리 역할을 할 자료들이 많지 않은 편이다.

다행히 최근 한국전쟁기 충북지역에서 활동한 인사들의 증언이나 회고담이 세상의 빛을 보고 있어 당시의 실상에 관한 많은 정보를 얻을 수 있다.[3] 또한 한국전쟁기 충북지역에서 자행된 민간인

박명림, 1988「지방에서의 한국전쟁(1): 충북, 1945~1953」『亞細亞硏究』100; 김양식, 1999「미군정기 충북지역의 사회경제 변동」『사학지』32; 김양식, 2000「해방 이후 충북지역 귀속사업체 연구」『충북사학』11; 김양식, 2003「1950년대 충북지역 유지층의 변동과 그 성격」『정신문화연구』93; 김양식, 2005「충북선 부설의 지역사적 성격」『한국근현대사연구』33; 최병수, 2001「노근리 양민학살사건에 관한 몇 가지 검토」『4·3과 역사』외 노근리사건 관련 논저 다수; 김성보, 2003「1945~50년대 농촌사회의 권력 변화－충청북도의 面長·面議員 분석을 중심으로－」『호서사학』제35집.

3) 해방 이후부터 한국전쟁까지의 충북지역 실상을 보여 주는 지역자료(보고서·증언록·회고록 등)는 다음과 같다.

- 한국역사연구회 현대사증언반, 1996「양심산맥으로 뻗친 우고(愚公) 반세기」『끝나지 않은 여정』, 대동: 전 남로당 청주시당 부위원장 이종(영동 출신) 증언록.
- 육철식, 1987『강동정치학원 일명: 빨치산』, 행림출판사: 육철식은 청원중학교를 다니다 1948년 10월에 친구 김낙연(충주 출신)과 월북, 강동정치학원을 수료하고 인민군 제3군관학교를 거쳐 인민군 총참모부 제2부에 소속되어 한국전쟁에 참전, 1952년 2월 전남 백운산에서 체포됨.
- 정은용, 1994『그대 우리의 아픔을 아는가』, 다리: 노근리사건 증언록.
- 洪元吉, 1978『淸谷回顧錄－洪元吉 自敍傳』, 태양출판사: 식민지시대 동아일보 기자, 해방 후 초대 민선 청주시장 등을 역임한 홍원길 자서전. 해방 공간 청주지역

학살문제가 사회문제로 대두되면서 역사적 진실에 한 발짝 더 접근할 수 있게 되었다. '진실과 화해'를 위한 '한국전쟁 전후 민간인 학살 진상규명 충북대책위원회'의 노력으로, 지난 50년 동안 숨겨진 충북지역 보도연맹과 노근리사건의 실체도 상당 부분 밝혀지고 있다.[4)] 이들 증언록과 조사자료 등은 본 장에서 해명하고자 하는 한국전쟁기 충북지역의 인구변동과 민간인 피해문제를 규명하는 데 큰 도움이 되었다.

한국전쟁기 지역단위의 인구변동과 민간인 피해문제를 연계시켜 다룬 연구는 이 글이 처음이다. 본 장이 궁극적으로 지향하고자 한 논점은 전쟁에 따른 인구변동의 실상을 해명하는 것이 아니라, 지역단위에서 전쟁이라는 극단적인 형태로 전개된 이념의 대립과 충돌과정에서 사라진 생명의 역사성을 들추어 내어 지역성을 밝히는 데 있다. 그것은 곧 역사 상흔을 치유하는 일이 될 것이다.

우익 및 문화계 동향을 엿볼 수 있음.

- 심지연, 2001 『역사는 남북을 묻지 않는다』, 소나무: 이구영(1920년생, 제천 한수면 출생)의 증언록. 그는 해방 공간 서울과 제천을 오가면서 좌익활동, 한국전쟁 때 월북, 1958년 남파. 이후 22년간 비전향장기수로 감옥생활을 함. 이 증언록을 통해 해방 공간 제천 일대의 상황을 알 수 있음.
- 이승우, 1996 『道政 반세기』, 충청리뷰사: 전 충청북도 공무원이었던 이승우(1931년생)의 회고록. 해방 이후 1950년대 충북지역 정치 상황이 자세함.
- 청주근세60년사화편찬위원회, 1985 『청주근세60년사화』, 신흥인쇄주식회사: 해방 공간 충북지역 좌우익에 관한 기록이 가장 풍부함.
- 제37보병사단, 2000 『忠北地域戰史』: 충북지역 한국전쟁에 관한 기록 풍부함.

4) 진실·화해를 위한 과거사정리위원회 2007년 청원군 피해자현황 조사반, 2007 『청원군 한국전쟁기 민간인 피해자 실태보고서』; 공주대 참여문화연구소, 2009 『한국전쟁 전후 민간인 집단희생 관련 충북 영동 최종 결과 보고서』.

2. 한국전쟁 전후 인구변동

한국전쟁에 따른 막대한 인적·물적 손실은 인구증가율을 크게 둔화시켰다. 1948년과 1949년의 인구증가율은 각각 7.0%와 7.1%였으나,[5] 전쟁의 상흔이 할퀴고 지나간 1950년대의 인구증가율은 1949년의 인구증가율 7.1%에 훨씬 미치지 못하였다. 1952년의 인구증가율은 1949년 대비 1.8%, 전쟁이 끝난 1955년도의 인구증가율 역시 1952년도 대비 4.8%에 불과하였다. 1959년도의 인구증가율도 10년 전인 1949년을 회복하지 못하였다.

이처럼 1950년대 인구증가율이 전보다 장기지속적으로 크게 감소한 것은 전쟁과 그에 따른 후유증이 컸기 때문이다. 이는 충청북도도 예외가 아니었으며, 오히려 인구증가율이 전국 평균치보다 낮았다. 1952~1955년 충청북도의 인구증가율은 전국 평균치 4.8%에 훨씬 미치지 못하는 0.1%였다. 1955~1959년 역시 전국 평균치 6.7%보다 낮은 6.1%였다. 이는 충청북도가 다른 지역보다 전쟁에 따른 인적 자원의 손실이 컸음을 반증하는 것이다.

전쟁에 따른 인구변동은 인구증가율의 둔화 뿐 아니라, 인구이동을 자극할 수밖에 없었다. 그래서 지역 간 또는 지역 내 급격한 인구변동을 초래하였다. 〈표 5-1〉에서 1949~1952년 서울 인구는 53% 감소하였고 강원도 역시 12.1% 줄어들었다. 같은 기간 전남은 6.3%가 줄어들었는데, 그 이유는 1948~1955년에 걸쳐 지리산을 중심으로 전개된 빨치산 활동으로 도민들이 사망하거나 다른 지역으

5) 대한민국 내무부 통계국, 1952 『大韓民國統計年鑑』, 16쪽.

표 5-1 1949~1959년 인구 추이

인구 지역	인구증가율				인구밀도			1가구당 평균인원		
	1949	1952	1955	1959	1949	1953	1960	1952	1955	1959
서울	1,437,670	−53.0	133.0	32.9	10,806	3,765	9,123	5.1	5.6	5.5
경기	2,733,944	2.4	−15.6	3.5	124	238	247	5.5	5.7	5.6
충북	**1,146,509**	**3.8**	**0.1**	**6.1**	**155**	**185**	**185**	**5.6**	**5.6**	**5.9**
충남	2,026,837	8.0	1.6	5.9	250	294	312	5.6	5.9	6.2
전북	2,048,951	9.8	−5.5	6.0	240	266	278	5.3	5.7	5.8
전남	3,041,491	−6.3	9.8	7.3	253	264	294	5.9	5.7	5.9
경북	3,205,240	9.6	−4.3	7.2	169	185	203	5.0	5.6	5.8
경남	3,133,697	16.8	3.0	4.1	255	298	340	5.8	5.5	5.7
강원	1,138,435	−12.1	49.6	−8.3	95	78	92	5.1	6.0	5.3
제주	254,527	4.7	8.6	−7.3	137	164	157	5.0	5.2	4.4
계(전국)	20,166,756	1.8	4.8	6.7	215	222	254	5.4	5.7	5.7

주: 1) 1949년과 1952년 총인구수는 軍人軍屬을 제외한 한국인 숫자이다. 1952년 충북 총인구수는 『대한민국통계연감』(1952)과 『道勢一覽』과 오차가 있는 바, 여기서는 충청북도에서 작성한 통계숫자를 따랐으며, 1952년 이후는 천단위 인구수 증가율이다.

2) 1952년도의 인구증가율은 1949년 대비, 1955년은 1952년 대비, 1959년은 1955년 대비 증가율이다.

자료: 대한민국 공보처 통계국, 1952 『대한민국통계연감』, 25~26쪽; 대한민국 내무부 통계국, 1952 『大韓民國統計年鑑』, 1~14쪽; 忠淸北道, 1955 『道勢一覽』, 7쪽; 충청북도, 1960 『도세일람』, 20쪽; 淸州文化社, 1956 『忠北寶鑑』, 55~56쪽; 한국은행 조사부, 1960 『경제통계연보』, 126쪽; 經濟企劃院, 1961 『韓國統計年鑑』, 20쪽.

로 이주하였기 때문이다. 반면에 남단에 위치한 경남은 서울 등지에서 떠난 피난민의 폭주로 16.8% 증가하였다. 전북과 경북·충남 지역 역시 피난민 증가로 인구가 증가하였다. 충북은 전국의 평균치인 1.8%보다 높은 3.8% 증가하였으나, 전라·경상·충청도 중에서는 가장 낮은 증가율을 보였다. 이는 외부로부터의 인구유입이 상대적으로 많지 않았다는 증거이다.

〈표 5-1〉에서 1952년 이후의 인구변동은 전쟁이 끝나가면서 피난민들이 다시 고향과 생계수단을 찾아 대이동한 결과이다. 1952~1955년 3년 동안 서울 인구는 133%나 폭증한 반면, 전북과 경북은 5% 정도 감소하였다. 전남은 빨치산 활동이 진정되면서 다른 지역으로 이주한 도민들이 고향을 찾아 이주하여 9.8%나 증가하였다. 경기도 인구는 휴전선이 38선 이남으로 확정된 데다가 되돌아온 피난민보다 서울로의 유출인구가 많아 15.6%나 대폭 줄어들었다.

그에 반해 충청북도는 도단위로 볼 때 전국에서 가장 인구이동률이 낮았다. 〈표 5-1〉에서 충북의 인구증가율은 소폭이었다. 변동률도 전국에서 가장 미약하였다. 이는 기본적으로 한국전쟁기 충청북도의 타도 유출입 인구가 많지 않았기 때문이다. 충북지역은 전통적인 농업사회를 강하게 유지하고 있었고 1940년대 다른 어느 지역보다도 보수적이고 정태적인 사회였다. 그 결과 전쟁을 맞이해 다른 지역에서 피난 오는 사람도, 다른 지역으로 피난 간 사람도 다른 도에 비해 상대적으로 적었던 것이다.

실제 전쟁 초기에 충북도민들은 도내 이웃 면으로 이동한 것이 37만 5,000명, 이웃 군으로 이동한 것이 35만 명, 道外로 피난 간 것이 30만 명 정도로, 주로 도내로 피난하였다.[6] 한 예로 충북도청 직원들은 대부분 고향과 친척 집으로 피난하였는데, 남쪽(주로 전북)으로 피난을 간 직원들도 인민군의 진격속도가 빨라 곧 다시 고향으로 뒤돌아 왔다고 한다. 1950년 7월 10일 옥천을 경유하여 부산으로 피난 간 일부 도청 공무원들도 10월 1일 돌아왔다.[7] 정보와

6) 『전재지구시찰보고』, 제8회 국회임시회의 속기록 제39호(1950년 10월 31일).
7) 이승우, 1996 『道政 반세기』, 충청리뷰사, 46~49쪽.

표 5-2 1949~1959년 충북지역 인구증감 추이

	충북	청주	청원	진천	보은	옥천	영동	괴산	음성	충주	제천	단양
1949	1,146,509	64,571	186,093	66,594	84,861	86,822	108,602	132,881	97,997	149,407	106,173	62,508
1952	+43,826	+9,814	+14,613	+5,690	+7,537	+4,833	−7,010	+6,374	+3,944	+5,058	+165	−6,792
%	+3.8	+15.2	+7.9	+8.5	+8.9	+5.6	−6.5	+4.8	+4.0	+3.4	+0.2	−10.9
1955	+1,735	+6,899	−2,949	−1,913	−2,361	−227	+210	−550	−110	+3,195	+878	−1,337
%	+0.1	+9.3	−1.5	−2.7	−2.6	−0.2	+0.2	−0.4	−0.1	+2.1	+0.8	−2.4
1959	1,265,211	82,316	208,867	72,919	94,787	93,052	104,951	148,427	111,082	174,996	115,332	59,527
%	+6.1	+1.3	+5.6	+4.2	+5.3	+1.8	+3.1	+7.0	+9.1	+11.0	+7.6	+9.5

주: 1) 인구수는 외국인을 합한 숫자이며 1959년 충주 인구는 충주시와 중원군 합계이다.
2) 1952년도의 인구증가율은 1949년 대비, 1955년은 1952년 대비, 1959년은 1955년 대비 증가율이다.

자료: 〈표 5-1〉과 같음.

교통수단이 앞선 도청 직원들이 이 같은 실정이었으므로, 일반도민들이 다른 도로 피난을 간 비율은 높지 않았다. 오히려 충북은 다른 시도로 떠난 경우보다 피난을 가지 않거나, 같은 충북지역 내로 피난한 경우가 일반적이었다. 이들 피난민은 사회가 안정되면서 곧바로 귀향하였다.

충북도민들이 주로 지역 내로 피난을 하는 상황에서, 외부에서 충북지역으로 온 피난민 동정은 〈표 5-1〉과 〈표 5-2〉를 통해서 거시적인 흐름을 읽을 수 있다. 3.8선을 경계로 남북한 사이의 공방전이 치열하던 1951년 2월 현재 전국의 피난민 총수는 489만 369명이었는데, 충북지방의 피난민수는 충남의 4배에 육박하는 92만 1,000명이었다.[8] 전쟁이 끝난 지 1년이 지난 1954년 7월 말까지도 충북지역에는 18만 5,000여 명의 피난민이 있었다. 그 중 구호대상자는 13만여 명이었다.[9]

8) 대한민국 국방부, 1951 『한국전란1년지』, D.33쪽.

그렇다면 1950~1955년 충북지역은 피난민이 썰물처럼 밀려왔다 밀물처럼 떠나갔으며, 그 결과가 〈표 5-1〉과 〈표 5-2〉에 잘 나타나 있다. 전쟁이 실질적으로 끝나가는 1952년 충북 인구는 1949년보다 3.8% 증가하였다. 이들은 실제 다른 지역에서 이주하여 정착한 피난민들이 대부분이다. 또 다른 통계에 의하면, 1952년 현재 충북지방 총인구는 131만 9,164명이었다. 이는 1949년의 인구보다 17만 3,200명이 늘어난 숫자이다. 그렇다면 사망과 행방불명 등을 포함한 충북지방의 인명피해가 그 시점에서 약 5만 명에 달하고 있었으므로, 최소한 22만 이상의 주민들이 타도나 북한으로부터 피난 온 정착민이었다.[10)]

이들 피난민은 〈표 5-2〉에서 1952년의 인구증감률에서 알 수 있듯이 청주와 그 주변지역을 중심으로 충북 전역에 두루 거주하였다. 이는 전쟁의 참화를 피해 산간지역으로 찾아든 피난민이 많았기 때문이다. 다만, 영동과 단양은 1949년도보다 각각 6.5%와 10.9%나 인구가 감소할 정도로 전쟁에 따른 인명피해가 심각하였다.

충북지역으로 찾아든 피난민은 1952년 전후 고향으로 되돌아갔다. 그 결과 1955년도의 충북 인구는 1952년보다 0.1%밖에 증가하지 않았다. 사실상 인구증가가 없었다. 특히, 〈표 5-2〉에서 1952년에서 1955년까지 3개년에 걸친 인구증가는 청주와 충주를 제외한 모든 시·군이 오히려 감소하거나 정체된 상태였다. 자연증가율을 제외하면, 한국전쟁 이후 충북 인구는 크게 감소한 것으로 보아야 한다. 그 때문에 〈표 5-2〉에서 1952~1955년 인구는 도시지역인 청주와 충주만 의미 있는 증가율을 보였을 뿐이며, 11개 시·군 중 무려 7개 군이나 1955년도 인구가 3년 전보다 감소하였다. 이는 농촌

9) 忠淸北道, 1955『道勢一覽』, 忠北新報社, 91쪽.
10) 박명림, 앞의 논문, 168쪽.

산간지역의 전쟁 후유증이 심각했음을 말해주는 통계결과이다.

1955년 이후 충청북도의 인구증가율도 한국전쟁 이전과 비교하였을 때 높은 편이 아니었다. 1934~1944년 10년 동안 조선의 인구증가율은 22.5%였던 반면,[11] 1949~1959년 10년 동안의 증가율은 13.9%에 지나지 않았다. 충북은 남한 평균치보다 낮은 10.3%였다.

충북지역의 증가율이 전국 평균치보다 떨어지는 것은 전쟁의 상흔이 깊은 데다가, 인구를 흡수할 만한 고용기회와 도시발달이 저조하고 농업사회의 전통이 강하게 남아 있었기 때문이다. 이는 〈표 5-2〉에서 1955~1959년 동안 충북 전체가 6.1%의 인구증가가 있었던 반면, 청주시는 도내 11개 시·군 중 최하위인 1.3%밖에 증가하지 않은 데서도 알 수 있다.

즉, 한국전쟁 직후 인구가 집중되었던 청주시는 더 이상 인구를 흡수할 만한 사회경제적인 수요를 초과, 인구과잉에 따른 한계점에 이르렀다. 인구이동에 관한 Todaro모형에 의하면, 도시의 실업률이 높을 때에는 농촌에서 도시로의 이주 결정이 음(−) 요인으로 작용한다고 한다.[12]

그에 따라 1955년 이후 지역 내 인구이동은 그 동안 인구증가율이 낮았던 충주를 비롯한 충북 북부지역으로 이루어졌다. 그것은 새로운 일자리를 찾아 충주와 제천시로 이동하거나, 전쟁으로 청주 등지로 피난한 사람들이 귀향한 결과로 보인다. 나머지 지역은 자연증가 수준이었다.

11) 대한민국 내무부 통계국, 1954 『大韓民國統計年鑑』, 16쪽.

12) Michael P. Todaro, Economic Development in the Third World, New York, Longman Inc., 1981, p. 248.

3. 전쟁에 따른 인명 피해와 민간인 학살

1) 전쟁에 따른 민간인 피해

한국전쟁을 거치면서 실질적으로 충북 인구가 감소한 것은 여러 요인이 복합적으로 작용하였지만, 그 중에서도 전쟁에 따른 인적 피해가 컸기 때문이다. 즉, 남북한의 이념 칼날에 죽어간 민간인 피해자들이 많았기 때문이다.

먼저 전쟁이 발발하면서 남한은 예방 차원에서 좌익세력을 처형하였다. 그들은 주로 형무소에 수감 중인 좌익인사와 보도연맹원들이다. 현재 파악된 바에 의하면, 전쟁 직후 충북지역에서 학살된 민간인은 국민보도연맹원 4,363명, 청주교도소 재소자 400명 등 5,000명에 이른다.[13)]

한 예로 충주 살미면에서 이구영과 함께 해방 전 월악동지회를 함께 하고 해방 뒤 좌익활동을 하던 송원균과 심응섭은 예비검속 때 잡혀 죽었다. 살미면에서만 죽은 보도연맹원만 200명에 이르렀다.[14)] 1945년 12월에 개최된 전국농민조합총연맹대회 제천군 중앙집행위원이었던 김기한은 남로당 제천군 책임자였는데, 원주로 피신해 고무신 장사를 하다 예비검속 때 검거되어 처형되었다.[15)]

이렇게 남한측에 의해 이루어진 예방 학살에 뒤이어 밀어닥친

13) 통일시대 충북연대, 2006『한국전쟁 전후 민간인학살 진상규명 충북대책위원회 1차 워크숍 자료』.

14) 심지연, 앞의 책, 132쪽.

15) 위의 책, 347~348쪽.

북한군의 점령은 또다시 우익인사들에 대한 학살로 이어졌다. 북한이나 좌익에 의한 피학살자는 그들이 분류한 반동분자로서 주로 친일파, 친미파, 민족반역자와 기타 경찰관, 반공연맹원, 국민회지부장, 군인가족 등이다.[16] 1952년 3월 31일 현재 공식 집계된 충북 피살자는 총 6,168명이었다. 그 중 북한측에 의해 피살된 자로서 이름과 주소 및 피살일시·장소 등이 확인된 인원은 총 663명으로 주로 북한 인민군이 점령한 1950년 7~9월에 집중적으로 피살되었다.[17]

북한군이 썰물처럼 밀려가고 남한군과 미군이 밀물처럼 밀려오면서, 또다시 많은 충북인들이 처형되거나 고향을 등질 수밖에 없었다. 그 같은 상황은 청주지역도 마찬가지였다. 청주에 인민군이 주둔한 것은 7월 13일부터 9월 22일까지였다. 북한군은 철수 직전 반동으로 몰려 체포되어 있던 우익인사 449명을 청주 당산 등지에서 학살하였다.[18] 뒤이어 남한군에 의해 청주가 수복되자, 많은 이들이 타의든 자의든 죽어가거나 고향을 떠나갔다. 그 같은 상황은 다음과 같은 회고담에 잘 나타나 있다.

"잠적했다 동난 뒤 돌아와서 지나친 행태를 부렸던 남로당계 자녀를 둔 부모들 중에는 잔뼈가 굵은 고향 땅을 등지는 예는 약과이고 재물의 피해를 입는데다가 갖은 곤욕도 치루게 되는 것이었다. 약삭빠른 사람은 부역자의 주택 강점도 하고 得利도 하는 것이었다. 짧은 적 치하이기는 하되, 청주 인민위원장으로 활약한 자는 사주면 봉명리의 청농 출신의 南廷鎭이었고, 청원군은 청고 출신의 林相淳(옥산면)이었다. 저명인사로서의 납북인사는 청원 갑구 출신 제헌의원 洪淳玉을 위시, 5.30선거에 출마했다 낙선한 金東煥(청주), 閔庭植(청

16) 한국전쟁 전후 충북지역 민간인학살진상규명을 위한 대책위원회, 2003 『2003 충북지역 민간인학살 실태조사보고서』, 41쪽.

17) 공보처 통계국, 1952 『6.25事變 被殺者名簿』 추가분.

18) 진실화해위원회, 2008 「청주지역 신교식 등 8인의 적대세력에 의한 희생 및 강제연행(납치) 사건 결정문」.

원), 朱世昌(괴산), 朴烈(음성) 등이고, 괴뢰군이 후퇴하면서 자진월북한 자로는 해평병원 鄭泰成을 위시, 내과의 安完鐸, 소아과의 鄭弘燮 등이 우리의 주목을 끌게 됨은 이들의 태도가 안완탁 내외를 제외하고서 아리송하였기 때문인 것이기도 하다. 정태성은 경찰병원 의사가 아니었던가. 청고 제1회생이며 경성제대를 나오고 일제하 ML당에 관련되어 옥고를 치룬 진천이 낳은 좌익의 거물 鄭泰植[19]을 비롯한 극좌파들의 월북이야 남로당 지령에 따른 당위성을 인정해서이다. 우익진영 인물 살상이 없지 않았지만, 그래도 전국적으로는 충청북도가 가장 적은 수효였음은 산자수명하고 인심이 순후한 청풍명월의 고장 덕분이리라."[20]

이와 같이 남한에 의해 다시 수복된 청주지역은 북한 점령하에서 활동하던 좌익인사들이 처형되거나 자진 월북의 길을 택하였고, 그들의 가족도 고향을 등질 수밖에 없었다. 이는 해방 공간에서 활동하던 좌익세력에 대한 마지막 제거였으며, 다른 지역도 마찬가지였다. 그 결과 전쟁 이전 활동하던 충북지역 좌익인사들은 거의 모두 죽음을 맞이하거나 지역 밖으로 밀려났다.

이와 같이 전쟁에 따른 이념의 칼날은 수많은 민간인을 죽음에 몰아넣거나 자의든 타의든 고향을 등지게 하였다. 그래서 충북지역 민간인 피해는 전쟁의 첫 6개월 동안 사망 5,654명, 부상 7,380명, 행방불명 8,587명이었다.[21] 그 뒤에도 민간인 피해는 계속 늘어났다.

19) 정태식(1910~?)은 충북 진천 출신으로, 1933년 3월 경성제국대학 법문학부를 졸업하고 경제연구실에 근무하면서 독서회를 조직하여 사회과학을 연구하는 등 이후 다양한 사회주의 운동을 전개, 1936년에 징역 5년을 선고받은 뒤 출옥하여 경성콤그룹에 참여하여 인민전선부에 소속되었다. 해방 이후에는 1945년 9월 조선인민공화국 경제부원, 조선공산당 기관지 《해방일보》 주필 겸 정치부장, 1946년 2월 민주주의 민족전선 중앙위원 등을 역임하였다. 박헌영 월북 이후 남로당 제3인자가 되었다. 1950년 4월에 검거되어 징역 20년을 선고받았으나, 한국전쟁 때 서울에서 《해방일보》 논설위원이 되었으며 북한에서 농림성 기획처 부처장을 지냈다. 남로당 숙청 당시 숙청되었다(강만길 등, 1996 『한국사회주의운동인명사전』 창작과비평사, 443쪽).

20) 洪元吉, 앞의 책, 66쪽.

최종 집계된 자료에 의하면,[22] 충북지역에서 모두 70,003명이 사망, 학살, 납치, 행방불명되었다고 한다. 그 중 학살된 인원은 남자 3,074명, 여자 335명 등 3,409명이었다. 또한 2000년 1월 20일자 《대구매일》의 보도에 의하면, 한국전쟁기 500만 명으로 추정되고 있는 한국측 사상자 중 민간인 학살 총수는 113만 명으로, 그 중 충북 학살자는 5만 명이라 하였다. 5만 명은 1949년 충북 인구의 4.4%에 이를 정도이다. 그 결과 〈표 5-2〉에서 볼 수 있는 것처럼, 전쟁 이후 충북의 인구증가율은 거의 정체된 상태였다. 전운이 장기간 지속된 산간지역을 끼고 있는 군단위 지역은 오히려 인구가 감소하였다.

특히, 영동과 단양군의 인구감소는 이례적이었다. 1952년 영동의 인구는 1949년 5월 인구보다 6.5% 7,010명이 줄어들었다. 단양은 10.9% 6,792명이 감소하였다. 그 뒤 이들 두 지역은 사회가 다소 안정되면서 1955~1959년 동안 각각 3.1%와 9.5%의 인구성장이 있었음에도 불구하고, 1959년까지도 1949년의 인구수를 회복하지 못하였다. 더욱이 1949년 이후 10년 동안 전쟁을 거치면서도 충북 총인구가 12만여 명이 증가한 상황에서, 이들 두 지역의 인구감소는 놀라운 것이다.

2) 단양·영동지역의 민간인 학살과 인구감소

(1) 단양군의 민간인 학살과 인구감소

해방 이후 단양군은 충청북도 11개 시·군 중에서 가장 평온한

21) 대한민국 국방부, 1951 『한국전란1년지』, D.5쪽.
22) 공보처 통계국, 1954.3 『한국사변 종합피해조사』. 이 통계는 『제2회 대한민국통계연감』(1953)과 동일하다.

지역이었고 좌우익 사이의 갈등과 대립도 아직 확인되지 않는다. 해방 직후 단양군에도 인민위원회가 군 수준까지 조직되어 활동하였으나, 인민위원회보다 1945년 8월 20일 단양경찰서가 조직한 치안유지위원회가 실질적인 역할을 하였다. 치안유지위원회는 도협의원이었던 조성구, 상임위원에는 금융조합 서기였던 지덕구, 위원에는 석탁회사 직원이었던 장천교 등 20여 명이었다. 각 면에도 치안유지위원회가 조직되어 치안질서를 유지하였다.[23] 단양군은 해방 직후부터 우익의 주도하에 사회안정이 이루어졌다.

그래서 단양군에서는 1945년 11월 20일 개최된 전국인민위원회 대표자대회에 대표가 참석하지 않았다. 1945년 12월 8일 개최된 전국농민조합총연맹 결성대회 때도 충북에서는 단양과 보은만 대표가 파견되지 않았다. 이는 그만큼 단양에서 활동하던 진보세력 또는 좌익세력이 미약했다는 반증이다. 1946년에 들어와 일부 광산노동자를 중심으로 좌익 성향을 보인 청년들도 나타났고 좌익에 의해 단양 매포 경찰지서가 불탄 일도 있었지만,[24] 충북 전역에서 좌우익 사이의 물리적 충돌이 격심하던 1946~1947년에도 단양에서는 두 세력이 충돌한 사례가 없다. 그래서 1948년 8월 25일 전후 충북 경찰당국에서 지하선거 관계자 및 좌익 정당 단체 소속원을 대대적으로 색출하였다. 이때 영동군 457명, 청주군 399명, 제천군 234명, 옥천군 197명 등 총 1,565명이 검거되었는데, 단양군은 모두 39명에 불과하였다.[25]

이와 같은 단양지역이 전쟁의 소용돌이에 휘말린 시기는 소백산을 중심으로 빨치산과 인민유격대가 활동하기 시작한 1949년부터

23) 단양군, 1977『단양군지』, 134쪽.
24) 단양군, 2005『단양군지』, 140쪽.
25)《서울신문》, 1948. 9. 12.

이다. 북한은 1948년 11월 14일부터 백두대간을 따라 인민유격대를 남파하였다. 이들은 산속으로 들어온 野山隊, 즉 빨치산과 합세하여 활동하였다. 1949년 초 이미 경찰보다 우월한 장비를 갖춘 100여 명의 인민유격대는 경찰관 수십 명을 사살하였다.[26] 6월 10일에는 단양역전파출소가 불탔고[27] 중앙선 죽령터널을 지나던 기관차와 객차 3량이 습격을 받아 폭파되는 일도 있었다.[28]

그러자 육군본부는 1949년 9월 28일 단양에 '태백산지구 전투사령부'를 설치하였다. 태백산지구 전투사령부는 인민유격대와 농민과의 접촉을 단절하기 위해 집단부락을 조성해 산간벽지 농가 3,000여 호를 강제 이주시킨 뒤 농가를 소각하는 토벌작전을 전개하였다. 태백산지구 전투사령부는 1950년 3월 15일 해체되었지만, 토벌과정에서 단양군민의 인적·물적 피해는 막심하였을 것이다. 이는 1948년 11월 14일부터 1950년 3월 28일까지 10회에 걸쳐 소백산 주변지역으로 남파된 인민유격대 총 2,345명 중 2,000여 명이 사살 또는 생포된 사실에서 간접적으로 알 수 있다.[29]

이렇게 북한 인민유격대를 토벌하는 전초기지였던 단양은 전쟁이 터지면서 피아의 치열한 공방전으로 인해 참혹한 비극을 맞이하였다. 단양은 1950년 7월 8일부터 9월 29일까지 약 3개월 동안 인민군 점령하에 있었는데, 그 전후로 보도연맹원 7, 8명과 부역 혐의자 다수가 군경에 의해 사살되었다.

그렇지만 단양은 전쟁의 포성이 멈추지 않았다. 영춘면 의풍 주변을 장악한 북한군 잔류병력은 경찰 및 의용경찰대·청년방위대와 치열한 전투를 벌였다. 1950년 11월 5일에는 의풍 부근에서 격

26) 제1대 국회 제40차 본회의 회의록(1949. 2. 25).
27) 단양군, 1990『단양군지』, 517쪽.
28) 《동아일보》, 1949. 6. 13.
29) 제37보병사단, 앞의 책, 240~243쪽.

전을 벌인 경찰과 청년방위대 13명이 전사하였다. 12월 중순경에는 1,200명 정도의 경찰병력이 동원되었다. 12월 13일에는 인민군 74명을 사살하였다. 그에 맞서 인민군은 다음 해 1월 3일 대강지서를 불태우고, 6일에는 단양경찰서를 습격하였다.

더욱이 1951년 1월 중순에 북한 인민군 2군단이 다시 남하하였다. 인민군은 영춘을 장악한 경찰병력을 밀어 내고 의풍초등학교에 본부를 설치하였다. 이에 위기를 느낀 미군은 일반 피난민의 이동을 통제하여 남하하지 못하게 하는 동시에, '적의 은신처로 사용되거나 사용될 것으로 의심되는 전방 주거지나 건물들을 지체 없이 조직적으로 파괴'할 것을 명령하였다.

그에 따라 미군은 단양, 영월, 예천, 풍기 등 소백산 일대에 대한 대대적인 폭격을 가하였다. 이른바 '싹쓸이작전'을 개시한 것이다. 이 폭격으로 단양에서 경북 예천에 이르는 전 지역의 75%가 불태워지고, 8,000명의 피난민이 발생하였다. 북한군의 남하를 막기 위해 불바다를 만든 것이다.

단양 곡계골 민간인 학살도 이런 상황에서 발생하였다. 60여 호의 한양조씨 집성촌인 영춘면 느티마을 주민들은 피난 온 이웃 주민들과 함께 곡계굴로 피신하였다. 미 공군기는 1월 20일 오전 피난 주민을 향해 폭탄 투하에 이어 기총사격을 가하였다. 이 폭격으로 굴 안에 있던 주민 360여 명이 집단 죽음을 당하였다. 간신히 살아남은 사람들도 뒤이어 닥친 전염병과 후유증으로 거의 숨졌다고 한다.[30)]

이와 비슷한 사건은 단양읍 노동리·마조리에서도 발생하였다. 1951년 1월 10~12일 미군은 인민군을 소탕한다는 명분하에 탱크와

30) 이상 한군전쟁기 단양지역의 비극적 상황은 단양군, 2005 앞의 책, 140~143쪽 참조.

비행기를 동원하여 마을을 무차별적으로 폭격을 가한 뒤 210가구를 모두 불태웠다. 3일간에 걸친 대량 학살극이 자행된 뒤, 죽은 사람이 모두 109명에 이르렀다. 미군에 의해 두 마을이 모두 초토화된 것이다.[31)]

이렇듯 해방 이후 전체적으로 우익이 주도하던 단양은 충북의 북단에 있으면서 백두대간의 길목에 위치한 지정학적 이유로 두 번에 걸친 전쟁의 소용돌이에 휘말리면서 많은 인적·물적 피해를 보았다. 〈표 5-2〉에서 알 수 있듯이, 1955년의 단양 인구는 1949년보다 8,000여 명이나 줄어들었다. 이 같은 인구감소는 단양의 전쟁 피해가 얼마나 극심했는지 잘 말해주고 있다.

(2) 영동군의 민간인 학살과 인구감소

단양군이 해방 이후 충북에서 가장 우익적인 지역이었던 반면, 영동군은 가장 좌익적인 곳이었다. 영동은 이미 일제시대에도 혁명적 농민운동이 활발하였던 지역으로,[32)] 미군정은 영동을 '적색군'으로 지정했을 정도이다.[33)]

실제 해방 이후 영동지역은 충북지역에서 좌익세력이 가장 활발히 활동하였다.[34)] 충북 11개 시·군 중 인민위원회가 설치된 지역은 충주, 제천, 단양, 청원, 보은, 옥천, 영동 등 7개 군이었는데, 인민위원회가 사실상의 정부기능을 수행한 지역은 제천, 옥천, 영동 등 3개 군이었다. 그 중에서 인민위원회가 가장 강력했던 지역은

31) 통일시대 충북연대, 2006 『한국전쟁 전후 민간인학살 진상규명 충북대책위원회 1차 워크숍 자료』.

32) 강호출, 1991 『식민지시대 충북영동지역 농민운동연구」『사총』 제39집.

33) 대한민국 내무부 치안국, 1952 『대한경찰전사』; 부르스 커밍스(김자동역), 1986 『한국전쟁의 기원』, 418~420쪽.

34) 일제시대부터 한국전쟁기까지의 충북 영동 실상은 공주대 참여문화연구소, 앞의 책 참조.

충북의 남쪽 변두리에 위치한 영동이었다.

뿐만 아니라 영동은 1945년 11월 20일 개최된 전국인민위원회 대표자대회, 1945년 12월 8일의 전국농민조합총연맹 결성대회에 각각 대표를 파견하였다. 전국농민조합총연맹 충북 대표로는 영동군 대표 3명(장철·오중순·이종) 외에 도연맹 대표 3명 중 2명(장준·김태수)이 영동 출신이다.

전국인민위원회 대표자대회 때 영동군 대표로 참석한 김태수는 조선공산당 영동군당 책임자로 활동하다 한국전쟁 때 월북하였다.[35)] 전농 영동군 대표 중앙집행위원이었던 이종은 1911년 영동 출신으로서 1935년에 야학당사건으로 구속된 전력이 있는데, 해방 이후 1945~1947년에 조선공산당 영동군당 선전책, 남로당 영동군당 부책, 청주시당 부위원장 겸 선전책을 맡아 활동하다 1947년에 단선단정 반대투쟁으로 구속되었다. 1951년에 평양으로 올라가 금강정치학원을 거쳐 다음 해 9월 남한으로 남파되어 활동하다 1959년에 간첩 혐의로 체포되었다(10년 복역).[36)]

특히, 전국인민위원회 대표자대회 및 전국농민조합총연맹 충북도 대표였던 장준(1895~?)은 1927년 5월에 조선공산당 충남북도책을 맡는 등 1930년대 영동지역의 혁명적 농민운동을 이끈 인물로서,[37)] 1944년에 여운형 등이 건국동맹을 결성한 뒤 각도 대표 책임위원을 선정할 때 충청남북도 대표를 맡을 정도로 비중이 높았던 인물이다. 해방 이후에는 1945년 11월 24일 개최된 전국인민위원회 대표자대회 확대집행위원, 1946년 2월 15일 열린 민주주의 민족전선 충북 대표로 참여하여 중앙위원으로 선출되었다. 1948년 8월 해

35) 한국역사연구회 현대사증언반, 앞의 책, 29쪽.
36) 위의 책, 19~50쪽(이종 증언록).
37) 강호출, 앞의 논문 참조.

주에서 열린 남조선인민대표자대회에서는 제1기 최고인민회의 대의원으로 뽑히는 등[38) 해방 공간에서 활동한 충북지역 좌익인사 중 가장 혁명적인 원로인사였다. 그의 의식과 성향은 전국농민조합총연맹 결성대회 이틀째인 1945년 12월 9일 행한 다음과 같은 발언에서 잘 알 수 있다.

> "우리는 이 역사적 회합에서 역사적인 결의를 하기 바란다. 나는 세 가지 이유로 인민공화국 절대 지지를 역설한다. ① 인민이라고 하는 것은 우리의 동경이고 요망이었다. ② 인민공화국은 8할 이상이 되는 노동대중을 옹호한다. ③ 인민을 위한 인민공화국만이 일체의 강압을 배제하여 나갈 수 있다. 이러한 의미에서 나는 사수하자고 부르짖는다. 무력이나 힘으로써 탄압할 때는 최후의 혈이라도 내놓고 사수하자는 결의를 새롭게 하자.(박수) 충청도는 양반의 착취와 탄압은 거세되었지만, 전적으로 인민공화국을 지지한다. 대중은 힘차게 나가고 있는 것이다. 여러분 여하한 난관이라도 돌파하고 사수합시다.(대박수)"[39)

이 같은 사회주의 운동의 역사와 인적 기반이 있었기 때문에, 해방 이후 영동군에서의 좌익 투쟁은 활발히 전개될 수밖에 없었다. 인민위원회가 사실상 장악하고 있던 영동에서의 좌익활동은 이른바 '민주부락'을 거점으로 남로당 조직을 중심으로 이루어졌으며 마을마다 민청이 조직되어 있었는데, 그 분수령이 된 것이 1946년 10월 항쟁이었다. 1946년 10월 2일경 영동 남로당 민청원 3, 4백명은 전날 밤 민주부락인 비탄리를 습격한 우익청년단체에 맞서, 경찰서를 습격하고 독립촉성국민회장 집을 파괴하는 등 항쟁을 일으켰다. 이 사건을 계기로 피신하지 못한 남로당 간부들은 모두 체포되었으며, 회관도 빼앗겨 영동 읍내에서 2킬로미터 정도 떨어진 양

38) 강만길·성대경 엮음, 1996 『한국사회주의운동 인명사전』, 416쪽.
39) 위의 책, 77~78쪽.

광면 양정리로 옮기었다. 점점 영동군에서의 좌익활동 공간은 좁아졌다. 이종처럼 얼굴이 노출된 남로당 간부들은 다른 지역으로 교체되었다.[40)]

이 같은 상황에서 좌익세력은 1948년 남로당의 '2.7구국투쟁'을 거치면서 빨치산으로 전환되기 시작하였다. 그들은 북한에서 남파된 인민유격대와 함께 5·10선거를 방해하기 위한 극한 투쟁을 전개하였고, 그에 맞서 경찰은 대대적으로 좌익세력을 제거하고자 하였다. 1948년 8월 25일을 전후해서는 충북 경찰당국에서 지하선거 관계자 및 좌익 정당 단체 소속원을 색출하여, 영동군 457명, 청주군 399명, 제천군 234명, 옥천군 197명 등 총 1,565명을 검거하였다.[41)] '적색군'답게 영동군에서 가장 많은 좌익이 체포되었다. 이런 실정에서 좌익세력의 활동기반은 산악지대로 옮겨가지 않을 수 없었다.

실제 충북 영동에서는 1948년 2월 7일을 기하여 5·10총선거를 방해하고자 면장과 선거위원 등이 살해되고 면사무소와 영동농고 등이 습격되었다. 그들은 민주지산 삼도봉(1,181고지)을 근거지로 한 대규모의 무장세력이었다. 삼도봉에는 中鮮救國遊擊隊 본부가 설치되어 있었다. 그래서 국립경찰 당국에서는 영동에 Y지구야전사령부를 설치하고 5월 21일부터 영동군의 교통을 통제하고 1개월여에 걸친 대대적인 토벌작전을 전개, 사령대장 이필영과 부대장겸 참모 최삼식 외 공산당 간부 40여 명을 비롯해 300여 명을 검거하였다.[42)]

삼도봉에 근거를 둔 중선구국유격대는 해방 이후 충북지역 남로당을 이끈 영동 출신 장준과 국방경비대를 이탈한 박기악이 이끄

40) 한국역사연구회 현대사증언반, 앞의 책, 31~32쪽.
41) 《서울신문》, 1948. 9. 12.
42) 《조선일보》, 1948. 6. 9; 《서울신문》, 1948. 7. 8.

는 빨치산부대였다. 이들 빨치산부대는 1946년 11월 17일 영동역 철도경찰대 습격, 1947년 2월 영동·옥천경찰서 습격, 1948년 1월 용산지서 습격, 1948년 5월 용화면 안정리 및 양강면 과목리 우익 인사 처형 등의 무장투쟁을 감행하였다. 그들은 1948년 5월 경찰의 대대적인 공격으로 상당한 피해를 입었으며, 9월 1일에는 군·경 합동작전으로 61명이 검거되었다. 그 때문에 영동 빨치산부대의 활동은 소강상태에 들어갔다.

그렇지만 1949년 2월 충북지역 '공비' 토벌 임무를 맡은 제6여단 제7연대가 청주에서 원주로 이동하면서 다시 활기를 띠었다. 1949년 이후 영동지역 빨치산부대는 추풍령지서 습격(1949. 4. 13), 양산지서 습격(1949. 7. 5), 봉헌리 주민 처형(1949. 8.5), 심천면 장동리 주민 처형(1949. 9. 6), 비탄리 경찰 처형(1949. 9. 9), 양강면 죽전리 주민 처형(1949. 12. 2), 양강면 초등학교 방화(1950. 2.14), 영동읍 제산리 경찰 처형(1950. 3. 9) 등의 활동을 하였다.[43)]

그 밖에 1948년 12월에도 영동에서 폭동이 일어나, 그때 체포된 13명이 1950년 3월에 최고 사형까지 언도되었다.[44)] 또한 영동 출신 빨치산으로 구성된 민주조직군은 무주경찰서를 습격하는 등의 활동을 하다 5명이 체포되었는데, 1950년 2월 23일 4명은 사형되고 1명은 총살되었다.[45)]

이렇듯 일제시대부터 장준의 지도하에 혁명적 농민운동이 전개되었던 영동지역은 해방 이후에도 충청북도에서 가장 활발한 좌익 활동이 있었다. 그들은 우익세력에 밀려 결국 삼도봉 주변지역으로 입산, 군경과 대치하면서 빨치산 투쟁을 감행하였다.

---

43) 제37보병사단, 앞의 책, 238~239, 245~246쪽에서 재정리.
44) 《서울신문》, 1950. 3. 17.
45) 《동방신문》, 1950. 2. 24.

이 같은 조건에서 전쟁을 맞이한 영동지역에서는 북한군 남하를 저지하기 위한 대대적인 공방전이 벌어졌다. 7월 18~20일 대전–옥천전투와 7월 15~23일 보은–상주 화령장전투에서 한국군이 패한 뒤, 영동은 북한군 남하를 저지하기 위한 최후의 전선이 되었다. 7월 23~28일 영동지역은 남하하려는 북한군과 그를 저지하려는 미군 사이에 치열한 공방전이 벌어졌다. 북한군의 야포나 전차가 대부분 파괴될 정도로, 미 공군의 폭격도 대단하였다.

이렇게 영동지구에서 치열한 전투가 전개될 무렵, 미 제25사단 제27연대는 7월 23일 황간면 상용리 일대에서 국군 제2사단과 임무를 교대하였다. 미군의 목적은 북한군 제2사단의 전진을 지연시키는 것이었다. 7월 24일 새벽부터 미 공군의 지원을 받은 미 제27연대와 북한군 제2사단 사이에는 치열한 공방전이 전개되었다. 이 전투로 약 6일 동안 북한군을 지연시킨 미군은 400여 명의 병력 손실을 입은 채 7월 29일 새벽 후퇴하였다.[46]

이렇게 영동지역에서 북한군 남하를 저지·지연시키기 위한 미군의 작전과정에서, 영동은 한 마디로 '쑥대밭'이 되었다. 영동경찰서를 비롯한 대부분의 관공서가 불탔을 뿐 아니라, 막대한 인적·물적 피해를 입었다. 그 대표적인 사건이 7월 26~29일 300여 명이 죽은 노근리사건이었다.

이 같은 북한군과 미군의 공방전 과정에서 수많은 민간인이 죽어간 영동은 7월 29일부터 9월 26일까지 북한 인민군 점령하에 있었다. 북한군이 물러간 영동은 좌익인사와 그 가족들이 월북하거나 피신하고 부역 혐의자들은 처형되었다. 또한 백두대간의 길목에 위치한 영동은 수시로 북한군 패잔병과 빨치산들이 오가면서 활동함에 따라 많은 경찰과 일부 주민이 죽어 갔다. 그래서 1953년 4월

46) 제37보병사단, 앞의 책, 223~225쪽 참조.

인민군 유격대 4, 5백명과 군·경 통합부대 사이에 벌어진 삼도봉전투가 마지막으로 있기 전까지 영동은 포성이 멈추지 않았다.

그 때문에 전쟁에 따른 영동지역의 인적·물적 피해는 매우 컸다. 주요 관공서는 거의 모두 불탔고 많은 주민들이 목숨을 잃었다. 〈표 5-2〉에서 1952년 영동군 인구는 1949년도보다 6.5%인 7,000명이나 감소하였다. 1955년도의 인구도 1952년보다 0.2%인 210명밖에 증가하지 않았을 뿐 아니라, 1959년까지도 1949년의 총인구수를 회복하지 못하였다.

4. 맺음말

지금까지 한국전쟁 전후 1950년대 충북지역의 인구 추이를 알아본 뒤, 그 원인 중에 하나인 전쟁에 따른 인명 피해와 민간인 학살의 실상을 검토하였다. 부족한 자료는 진실 접근에 어려움이 있었지만, 이상의 논의 내용은 다음과 같다.

한국전쟁에 따른 막대한 인적·물적 손실은 인구증가율을 크게 둔화시켰다. 전쟁의 상흔이 할퀴고 지나간 1950년대의 인구증가율은 1949년의 인구증가율 7.1%에 훨씬 미치지 못하였다. 1959년도의 인구증가율 역시 10년 전인 1949년을 회복하지 못하였다.

이처럼 1950년대 인구증가율이 전보다 장기지속적으로 크게 감소한 것은 전쟁과 그에 따른 후유증이 컸기 때문이다. 이는 충청북도도 예외가 아니었다. 오히려 인구증가율이 전국 평균치보다 낮았다. 1952~1955년 충청북도의 인구증가율은 전국 평균치 4.8%에 훨씬 미치지 못하는 0.1%였다. 1955~1959년 역시 전국 평균치 6.7%

보다 낮은 6.1%였다. 이는 충청북도가 다른 지역보다 전쟁에 따른 인적 피해가 컸음을 반증하는 것이다.

그런데 한국전쟁 이후 충청북도의 전체 인구가 비록 낮은 증가율일지라도 늘어난 주요 요인은 자연증가보다 피난민에 있었다. 한국전쟁기에 충북도민들은 주로 지역 내로 피난을 간 상황에서 최소 5만 명 이상이 전쟁으로 사망하거나 행방불명이 되었다.

반면에 충북지역으로 피난 온 인원은 1951년 2월 현재 90여만 명에 이르렀다. 이들은 전쟁이 끝나가는 1952년 전후에 고향으로 되돌아갔다. 그 결과 1955년도의 충북 인구는 1952년보다 0.1%밖에 증가하지 않았다. 사실상 인구증가가 없었다. 특히, 1952년부터 1955년까지 3개년에 걸친 인구숫자는 청주와 충주를 제외한 모든 시·군이 오히려 감소하거나 정체된 상태였다.

한국전쟁을 거치면서 실질적으로 충북 인구가 감소한 것은 무엇보다도 전쟁에 따른 인적 피해가 컸기 때문이다. 즉, 남북한의 이념 칼날에 죽어 간 민간인 피해자들이 많았기 때문이다.

전쟁이 발발하자 남한은 예방 차원에서 좌익세력을 처형하였다. 그들은 주로 형무소에 수감 중인 좌익인사와 보도연맹원들이다. 현재 파악된 바에 의하면, 전쟁 직후 충북에서 처형된 보도연맹원은 최소 4,363명이며, 청주형무소 재소자는 400명에 이른다.

이렇게 남한에 의해 이루어진 예방 학살에 뒤이어 밀어닥친 북한군의 점령은 또다시 우익인사들에 대한 학살로 이어졌다. 북한이나 좌익에 의한 피학살자는 주로 그들이 분류한 반동분자로서 주로 친일파, 친미파, 민족반역자와 기타 경찰관, 반공연맹원, 국민회지부장, 군인가족 등이다. 1952년 3월 31일 현재 공식 집계된 충북 피살자는 총 6,168명으로, 북한 인민군이 점령한 1950년 7~9월에 집중적으로 피살되었다.

북한군이 썰물처럼 밀려가고 남한군과 미군이 밀물처럼 밀려오면서, 또다시 많은 충북도민들이 처형되거나 고향을 등질 수밖에 없었다. 북한 점령하에서 활동하던 좌익인사들은 처형되거나 자진 월북의 길을 택하였다. 그들의 가족도 고향을 등질 수밖에 없었다. 이는 해방 공간에서 활동하던 좌익세력에 대한 마지막 제거였다. 그 결과 전쟁 이전 활동하던 충북지역 좌익인사들은 거의 모두 죽음을 맞이하거나 지역 밖으로 밀려났다.

이와 같이 전쟁에 따른 이념의 칼날은 수많은 민간인을 죽음에 몰아넣거나 자의든 타의든 고향을 등지게 하였다. 그래서 한국전쟁기에 충북지역에서 모두 70,003명이 사망, 학살, 납치, 행방불명되었다. 그 중 학살된 인원은 남자 3,074명, 여자 335명 등 3,409명이었다. 그래서 전쟁 이후 충북의 인구증가율은 거의 정체된 상태였다. 전운이 장기간 지속된 산간지역을 끼고 있는 군단위지역은 오히려 인구가 감소하였다.

특히, 영동군과 단양군의 인구감소는 이례적이었다. 1952년 영동의 인구는 1949년 5월 인구보다 6.5% 7,010명이 줄어들었다. 단양은 10.9% 6,792명이 감소하였다. 이들 두 지역은 1959년까지도 1949년의 인구수를 회복하지 못하였다. 그 원인은 전적으로 전쟁에 따른 인명피해에 있었다.

충청북도에서 영동군과 단양군은 각각 남쪽과 북쪽 끝에 있는 지역이지만, 백두대간으로 연결되어 있어 두 지역 모두 북한 인민유격대와 빨치산 활동이 왕성하였던 곳이다. 또한 영동군은 해방기 충청북도에서 가장 좌익적인 지역이었고 단양군은 가장 우익적인 지역이었지만, 두 지역 모두 피아의 공방전으로 전쟁의 피해가 참혹하였다. 또한 미군의 폭격으로 최소 800명 이상의 민간인이 학살된 공통점을 지니고 있다.

최근에 들어와 두 지역에서 제기된 미군에 의한 민간인 학살문제, 즉 영동의 노근리사건과 단양의 곡계굴 및 노동리·마조리 민간인 학살사건은 우연이 아니었다. 두 지역의 전쟁 참화와 민간인 학살사건의 심각성과 전체상은 1950년대 영동군과 단양군의 인구변동을 통해 잘 드러난다. 두 지역 모두 1959년의 인구가 사건발생 이전인 1949년의 인구숫자를 회복하지 못하였다는 것은 당시 전쟁의 충격이 얼마나 컸는지 반증한다.

제 6 장

1950년대 충북지역 유지층 변동과 그 성격

1. 머리말
2. 1950년대 유지층의 변동
3. 1950년대 유지층의 분포와 성격
4. 맺음말

1. 머리말

오늘날 한국 사회가 극복해야 할 과제의 하나는 지연·학연·혈연을 중심으로 한 지역 이기주의이다. 이는 사회의 불합리성을 확대 재생산하고 원칙과 기본이 없는 사회를 조장함으로써 사회발전을 저해하고 있다. 또한 지역을 폐쇄적인 공간으로 만들거나 지역 내 다양한 이해관계층의 갈등을 조장하여 조화로운 지역발전을 해치는 경우가 일반적이다. 보다 합리적이고 상식이 통하는 균형된 지역발전을 위해서는 어떤 형태로든 뿌리 깊은 연고주의 내지 지역주의를 타파하지 않으면 안 될 것이다.

그렇다면 그 같은 지역주의는 언제 어떻게 형성되었으며, 어떤 인맥을 중심으로 작동하였는지 등에 관한 역사적인 고찰은 반드시 필요하다. 그럼에도 불구하고 현재 그와 같은 연구는 매우 미진한 실정이다. 보다 구체적이고 미시적인 연구가 필요할 뿐 아니라, 특정 지역을 단위로 한 연구 역시 절대적으로 요구되고 있다.

본 장에서는 1950년대 충청북도의 유지층 성격을 규명하고자 한다. 1950년대의 지역사회는 일제시대에 형성된 사회구조가 해방공간과 한국전쟁을 거치면서 재편된 결과이자, 현 지역사회의 직접적인 토대를 이루고 있다. 그런 만큼 지역사회를 이끈 유지층에 관한 이해는 지역사회의 변모 양상과 그 원리를 파악하고 현실사회의 모순에 대한 일정한 역사적 경험과 해결방향을 제공하는 데 일조할 수 있을 것이다. 그것은 곧 근현대 지역성에 대한 이해이자 새로운 지역사회를 전망하는 모색이 될 것이다.

이를 위해 본 장에서는 다음과 같은 점에 주안점을 두고자 한다.

첫째, 1950년대 충북지역 유지층은 어떠한 과정을 거쳐 변동하고 그 결과는 어떠하였는지 살펴보고자 한다. 특히, 해방 공간과 한국전쟁을 거치면서 지역사회를 움직인 유지층은 많은 변화를 겪게 되는데, 해방 공간에서의 좌·우익 대립과 남북 분단은 남한 지역사회에서 좌익세력의 몰락을 초래하였다. 우익 진영 역시 대한민국 건국과 이승만정권의 확대 재생산, 몇 차례에 걸친 국회의원 선거, 정당의 변화, 한국전쟁과 전후 복구, 농지개혁과 귀속사업체 불하 등과 같은 요인에 의해 극심한 변동을 겪었다. 그에 따라 지역사회의 정치·경제·행정 등을 움직이는 유지층 또한 불안정한 토대 위에서 변화하지 않을 수 없었는데, 충북지역의 경우에는 어떠한 결과로 나타나는지 한국전쟁 전후의 유지층 분석을 통해 장기동태적으로 해명할까 한다.

둘째, 위와 같은 변화과정을 거쳐 형성된 충북지역의 유지층에 대한 성격을 도출하고자 한다. 이를 위해 1955년에 간행된 『충북인사론』을 철저히 분석할 것이며, 특히 유지층의 관계, 학연, 지연(출생지) 등에 초점을 맞추어 해명하고자 한다.

셋째, 본 연구를 진행하는 데 있어서 현재적인 문제의식을 견지하고자 한다. 즉, 충북지역은 다른 도에 비해 여러 측면에서 소외되었고 저발전이 지속되었다. 충청북도 내 일부 시·군은 20세기에 상당 기간 동안 고립되어 있었을 뿐 아니라, 그 과정에서 형성된 소외의식이 지금까지도 작동하는 것이 현실이다. 오늘날 충북지역이 전국에서 낙후되고 보수적이며 폐쇄적인 지역으로 전락한 데에는 유지층의 성격과도 깊은 연관이 있으며, 그에 대한 학문적인 접근이 필요한 것으로 보인다.

다만, 본 연구에서는 특정 유지집단을 일일이 분석하지는 않을 것이다. 특정 유지집단을 분석하고 그 성향을 규정하는 일은 아직 현실적으로 어려움이 뒤따를 뿐 아니라, 보다 심층적인 자료확보가 전제되어야 하는 만큼 후일의 과제로 미룬다. 여기서는 지역 전체를 하나로 묶어 유지층의 변모 양상과 그 성격을 해명할 것이며, 그를 통해 한국전쟁 전후 1950년대 한국 지역사회의 한 단면을 밝히고 오늘날의 지역문제를 이해하는 기초가 되었으면 한다.

2. 1950년대 유지층의 변동

1) 대지주층의 몰락

일제시대 충북지역 역시 다른 지역과 마찬가지로 지주제가 발달하였다. 1930년 충북지역의 지주는 4,130명으로, 그 중 충북지역 거주자로서 100정보 이상 소유한 한국인 대지주는 모두 16명이었다. 이들은 주로 1910년대에 대지주로 성장하기 시작하여 친일활동이나 회사 경영에 참여하여 소유면적을 확대하였다.[1] 해방 직전인 1943년에 500석 이상 추수한 대지주는 모두 30명으로, 이들이 소유한 면적은 논 1,619정보와 밭 912정보 총 2,531정보였다.

그렇지만 지주제는 해방 이후 위기를 맞이 하였다. 토지개혁에 위기를 느끼고 생활난을 겪던 지주들은 토지를 방매하였다. 그에 따라 지주층은 감소하고 영세자작농은 증가하는 추세였다. 충북도 예외는 아니어서, 1946년에 20정보 이상 소유한 지주는 1945년보다 91명이 줄어든 606명이었다.[2] 500석 이상 추수하는 대지주도 1943

1) 忠淸北道, 1932『1930年調査 小作慣行調査書』, 179~180, 230~231쪽.

표 6-1 농지개혁시 충청북도 피분배 대지주 명단

지역	성명	면적	지역	성명	면적	지역	성명	면적
청주	閔周植	129.6	충주	鄭寅始	23.4	옥천	李定宰	15.6
	閔丙翊	48.7		李殷成	37.5	진천	申慶澈	38.5
	閔丙喆	56.8		李春雄	54.7		金永龜	29.1
	閔丙珏	20.7		金利燮	35.5		金仁煥	32.4
	閔丙赫	21.9		權泰甲	18.8	청원	孫大均	27.6
	閔庚植	34.4		權泰東	28.8		金學賢	51.9
	閔泳弼	43.4		卞熙壽	25.2		金洛基	22.3
	閔完植	16.7	괴산	曺圭復	23.4		李容求	116.7
	閔庭植	35.7		金禹錫	18.5		李重冕	27.5
	申啓休	21.8	보은	宋在喆	33.2		李愚勉	28.9
	鄭錫元	38.1	영동	孫在厦	84.3		趙漢植	29.8
	金星會	36.1		姜世元	26.3		金永勳	27.0
	龐淳九	18.1	옥천	陸鍾寬	25.1		李豐雨	33.1
충주	權熙宗	19.4		尹基炳	23.8			
	崔榮鳳	32.2		趙晩夏	83.0			

주: 청주 閔丙翊은 閔丙喆로 되어 있으나, 민주식의 장남은 민병익(후일 丙山으로 개명)이다.

자료: 韓國農村經濟硏究院, 『農地改革時 被分配地主 및 日帝下 大地主 名簿』, 30~32쪽.

년보다 17명이 줄어든 13명이었고 소유면적도 33.6%가 감소된 1,680정보였다.[3)]

이 같은 추세는 해가 갈수록 가속화되어 1945년부터 1950년 농지개혁이 단행되기 전까지 지주에 의해 처분된 농지는 농지개혁

2) 朝鮮銀行 調査部, 『朝鮮經濟年報』, 1948年版, I-32~36쪽.

3) 農林局 農地局, 1951 『農地改革統計要覽』, 9쪽.

에 의해 처리된 면적의 거의 두 배에 달하였다.[4] 그러한 과정을 거쳐 1950년 3월부터 시작된 농지개혁은 최종적으로 지주계급의 몰락을 초래하였다.

농지개혁 당시 被分配農地가 20정보 이상이거나 補償石數가 500석 이상인 충북지역 대지주는 50명이었다. 그 중 은성장학회, 충북향교재단, 대성학원, 충청북도, 법주사, 충북불교재단, 영동학교비 등과 같은 단체·기관을 제외하면, 개인은 모두 43명으로 〈표 6-1〉과 같다.[5] 이들이 소유한 논밭은 모두 3,199정보로 충북지역 전체 분배농지 2만 5,318정보의 7.9%에 이르렀다.

이들 43명은 일제시대 충북지역의 유지층을 구성한 대지주이거나 그 후손들로서, 이들이 농지개혁과 한국전쟁을 거치면서 어떠한 정치적 또는 사회경제적인 이동이 이루어졌는지 살펴보는 일은 흥미로운 일이 아닐 수 없다. 이를 위해 아래와 같은 자료에 등장하는 인명과 일일이 대조해 보았다.

- 충북지역 귀속사업체 임대·관리자 55명(『經濟年鑑』, 1949).
- 충북지역 귀속사업체 불하인 52명(『法人臺帳』, 연도 미상).
- 1948년 충북지역 상공업자 103명(『全國商工信用錄』, 中外商工情報社, 1948).
- 1954년 충북지역 제조업자 169명(『全國製造業要覽』, 大韓商工會議所, 1955).
- 1959년 충북지역 광업·제조업자 488명(『鑛業 및 製造業事業體名簿』, 韓國産業銀行, 1959).
- 1955년 충북 인사 480명(金思達, 『忠北人士論』, 淸州文化社, 1955).
- 1957년 충북 인사 56명(忠淸人士集編纂委員會, 『忠淸人士集』, 1957).
- 1964년 충북 인사 604명(法律新聞 忠北支社, 『忠北人士錄』, 上黨出版社, 1964).

---

4) 정미애, 1991 「해방 이후 농지개혁이 지주계급의 변화에 미친 영향에 대한 연구」, 이화여대 대학원 정치외교학과 석사학위논문, 17~21쪽 참조.

5) 韓國農村經濟研究院, 『農地改革時 被分配地主 및 日帝下 大地主 名簿』, 30~32쪽.

· 제1~6대(1948~1963) 충북지역 국회의원 후보 302명(中央選擧管理委員會, 『歷代國會議員選擧狀況』, 1963).
· 1946~1961년 청주상공회의소 의원 206명(淸州商工會議所, 『淸州商議七十年史』, 1989).

위 자료에는 해방 이후부터 1960년대 초까지 충북지역에서 활동하던 고위 공직자, 교육자, 상공인, 정치인, 언론출판인 등이 망라되어 있다. 이들 자료에 수록된 인명과 대지주 명단을 대조한 결과, 확인되는 인물은 43명 중 불과 李春雄·閔庭植·閔完植·孫在厦 4명뿐이다.

이춘웅은 1949년에 충북상공회의소 의원을 역임하였으나, 이후 행적은 알 수 없다. 민정식은 1950년 5월 제2대 국회의원선거에 청원을 후보로 출마해 낙선하였다. 이때 민정식의 직업은 중졸의 학력과 상업 경력을 가진 회사원이었는데,[6] 국회의원 선거에서 낙선한 뒤 이렇다 할 활동이 없었다.

민완식은 귀속사업체인 민우인쇄소를 임대 경영하였고, 손재하는 귀속사업체인 영동주조회사를 관리하였다.[7] 민완식은 민우인쇄소를 1959년까지도 경영하고 있었던 것으로 보아 불하받은 것으로 보이나, 1963년 민우인쇄소의 대표는 이미 민태식으로 바뀌어 있었다.[8] 손재하는 1949년 8월에 반민특위에 회부되어 재판을 받고 특별검찰부의 최종 결정에서 기소유예로 석방되었는데,[9] 그 뒤 영동을 떠나 현재까지 행적을 확인할 수 없다.

이와 같이 충북지역 대지주층은 농지개혁 이후 정계나 경제계 등으로 진출하지 못한 채 몰락하였다. 개인으로서는 가장 많은 129.

6) 中央選擧管理委員會, 1963 『歷代國會議員選擧狀況』, 110쪽.
7) 朝鮮銀行 調査部, 『經濟年鑑』(1949), Ⅲ-79~147쪽.
8) 金甲龍, 1963 『忠北綜合商工報』, 上堂出版社, 15쪽.
9) 『殉國』, 1999년 9월호, 풀어서 본 반민특위 재판기록 24(손재하), 93~101쪽.

6정보의 농지를 분배당한 閔周植은 일제시대부터 충북 최고의 부호로 손꼽히던 閔泳殷의 장남으로, 해방 후 농지개혁과 한국전쟁의 여파로 쇠잔하고 말았다.[10] 또한 그의 세 아들도 20정보 이상 피분배 지주명단에 들어가 있었다. 이들은 모두 충북을 떠나갔고 가세가 기울어 힘든 여생을 마치었다고 한다.

괴산에 살던 조규복과 김우석도 한국전쟁 이후 어느 시점에 다른 지역으로 이사하였다.[11] 진천의 신경철은 농지개혁 이후 한약방을 운영하면서 진천향교 전교를, 김영구는 농지개혁 이후에도 많은 토지를 경영하였고 김인환은 가세가 기울고 絶孫되었다고 한다.[12]

이와 같이 일제시대에 성장한 충북지역의 대지주들은 농지개혁과 뒤이은 한국전쟁의 여파로 거의 모두 몰락하였다. 일부는 고향에서 중소지주로 전락하거나 전통적인 방식으로 삶을 영위하기도 하였으나, 대부분 고향을 떠나 다른 곳으로 이주하였다. 고향에 남아 있는 경우도 지방의원이나 국회의원, 또는 면장과 같은 공무원, 상공인 등으로도 진출하지 못하였다. 그것은 곧 그들의 존재기반이었던 토지와 삶의 방식이었던 전통사회가 붕괴된 데에 따른 필연적인 결과였다.

2) 신흥 소상공인층의 성장

1948년 1월 말 충북지역의 총사업체수(공업·운수·광업·회사)는 1947년에 조사된 327(공업·광업)개보다[13] 격감된 215개였다. 그 중 관영은 65개, 민영은 150개였다.[14] 이는 남한 총사업체 5,404개의

10) 이승우, 1996『도정 반세기』, 충청리뷰사, 98~99쪽.
11) 김광식(1936년생, 괴산 출신, 전 고인쇄박물관장, 작고) 증언.
12) 봉원용(1930년생, 진천 출신, 전 진천 상산고적회장, 작고) 증언.
13) 朝鮮銀行 調査部,『朝鮮經濟年報』(1948年版), I-323~324쪽.

표 6-2 충북지역 사업체 및 노동자 구성비율(1948년 1월 말)

지역＼업체	사업체 구성비율					노동자 구성비율				
	총수	공업	광업	운수	회사	총수	기술자	직공	사무원	기타
충북	215	72.1	3.7	17.7	6.5	7,169	5.5	66.4	12.5	16.0
남한	5,404	81.1	1.4	8.9	8.6	223,030	5.2	58.8	14.8	21.3

자료: 南朝鮮過渡政府 勞動部, 1948『第二回 南朝鮮勞動統計調査結果報告』; 朝鮮銀行 調査部,『經濟年鑑』, 1949年版, Ⅳ-178쪽.

4.0%에 지나지 않았다. 충북지역의 종업원수 역시 남한 전체의 3.2%인 7,169명이었다. 사업체수보다 종업원수의 비중이 낮은 것은 그만큼 충북지역의 사업체가 소규모 사업체 중심의 영세성을 면치 못하였기 때문이다. 그것은 100명 이상 노동자를 고용한 충북지역 사업체가 남한지역 총 347개 중 10개 업체인 2.9%에 지나지 않았던 데서도 알 수 있다.[15)]

또 〈표 6-2〉에서 충북지역의 노동자 구성이 남한 전체에 비해 직공의 비율이 높고 사무원의 비율이 낮은 것도 충북지역의 사업체가 영세한 소규모였기 때문이다. 그 같은 영세성은 충북지역의 공업화 정도를 통해서도 알 수 있다. 〈표 6-2〉에서 충북지역의 공업 비중은 72.1%로 남한 전체의 81.1%에 미치지 못하였다.

이 같은 실정에서 해방기 충북 지역경제계를 이끈 인물들은 상공회의소 의원들에 대한 분석을 통해서 접근할 수 있을 것이다.

해방 직후 충북지역의 상공인들은 일제가 전시경제를 통제할 목적으로 1944년 8월에 만든 충청북도상공경제회를 충청북도상공회의소로 재편하였다. 그 때가 1946년 6월이었다. 그 뒤 충청북도

14) 南朝鮮過渡政府 中央經濟委員會, 1946『南朝鮮産業勞動力及賃金調査』, 19쪽.
15) 朝鮮銀行 調査部,『經濟年鑑』(1949年版), Ⅳ-176~177쪽.

상공회의소는 1949년 1월에 창립된 청주상공회의소로 흡수되었다. 그 때부터 청주상공회의소는 충북을 대표하는 상공인단체로 운영되었다.[16] 이들 상공회의소는 해방 이후 물자 부족과 인플레이션 등으로 파생된 경제 곤란을 해결하는 데 앞장서고 지역사회 발전에도 기여하였다. 즉, 해방 직후 물자운영조합 설립을 유도하였고 전화복구사업추진위원회를 구성해 활동하였으며, 괴산수력발전소 완공에 진력하는 동시에 법원청사 신축운동도 전개하였다.[17]

이 같은 활동을 벌인 충북상공회의소나 청주상공회의소 의원을 역임한 인물 중 한국전쟁 이전에 활동한 의원은 모두 48명이다.[18] 그 중 회장이나 부회장을 역임한 인물은 박노태, 박창현, 허광, 김재홍, 신승휴, 최윤식, 최동선 등이다.

1946년에 충북상공회의소 초대 회장을 지낸 박노태는 1936년에 제천군수를 역임하였다.[19] 해방 이후에는 1948년에 조치원주성공장·청주견직공장·청주정미공장·충주정미공장 등 4개의 공장을 가진 대동흥업사 사장이었을 뿐 아니라,[20] 중앙관할귀속사업체인 충북산업주식회사 관리인이었다.[21] 박창현은 충북상공회의소 초대 부회장으로 미군정기에 충북직물공업조합장을 지냈다.[22] 김재홍은 1949년 충북상공회의소 2대 부회장으로서 지방귀속사업체인 금광공업주식회사 관리인이었다.[23] 신승휴는 1949년 4월에 청주상공회

16) 청주상공회의소, 1989 『淸州商議七十年史』, 청주상공회의소, 241~243쪽.
17) 청주근세60년사화편찬위원회, 1985 『청주근세60년사화』, 101~111쪽 참조.
18) 이하 충북상공회의소와 청주상공회의소 역대 의원은 청주상공회의소, 앞의 책, 1063~1065쪽 참조.
19) 朝鮮總督府, 1936 『朝鮮總督府及所屬官署職員錄』, 255쪽.
20) 中外商工情報社, 1948 『全國商工信用錄』, 1쪽.
21) 朝鮮銀行 調査部, 『朝鮮年鑑』(1948年版), Ⅲ-84쪽.
22) 위의 책, Ⅲ-75쪽.
23) 위와 같음.

의소 초대 회장에 당선되었는데, 충북지역 생활필수품 배급을 담당하기 위해 1947년에 조직된 충북물자운영조합장을 역임하였다.[24] 최윤식은 청주상공회의소 초대 부회장으로 충북피복공업조합장과 양복상업조합장 등을 역임하였다.[25]

이것으로 보아 한국전쟁 이전 상공회의소 회장단은 귀속재산을 관리하거나 각종 조합장을 맡은 친권력형 인물이 주축을 이루었다. 그런 만큼 이들의 향배는 권력 변수에 따라 좌우될 수밖에 없었다. 실제 그들 중 최윤식 외에는 한국전쟁 이후 모두 청주상공회의소 의원을 역임한 일이 없었다. 귀속재산을 불하받은 인물도 박창현밖에 없었으며,[26] 국회의원이나 지방의원 후보로도 출마한 일이 없었다.[27]

이렇게 한국전쟁 이전에 충북 지역경제를 주도하였던 인물들이 퇴조함에 따라, 한국전쟁 이후에는 새로운 인물들이 지역경제계를 이끌었다. 한국전쟁 이전에 상공회의소 의원을 지낸 인물 48명 중 1952년 이후에도 의원을 역임한 자는 14명에 불과하였다.

더욱이 청주상공회의소가 법인으로 등록된 1954년 이후 제1~3대(1954. 1~1961. 1) 회장단에 취임한 자는 김유복(중선화물자동차주식회사 사장), 최윤식(우리산업사 대표), 김병한(충청북도곡물협회장), 이도영(충북신보 사장), 김동벽(충북석탄주식회사 사장)이었고, 3선 의원은 김열경(한양모타스·오륜상공사 대표), 김종권(UN성냥공장 대표), 민평식(진천주유소 대표), 박홍용(대성여객자동차주식회사 사장), 2선 의원은 이민우(민우직물공장 대표), 정상봉(삼화토건 사장), 정영수(한국운수〈현 대한통운〉청주지점장), 신기원(남한제사 청주공장장), 채홍열

24) 위와 같음.

25) 위의 책, Ⅲ-136쪽.

26) 財務部, 『法人臺帳』(연도 미상), 충청북도편 참조.

27) 中央選擧管理委員會, 1968 『歷代國會議員選擧狀況』, 충청북도편 참조.

(삼양상회 대표)이었다. 이들 14명 중 한국전쟁 이전에 의원을 지낸 인물은 김유복, 최윤식, 민평식, 정영수 등 4명에 불과하다.[28] 나머지 10명은 한국전쟁 발발 이후에 등장한 신흥 상공인이다. 한국전쟁을 전후로 충북 경제계 인사의 급격한 변동이 있었음을 알 수 있다.

이 같은 경제계 인사의 변동을 좌우한 변수는, 첫째로 귀속사업체 불하였다. 청주상공회의소 제1~3대 회장 또는 부회장을 지낸 5명 중 김유복은 충북지역 제일의 운수회사인 충북자동차공업주식회사를 1953년 12월에, 김동벽은 조선산업주식회사를 1954년 2월에 불하받았다.[29] 이도영은 충북지역에서 가장 규모가 큰 남한제사주식회사를 1951년에 불하받았을 뿐 아니라,[30] 유일한 지역 일간신문으로 1954년 말 현재 발행부수 8,000부였던 忠北新報(현 충청일보)와 주간으로 간행되던 충북경찰·청원·영동·괴산공보 사장을 맡고 있었다.[31] 1950년 5월에는 2대 국회의원(청원 갑)으로 당선되기도 하였다. 당시 귀속사업체를 불하받기 위해서는 정치권력과 유착관계에 있지 않으면 용이하지 않았던 만큼, 한국전쟁 이후 새로운 친권력층이 경제계 주도층으로 새롭게 부상한 것으로 볼 수 있다.

다음으로 한국전쟁 이후 경제계 인사의 변동은 한국전쟁을 거치면서 많은 기업체의 부침이 뒤따랐기 때문이다. 〈표 6-3〉에서 한국전쟁 이전 251개였던 충북지역의 광업 및 공장수는 1951년 말 155개로 격감된 뒤 서서히 증가, 1958년 말 329개로 대폭 증가하였다. 한국전쟁 이후 민간기업체의 왕성한 설립·성장이 이루어졌다.

〈표 6-3〉에서도 알 수 있듯이 한국전쟁 전후로 지역경제의 큰

28) 청주상공회의소, 1989『淸州商議七十年史』, 1063~1064쪽.
29) 財務部,『法人臺帳』, 충청북도편 참조.
30) 淸州文化社, 1956『忠北寶鑑』, 197쪽.
31) 충청북도, 1955『道勢一覽』, 忠北新報社, 31~32쪽.

표 6-3 한국전쟁 전후 충북지역 광업 및 공장수

업종 / 시기	광업	섬유업	금속기계업	화학공업	식료품업	요업	기타 공업	계
한국전쟁 이전	54	65	31	25	30	32	14	251
1951년 말	30	29	17	19	27	22	11	155
1953년 말	63	69	14	11	15	11	14	197
1958년 말	45	88	38	138	?	?	65	329

주: 계는 광업을 제외한 것이며 귀속사업체 포함한 숫자임.
자료: 한국전쟁 전후는 國民日報社, 1952 『忠北年鑑』, 146쪽; 1953년 말은 忠淸北道, 1955 『道勢一覽』, 87~89쪽; 1958년 말은 忠淸北道, 1960 『道勢一覽』, 191~197쪽 참조.

변동이 초래되었으며 그 과정에서 새로운 상공인층이 부상하였다. 한국전쟁 이후 청주상공회의소 의원 중 2선 이상을 지낸 9명 중(회장단 제외) 한국전쟁 이전에 사업체를 운영하던 의원은 정영수가 유일하다. 심지어 한국전쟁 이후 1950년대에 의원을 한 번이라도 역임한 의원 중에도 한국전쟁 이전에 사업체를 경영한 예는 극히 드물었다.[32)]

특히, 충북 지역경제는 중·소규모의 사업체 위주였다. 1954년 말 현재 충북지역은 168개의 제조업체가 있었다. 이는 전국의 3.6%에 불과하며 종업원 50명 이상을 고용한 업체도 40여 개에 지나지 않았다.[33)] 이 같은 실정에서 충북지역 상공업계를 이끈 인사는 자연히 친권력형 인물로 치우치거나 영세한 자본가 출신이 다수를 차지하였다.

32) 中外商工情報社, 1948 『全國商工信用錄』; 東亞經濟時報社, 1939·1942 『朝鮮銀行會社要錄』, 상호 대조함.
33) 大韓商工會議所, 1955 『全國製造業要覽』.

실제 1954년 청주상공회의소 의원 30명 중 50명 이상을 고용한 제조업을 경영하던 사장은 4명에 불과하였다.[34] 그 때문에 청주상공회의소 의원도 자주 교체되었다. 1957년 1월에 제2대 의원으로 선출된 청주상공회의소 의원 20명 중 재선의원은 모두 11명이었고 1960년 1월 제3대 의원 선거에서는 20명의 일반의원 가운데 10명만이 재선 또는 3선이었다.[35] 이처럼 50%에 육박하던 의원 변동률은 정치적인 변수와 불안한 경제사정이 반영된 것이다.

이상과 같이 한국전쟁 이후 1950년대 충북 지역경제를 이끈 인사는 귀속사업체를 불하받거나 새롭게 제조업을 경영한 신흥 상공인이 주류를 이루었다. 그렇지만 그들은 정치지형의 변화에 따라 가변적이었고, 자본의 영세성을 면치 못하였기 때문에 불안한 지위에 놓여 있었다. 그래서 청주상공회의소는 公法人으로 개편된 1954년 이후 이렇다 할 활동이 없었다. 정치적인 영향력 역시 발휘하지 못하였다.[36]

3) 새로운 정치집단의 형성

한국전쟁 직후 제3대 국회의원 선거가 1954년 5월 20일 시행되었다. 선거결과는 한국전쟁을 거치면서 겪은 사회적 경험과 전쟁기간 동안 형성된 이승만 중심의 권력구조가 그대로 반영되었다.

전쟁 직전에 시행된 제2대 국회의원 선거에서는 무소속 당선자 비율이 60%였던 반면, 제3대는 33.5%로 낮아졌다. 반면에 여당 당선자는 제2대 11.4%(대한국민당)에서 제3대 56.2%(자유당)로 과반수

34) 위와 같음.
35) 청주상공회의소, 1989『淸州商議七十年史』, 303~305쪽.
36) 청주근세60년사화편찬위원회, 1985『청주근세60년사화』, 111쪽.

를 넘었다. 이는 이승권정권의 재생산권력구조가 확대 강화된 데 따른 것이나, 무소속 당선자가 33.5%나 되고 무소속 득표율이 47.9%에 이른 점은 여전히 이승권정권의 불안요인으로 작용할 수밖에 없었다.[37)]

이 같은 남한 전체의 추이는 12개의 선거구가 있던 충북지역에서도 나타났다. 충북지역에서 1950년에 실시된 선거에서 당선된 의원은 무소속 7명(58.3%), 친여극우세력인 대한국민당 3명(25.0%), 야당극우세력인 민주국민당 2명(16.7%)이었다. 이는 전국의 정당별 당선자 비율과 비교하였을 때, 무소속은 전국의 60%에 비해 약간 낮고 대한국민당과 민주국민당은 전국의 11.4%에 비해 높은 비율이다. 따라서 한국전쟁 이전 충북지역의 정치지형은 미군정기 때 충북지역의 사회구조가 보수적이었던 연장선상에서 다른 지역에 비해 더 보수화되고 친이승만정권에 기울어 있었다. 그렇지만 무소속 의원이 전체의 58.3%에 이를 뿐 아니라, 무소속 후부의 전체 득표율이 전국의 62.9%보다 높은 65.4%였다. 이것으로 보아 한국전쟁 직전까지만 해도 충북지역은 현실비판적인 세력이 여전히 남아 있었던 것으로 보인다.

그렇지만 한국전쟁이 끝난 1954년의 선거에서는 무소속 3명(25.0%), 자유당 8명(66.6%), 민주국민당 1명으로 자유당이 압도적인 비중을 차지하였다. 이는 전국의 평균치보다 무소속이 8% 낮고, 자유당이 10% 정도 높은 수치이다. 이는 충북지역의 정치권력구조가 한국전쟁을 경험하면서 다른 지역에 비해 상대적으로 빠르게 친권력지향 쪽으로 보수화되었기 때문이다. 1958년 제4대 국회의원 선거에서도 자유당 소속이 전체 13명 중 61.5%인 8명이었다. 이는 전

37) 中央選擧管理委員會, 1963 『歷代國會議員選擧狀況』. 이하 역대 국회의원 선거결과는 같은 자료에 의거함.

국의 자유당 당선율 54.1%보다 높은 수치이다.

이와 같은 정치권력구조의 변동은 변화되는 정치지형과 맞물려 끊임없이 새로운 인물들에 의해서 추동되었다. 특히, 한국전쟁을 겪으면서 큰 폭의 변화가 초래되었다. 제헌국회의원 선거 후보자 54명 중 1950년 2대 선거에 출마한 자는 53.7%였으나, 2대 후보 146명 중 전쟁 직후인 1954년 3대 선거에 출마한 자는 19.9%인 29명에 불과하였다. 반면에 3대 후보로서 1958년에 실시된 4대 후보로 출마한 자는 34.3%로 상승하였다.

충청북도 12개의 선거구에서 당선된 의원의 경우도 제헌국회의원 중 2대 의원에 당선된 자는 2명, 2대 의원으로서 3대 의원에 당선된 자는 4명, 3대 의원으로서 4대 의원에 당선된 자는 3명뿐이었다. 재선율이 16~33%에 불과하였다.

그 결과 충북지역 국회의원은 한국전쟁을 전후로 큰 변화가 초래되었다. 〈표 6-4〉에서 한국전쟁 이전 제헌의회와 1950년 제2대 선거에서 당선된 의원 22명 중 제3대 선거에서 당선된 자는 6명에 불과하다. 반면에 전쟁 직후인 1954년 선거에서 당선된 12명 중 제4·5대 선거에서 당선된 의원은 8명이나 되었다. 역으로 1960년 7월에 시행된 제5대 국회의원 선거에서 당선된 10명 중 한국전쟁 이전인 제1·2대에 의원을 역임한 자는 3명(김기철·신각휴·이충환)뿐이다. 나머지는 모두 한국전쟁 이후인 제3·4대 의원들이다.

특히, 한국전쟁 이전 제1·2대 국회의원은 미군정기 때의 반공청년운동가(박기운·민영복·김기철·김선우), 정치가(이의상), 해방 전후의 공직자(박기운·이만근·유홍렬·조종승·김교현·곽의영), 토착 유지(정구삼) 등이 주종을 이루었다. 소속 정당은 24명 중 무소속이 66.7% 16명이나 되었다.

그렇지만 한국전쟁 이후 제3·4대 국회의원은 3대 선거에서 재

표 6-4 제1~4대 충북지역 국회의원 당선자

	청주	청원갑	청원을	보은	옥천	영동	진천	괴산	음성	충주	제천	단양
1대 (1948)	朴己云	洪淳玉	李萬根	金敎賢	鄭求參 (독촉)	朴愚京	宋必滿 (한민당)	延秉昊	李宜相 (국민회)	金基喆 (청년단)	柳鴻烈	趙鍾勝
2대 (1950)	閔泳復	李道榮	郭義榮	崔勉洙 (국민당)	申珏休 (민국당)	成得煥 (민국당)	李忠煥	〃 (국민당)	李鶴林	趙大衍	韓弼洙	〃
3대 (1954)	朴己云 (제헌)	申正浩	〃 (자유당)	金善佑 (자유당)	〃 (민국당)	崔淳周 (자유당)	〃 (자유당)	安東濬 (자유당)	〃 (자유당)	金基喆 (자유당)	李泰鎔 (자유당)	張英根
4대 (1958)	李敏雨 (민주당)	吳範秀 (자유당)	〃 (자유당)	〃 (자유당)	權福仁 (자유당)	閔壯植 (민주당)	鄭雲甲 (자유당)	金元泰 (자유당)	金周默 (민주당)	洪炳珏 (자유당)	〃 (민주당)	趙鍾昊

주: 소속 정당은 제1대가 (독촉)=대한독립촉성국민회, (청년단)=대동청년단, 제2대가 (국민당)=대한국민당, (민국당)=민주국민당, 제3대가 (제헌)=제헌국회의원동지회.
자료: 中央選擧管理委員會, 1963『歷代國會議員選擧狀況』.

당선된 6명 외에 주로 회사 경영자나 회사원 중에서 새로 충원되었다. 1954년 제3대 선거 당선자 중 직업이 회사원으로 분류된 초선 의원은 3명(최순주·이태용·장영근), 1958년 제4대 선거에서는 직업이 사장(이민우·홍병각·오범수)이거나 회사원(권복인·정상희)인 초선 의원은 5명이나 되었다. 출판업자와 기자도 각각 1명이었다. 이들은 청주의 이민우 외에는 모두 자유당 소속이었다.

정치지향성이 강한 미군정기 때의 우익세력 역시 1950년대에 들어와 거의 모두 퇴조하였다. 미군정기 때 활동하던 청주지역 우익세력은 태극청년단장 朴己云을 비롯하여 14개 단체 70여 명으로[38] 〈표 6-5〉와 같다.

이들 70명은 한국전쟁 전후 어떤 활동을 하였을까? 그를 위해 앞에서 농지개혁 당시 충청북도 피분배 대지주 43명을 1945~1964년 사이에 충북지역에서 활동한 인사들과 상호 대조하였던 것처럼

38) 청주근세60년사화편찬위원회, 1985『청주근세60년사화』, 303~309쪽.

표 6-5 해방기 청주지역 우익단체와 회원

우익단체	회 원
대한독립촉성국민회 충북지부	구연직, 김탁, 김동환, 홍순복, 장응두, 한정구, 최동옥, 조대연, 김명직, 연병호, 김중목, 차근호, 김완배
청년조선총동맹 청주지부	김철, 서병두, 이학구, 박계택, 하건홍, 이장오, 이화종
태극청년단	박기운, 이명하
유학생동맹 충북지부	김명환, 김규환, 이은전, 민한기
대한노동연맹 청주지부	김철
전국학생연맹 충북지부	이종찬, 이장직, 김진영, 김창환, 홍순언
백골단	홍정흠, 권태원, 홍이식
건설청년단	김용식, 서재조, 전만식, 권태성, 김상로
북부청년단	조수석, 나호기, 최정수
쇠고리동지회	이봉복, 김용식, 김홍설, 오인탁, 이재석, 김용식, 서재조, 전만식, 이태희, 전종섭, 정태룡, 유명석, 신준식, 이봉하, 남궁인, 최순용, 유만형, 유길상, 오택균, 홍이식
애국부인회	임순도, 조윤순, 한유정
대동청년단 충북도단부	박기운, 서병두, 김홍설, 김용식, 오인탁, 조수석
민족청년단 충북도단부	허광, 곽창수
조선청소년군 충북총연대	홍순권, 송경호, 전재호, 이상준, 박창규, 윤병한

자료: 청주근세60년사화편찬위원회, 1985 『청주근세60년사화』, 303~309쪽.

일일이 검색하였다. 그 결과 해방 전후 상공업자 10명(박기운·남궁인·김용식·서재조·홍순복·김명직·홍이식·서병두·권태성·이종찬), 관료 출신 3명(이화종·한유정·김창환) 등이 밝혀졌다. 그들 중 구연직과 박기운·연병호는 제헌의원에 당선되기도 하였으나, 그 뒤 실시된 제2~4대 국회의원 선거에 한 번이라도 출마한 인물은 박기운, 김동환, 홍순복, 장응두, 한정구, 최동옥, 김홍설, 이태희, 최순용 등

9명이나 되었다. 그 중 박기운만이 3대 국회의원 선거에서 당선되었을 뿐이다. 그리고 상공업자의 경우에도 초창기에는 청주상공회의소 의원을 지내는 등 경제계에서 두각을 나타냈으나(김명직·박기운), 그 뒤 경제계에서 밀려났다.

이것으로 보아 해방기 청주지역에서 활동하던 우익세력 역시 박기운 외에는 한국전쟁을 거치면서 모두 퇴조하고 새로운 세력이 부상한 것으로 볼 수 있다. 이는 다른 지역도 마찬가지였다. 충주는 일제시대에 군청 촉탁으로 근무하다 해방기 우익활동을 한 뒤 제헌 국회의원에 당선된 김기철 외에는 이렇다 할 경력을 지닌 인물이 없었다.

이처럼 한국전쟁은 지역정계를 나누는 큰 분수령이 되었다. 한국전쟁 이후 신흥 엘리트를 중심으로 한 신진 정치인들이 이승만정권과의 유착관계를 통해서 지역정계를 주도해 나갔으며, 그 여과장치가 선거였다. 그들의 연령층 역시 제3~5대 국회의원 평균연령이 각각 43.3, 44.4, 46.5세였듯이 40대 초반이 주축을 이루었다. 그 과정에서 한국전쟁 이전에 충북지역을 이끈 인물 가운데 선거에서 살아남은 박기운(청주)·신각휴(옥천)·김기철(충주)·곽의영(청원)[39] 외에는 모두 퇴조하였고, 대신 이충환(진천)·이태용(제천)·이민우(청주) 등으로 대표되는 신진 정치세력이 그들의 고위 학력과 지위 및 재력을 바탕으로 새롭게 부상하였다.

---

39) 곽의영, 1987『어둔 밤 촛불을 밝히며』, 성신여대 출판부 참조.

3. 1950년대 유지층의 분포와 성격

한국전쟁 전후 충북지역의 유지층은 해방 공간과 농지개혁을 거치면서 대지주층이 거의 모두 몰락하고 기존의 상공인 역시 퇴조하는 가운데 신흥 상공인이 성장하고 선거를 매개로 새로운 정치세력이 등장하였다. 그를 통해 한국전쟁 이후 새로운 지역유지층이 형성되었는데, 그 결과는 1955년에 발간된 『忠北人士論』에 잘 나타나 있다.

1955년 전후 충북지역을 움직인 인사들이 총망라된 『忠北人士論』에는 모두 508명(在京人士 36명 포함)이 수록되어 있다. 이들은 국회 민의원 13명과 도의원 27명을 비롯해 충청북도청 국과장 27명, 각종 기관·단체장, 학교장 77명, 상공계 대표, 면장 73명, 각종 조합장(이사) 등을 망라하고 있다. 물론 이들 모두를 지역유지층으로 볼 수 없지만, 지역유지층을 이루는 모집단을 이루고 있어 당시의 충청북도 지역유지층의 동향을 살필 수 있으리라 본다.

1955년경에 충청북도를 움직인 508명 중 충북 출신은 〈표 6-6〉과 같이 모두 374명이다. 출신지가 불명확한 4명을 제외한 나머지 130명은 모두 타도 출신으로 〈표 6-7〉과 같다. 타도 출신자는 전국적으로 분포하고 있으나, 특히 충청북도와 인접한 충청남도와 경상북도 출신자가 각각 첫 번째와 세 번째로 많은 편이며, 고학력 출신자가 많은 서울 출신자는 두 번째로 많은 편이다. 이들은 주로 고위 관료나 교육·종교·금융계에서 활동하였는데, 충북도청 국과장 27명 중 15명이 타도 출신자이다.

표 6-6 1955년 충북 인사들의 지역별 출신자수

지역	청주	청원	보은	옥천	영동	진천	괴산	음성	충주	제천	단양	기타	계
인명수	35	74	21	31	25	25	60	29	37	24	10	2	374
비 율	4.3	3.7	2.3	3.4	2.5	3.6	4.3	2.9	2.4	2.2	1.8	0.5	3.1

주: 비율은 1955년 해당 시·군 인구 1만명당 출신자수임(소숫점 세자리수 반올림).
자료: 金思達, 1955『忠北人士論』, 淸州文化社; 淸州文化社, 1956『忠北寶鑑』.

표 6-7 1955년 충북 인사 중 타 지역 출신자수

지역	충남	경기	경북	경남	전북	전남	서울	강원	평남	평북	함남	함북	황해	미국	계
인명수	35	8	14	8	4	5	20	4	9	9	6	3	4	1	130

자료: 金思達, 1955『忠北人士論』, 淸州文化社.

청주시의 경우에는 오래 전에 타도로부터 이주하여 토착화한 유지층이 많았는데, 1955년 당시 청주시 인사 112명 중 60명이 타도 출신이며, 심지어 청주시장 李鍾岱(1897~?)는 함남 안변에서 출생하여 독립운동가로 활동하다 1946년에 월남하여 청주에 정착한 인물이다(1960년에 민선시장으로 피선).[40] 청주시의원 19명 중 경기도 용인 출신으로 시의회 의장을 역임한 吳宰根을 비롯해 8명(42%) 역시 타도 출신자이다. 충주시의 경우도 청주시보다 적지만 55명의 인사 중 17명이 타도 출신자인데, 이들은 청주지법 충주지원장, 경찰서장, 세무서장, 전매지청장, 우체국장, 자유당 위원장 등 주요 요직을 차지하고 있었다. 충주 출신은 주로 학교장·면장 등이었다.

이것으로 보아 1950년대 충북지역은 충북 출신자들이 독점적인 지위로 토착세력화하거나, 그들에 의해서 지역사회가 주도적으로 움직여간 것으로 볼 수는 없다. 이 같은 양상은 외부의 인적 자원

40) 청주시, 1995『淸州市誌』下, 청주시지편찬위원회, 1207~1208쪽.

이 지역 내로 유입되어 지역 출신자와 타도 출신자의 균형 조화를 통한 지역발전의 가능성도 있었으나, 지역 인재의 부족과 후진 양성의 부진으로 이어져 지역 저발전의 가능성도 있었다. 실제 1950년대 이후 충북지역에서 나타난 결과는 후자로 보아야 하며, 그 원인은 일제시대에 고등교육을 이수한 충북 출신이 부족한 데 따른 결과이다.

다음은 지역 내 지역별 출신자 특성을 알아보자. 〈표 6-6〉에서 1955년 충청북도 인구 1만 명당 평균 3.1명의 유지층이 있었는데, 평균 3.1명보다 많은 시·군은 청주시·청원군·옥천군·진천군·괴산군이다. 특히, 괴산군은 군단위 지역임에도 불구하고 청주시와 같은 4.3명에 이르고 있는데, 충북 출신으로 서울에서 크게 활약하고 있는 재경인사 36명 중 괴산 출신이 무려 17명이나 된다. 괴산 출신의 충북 유지층의 비율이 대단히 높다는 사실이 증명되고 있다. 그 이유는 무엇일까?

괴산 출신의 비율이 높은 이유는 충북선과 유관한 것으로 보인다. 〈표 6-6〉에서 충북선이 지나가지 않는 보은·영동·제천·단양은 출신자수가 적으며, 특히 충북선과 단절되어 충청북도에서 고립적인 제천과 단양은 지역 인물이 극소수이다. 충주의 경우에도 충북선이 충주까지 연장되는 것은 1928년으로 1921년에 개통된 청주 주변지역보다 늦은 편이다. 반면에 괴산은 조치원-청주-청안(증평)에 이르는 충북선이 1923년에 연장 개통되어 증평을 중심으로 인적·물적 교류가 일찍 이루어질 수 있었다.

충북선 외에 일제하 역사적인 경험 역시 괴산 출신이 성장하는 주요한 배경이 되었을 것으로 추측된다. 일제시대 괴산은 홍명희로 대표되는 출중한 인물이 배출되었을 뿐 아니라, 충북지역에서 최초로 신간회가 조직되는 등 활발한 민족운동이 전개되었다.[41] 이 같

표 6-8 1955년 충북 인사들의 학력분포

학력	전문대 이상	중등교육	초등교육	한학·독학	불명	기타	계
인명수	120	168	17	20	46	3	374
비 율	32.1	44.9	4.6	5.4	12.3	0.8	100

주: 중퇴자는 해당 학력에 포함하였으며, 각종 전문학교(체신학교·상업보습학교)와 특수학원 및 양성소 수료생 등은 중등교육 이수자로 분류하였다.
자료: 金思達, 1955『忠北人士論』, 淸州文化社.

은 역사적 경험과 학맥은 지역사회를 일깨우고 후진들로 하여금 열린 세계로 나아가도록 하는 자극제가 되었을 것이다. 이는 재경인사 36명 중 괴산 출신자가 17명이고 그 가운데 12명이 전문대학 이상 수료자인 것만 보아도 알 수 있다. 일제하 괴산지역은 다른 지역보다 열린 지역 공간이었고, 그 때문에 닫힌 지역 공간 출신보다 고학력 출신자와 고위직 유지층이 많았던 것이다.[42]

실제 1950년대 지역유지층은 학력과 일정한 관련성이 있었다. 〈표 6-8〉은 충북에서 태어난 인사들의 학력 분포이다. 총 374명 중 전문대학 이상은 32.1%, 중등교육(중고등학교) 이수자는 44.9%이다. 중학교 이상은 모두 77%였다. 이미 1950년대에 중학교 이상의 학력 출신자들이 지역사회를 이끄는 중추세력으로 부상하였다.

특히, 충북지역 중·고등학교 출신 특정 학맥이 형성되어 있었다. 〈표 6-8〉에서 중·고등학교 출신학교를 알 수 있는 인물은 모두 162명인데, 청주농업학교(청주농업고등학교) 출신자가 42명으로 가장 많고 그 다음은 청주고등보통학교(청주고등학교) 출신자가 22명이었

41) 朴杰淳, 1996『槐山地方 抗日獨立運動史』괴산문화원 참조.
42) 괴산 출신의 비율이 높은 이유는 조선시대의 지역뿌리 외에 일제하 역사적인 경험과 교육, 사회경제적인 조건, 학맥과 인맥 등 여러 측면에서 심도 있게 규명되어야 하는 만큼 다른 연구과제를 통해 해명하고자 한다.

표 6-9 1955년 충북 인사들의 연령별 분포

연령	20~29	30~34	35~39	40~44	45~49	50~54	55~59	60~69	70~79	기타	계
인명수	3	22	70	115	115	98	40	20	6	19	508
비 율	0.6	4.3	13.8	22.6	22.6	19.3	7.9	3.9	1.2	3.7	100

자료: 金思達, 1955 『忠北人士論』, 淸州文化社.

다. 그 밖에 충주고보 3명, 충주농업학교 4명이었다. 이것으로 보아 1950년대 충북지역의 학맥은 크게 1911년에 개교한 청주농업학교와 1924년에 개교한 청주고보 출신이 양대 산맥을 형성해 가고 있었으나, 그 비율이 높지 않은 것으로 보아 특정 학교의 독점적인 학맥은 아직 형성되지 않은 것으로 볼 수 있다. 그리고 1935년에 사립학교로 개교한 청주상업학교와 1947년에 개교한 청주대학 출신자는 각각 2명과 3명에 불과하다. 이는 1970년대 이후 청주상고와 청주대학 출신자가 지역사회에서 약진하는 것과 대조적이다.

1950년대에 충북 유지층이 청주농고와 청주고등학교 출신자가 많은 것은 그들의 연령층과 관련이 있다. 〈표 6-9〉에서 유력인사들의 연령별 분포를 보면, 40대가 전체의 45.2%를 차지하고 있다. 이들 40대 연령층은 그들이 10대였던 1920년대에 주로 중등교육을 이수하였는데, 1930년 이전에 개교한 중등학교는 청주상업학교(1911), 청주고등보통학교(1924), 충주농업학교(1929)뿐이었다. 따라서 1950년대 충북 지역사회를 이끈 학맥은 청주상업학교와 청주고보 출신들로서, 특히 사범학교를 비롯해 전문대학 이상 졸업자(120명, 32.1%)의 경우 청주상업학교보다 청주고보 출신자가 훨씬 많고 고위직일수록 청주고보 출신비율이 높은 만큼, 실제 청주고보 학맥이 주류를 이루었을 것이나 독점적인 경향은 나타나지 않았다.

당시 지역유지층의 주력 연령층이 40대였던 점은 도의회 의원 선거결과를 통해서도 알 수 있다. 1952년에 실시된 초대 도의회의원 선거결과 전국에서 당선된 306명의 연령층은 36~40세가 가장 많은 76명이고, 그 다음은 41~45세 58명이다. 충북 초대 도의원 28명의 연령층 역시 40대가 12명으로 가장 많다. 1956년에 실시된 2대 도의원 선거에서 당선된 전국의 도의원 437명의 연령분포 역시 41~45세가 가장 많은 121명이었다.[43] 이것으로 보아 1950년대 지역유지층은 해방 공간과 한국전쟁을 거치면서 50대 이후의 노년층이 퇴조하면서, 일제시대에 제도권 중등 내지 고등교육을 이수한 40대 연령층이 주도한 것으로 볼 수 있다.

40대가 주축이 된 지역유지층은 고위 관료, 각종 기관·단체장 등으로서 지역사회를 이끌었다. 1955년 당시 충북 인사의 지역별·분야별 분포 양상은 〈표 6-10〉과 같다. 이 표는 1955년에 시·군별로 활동하던 유력인사 394명(타도 출신자 포함)을 지역별·분야별로 나눈 것이다. 그 결과 다음과 같은 몇 가지 특징을 발견할 수 있었다.

첫째, 각 시·군별 총인사수는 모두 394명으로, 그 중 청주가 28.4%로 가장 높은 비율을 보이고 있다. 그 다음은 충주이다. 이것으로 보아 충청북도의 지역발전 축은 청주와 충주, 특히 청주를 중심으로 전개되었다. 제천은 오늘날에 비해 큰 비중을 차지하지 못하였다. 그 이유는 1958년에 충북선이 충주에서 제천까지 연장되기 전까지만 해도 제천이 충청북도에서 고립되어 있었기 때문이다. 단양 역시 고립되어 있었기 때문에, 지역유지층 역시 행정·교육계 인물은 8명(2%)에 불과하였다. 1942년에 개통된 중앙선 철도는 아직 제천·단양지역 출신의 유지층 성장에 큰 영향을 미치지 못하였다.

둘째, 분야별 인물분포는 행정과 교육 및 정계 인물이 주류를

43) 忠淸北道議會, 2000『忠淸北道議會史』42, 178쪽.

표 6-10 충북 인사의 지역별·분야별 분포

지역	청주	청원	보은	옥천	영동	진천	괴산	음성	충주	제천	단양	계	%
정계	21	5	2	1	1	2	1	2	3	1		39	10.0
행정계	24	19	9	11	12	8	15	8	21	11	6	144	36.6
교육계	20	7	7	10	3	5	8	9	11	8	2	90	22.8
법조계	4				1				2	1		8	2.0
의료계	4	1					3		1			9	2.3
금융계	7				1				1	2		11	2.8
학계	4											4	1.0
상공인	8						1	1	7	1		18	4.6
언론방송인	2											2	0.5
종교인	5								3			8	2.0
조합임원	3	5	3	4	4	5	2	4	4	4		38	9.7
사회단체	4								1			5	2.3
기타	6	4	2	1			2	1	1	1		18	4.6
계	112	41	23	27	22	20	32	25	55	29	8	394	100
%	28.4	10.4	5.8	6.9	5.6	5.1	8.1	6.4	14.0	7.4	2.0	100	

자료: 金思達, 1955『忠北人士論』, 淸州文化社.

이루고 있다. 〈표 6-10〉에서 행정계 인사는 시장·군수·면장을 비롯해 고위 관료와 각급 공공기관장(경찰서·세무서·전매지청·농업기술원·형무소·우체국·역)을, 교육계 인사는 교육감·교장, 정계 인사는 정당인·의원 등으로 분류하였다. 이들이 각각 36.6%, 22.8%, 10.0% 도합 69.4%를 차지하고 있는 사실은 관료층과 교육계 인사를 중심으로 지역사회가 움직였다는 것을 보여 준다. 특히, 교육계 인사는 정치지향성이 약하기 때문에, 실제 36.6%에 이르던 관료층이 지역사회를 움직이는 핵심 세력으로 활동하였다. 이런 경우 지역사회는 국가권력층의 변동과 지배이데올로기에 그대로 노출되며, 외부의 압력에 저항하고 자기 논리로 대항할 수 있는 기반을 상실하게 된다.

셋째, 각 시·군의 분야별 인물분포는 청주를 제외한 모든 시·군이 행정과 교육계 인사가 주축을 이루고 있다. 청주 외에는 학계·언론방송인이 한 명도 없다. 법조계·의료계·금융계·종교계·사회단체 인물도 없거나 극소수에 불과하다. 조합임원은 수리조합·경작조합·금융조합장이나 이사들로서 비정치적이다. 즉, 청주 외의 각 시·군은 시장·군수를 중심으로 각종 기관장(경찰서·세무서 등)과 면장·학교장·조합이사 등이 유지집단을 이루면서 지역사회를 이끌었다.

이 같은 지역유지층 분포는 기본적으로 농업을 위주로 한 지역사회경제구조 위에 국가권력체계가 뿌리내리고 있는 데서 기인한다. 따라서 청주를 제외한 모든 시·군은 새로운 지식을 창출하고 문화를 생산할 수 있는 유지층이 거의 없었기 때문에, 외부의 정치변수와 권력 작동에 무방비 상태로 수동적으로 따라 갈 수밖에 없는 구조를 안고 있었다.

다만, 청주는 관료층과 정계·교육계 인사의 비중이 58%로 매우 높기 때문에 취약한 구조를 안고 있었으나, 각계 인사가 고루 분포하고 있어 현실 비판의식과 그에 바탕을 둔 정치지형이 형성되어 있었다. 그래서 1950년대에 실시된 제2·3·4대 국회의원 선거에서 집권여당이 당선된 예가 없을 뿐 아니라, 1952년과 1956년에 선출한 민선시장 역시 모두 무소속 출신이 당선되었다.[44]

44) 이승우, 1996 『도정 반세기』, 충청리뷰사, 107~109쪽.

4. 맺음말

이상으로 한국전쟁을 거치면서 형성된 1950년대 충북지역 유지층의 변화양상과 그 성격에 관해서 알아보았다. 여기서는 충북지역 유지층의 성격이 갖는 일반성과 특수성에 초점을 맞추어 지금까지 검토한 내용을 정리할 것이다.

일제시대에 성장해 지역유지층으로 활동한 충북지역의 대지주층은 해방 공간과 농지개혁을 거치면서 거의 모두 몰락하였다. 그들은 대부분 고향을 떠나 다른 곳으로 이주하였으며, 혹 고향에 남아 있었을지라도 지방의원이나 면장·상공인 등으로 진출하지 못하였다. 그것은 그들의 존재기반이었던 토지와 삶의 방식이었던 전통사회가 붕괴되고 새로운 삶의 지형에 적응하지 못하였기 때문이다. 특히, 충북지역의 경우에는 대지주의 토지자본이 지역 밖으로 유출되어 지역 내 산업자본으로 전화되지 못한 결과 지역경제 발전으로 이어지지 못하였다.

이는 한국전쟁 전후 지역경제를 이끈 상공인을 통해서도 알 수 있다. 한국전쟁 이전 해방 공간에서 충북 지역경제계를 이끈 인사들은 주로 귀속사업체를 관리하거나 각종 경제 관련 조합장을 맡은 친권력형 인물이 주축을 이루었으나, 그들 대부분은 귀속사업체가 불하되는 과정에서 사업체를 불하받지 못하였다. 그 때문에 한국전쟁 이후 충북 지역경제계를 이끈 인물들은 귀속사업체를 불하받거나 새롭게 사업체를 경영한 신진 인사들이 주도하였다. 그들은 정치지형의 변화에 따라 유동적이었고 자본도 영세하였다. 그래서 정치인으로 진출하지 못하는 한 이렇다 할 활동이 없었으며 정치적인 영향력도 발휘하지 못하였다. 즉, 한국전쟁 이후 새로운 친권력층이 충북 지역경제계 주도층으로 새롭게 부상하였으나, 그들은 독자적인 경제기반이 없는 상황에서 정치권력에 종속적일 수밖에 없었다. 그것은 충북 지역경제의 낙후를 반영한 것이자 그 이후 경제적인 저발전의 가능성을 예고하는 것이었다.

한국전쟁을 거치면서 나타난 지역유지층의 변화는 정계에서도 나타났다. 한국전쟁 이전 국회의원으로 활동하거나 해방 공간에서 우익세력으로 활동한 인물들 대부분은 한국전쟁 이후 여러 선거를 통해 퇴조하고, 신흥 엘리트를 중심으로 한 신진 정치인들이 이승만정권과의 유착관계를 통해서 지역정계를 주도해 나갔다. 그들은 주로 40대 초반의 고학력자이며 그들의 지위와 재력을 바탕으로 급부상하였다. 따라서 충북지역의 경우 친일파와 그 후손, 또는 일제시대에 고위 관료를 지낸 인물들이 1950년대에도 영향력을 발휘하지 못하였다.

이렇게 정치·경제계의 지역유지층이 변화하는 가운데 1950년대 중엽 충북지역을 이끈 인사층은 아래로 면장에서부터 위로 도지사에 이르기까지 모두 500여 명이었다. 그들 중 충북 출신자와 타도 출신자의 비율은 3:1 정도였는데, 고위층일수록 타도 출신자가 많았다. 이것으로 보아 1950년대에는 충북 출신자들이 독점적인 지위로 토착세력화하거나, 그들이 지역사회를 주도적으로 움직이지 않았다. 이는 외부의 인적 자원이 지역 내로 유입되어 지역 안팎 출신자의 균형 조화를 통한 지역발전의 가능성이 있었으나, 지역인재의 부족과 후진 양성의 부진으로 이어져 지역 저발전의 가능성도 있었다. 실제 1950년대 이후 충북지역에서 나타난 결과는 후자로 보아야 하며, 그 원인은 일제시대에 고등교육을 이수한 충북 출신이 부족한 데 있다.

충북지역 내 시·군별 출신자는 평균 3.1명이었다. 다만, 청주와 괴산은 4명이 넘었다. 그에 반해 제천과 단양은 2명 안팎으로 지역 내의 지역 간 차이가 컸다. 그것은 일제시대 도시·교통·교육의 발전 정도와 비례하는 것으로써, 특히 괴산 출신의 인사들이 앞도적으로 높은 비율을 보이는 것은 일제시대 역사적인 경험과 밀접한 관련이 있었다. 괴산은 전통적으로 지적 수준과 교육열이 높은 지역이었을 뿐 아니라, 일제시대에 홍명희와 같은 인물이 배출되고 신간회가 충북도내에서 처음으로 설립되는 등 외부세계에 대해 깨여 있는 보다 열린 공간이었다. 그것으로 보아 지역 내의 인적 자원 개발과 지역발전을 위해서는 자기 정체성을 바탕에 둔 열린 의식이 매우 중요함을 알 수 있다.

이들 충북지역 유지층은 중학교 이상의 학력 출신자들이 지역사회를 이끄는 중추세력으로 부상하였다. 그들은 생애 주기상 1919년 3·1운동 전후에 출생하여 일제시대에 보통학교 이상의 교육을 받은 40대 초·중반의 연령층이 주축을 이루었다. 또한 청주고보와 청주상업학교 출신자들이 양대 학맥을 이루고 있었으나, 특정 학교 출신자들이 독점적인 학맥을 형성하고 있지는 않았다. 그 이유는 외부 출신자의 비율이 높고 다른 지역, 특히 서울에서 중학교 이상을 이수한 고위 인사층이 많았기 때문이다.

이와 같은 지역유지층은 주로 청주에 밀집해 있었다. 군단위지역은 행정관료와 교육계 인사가 거의 전부였다. 그 밖에 군단위지역은 각종 조합의 임원이 3~4명씩 있었다. 이것으로 보아 군단위지역은 행정·교육·경제(조합)계의 대표들이 지역유지집단을 형성하고 있었다. 이는 충주시의 경우도 마찬가지였다.

다만, 청주는 언론방송계·학계 및 사회단체 대표 등 각계각층이 골고루 분포해 있어 현실 비판의식과 그에 바탕을 둔 정치지형이 형성되어 있었다. 그 때문에 청주지역은 1950년대에 야당 성향이 매우 강해 세 번에 걸친 국회의원 선거와 두 번의 민선시장 선거에서 집권여당이 당선된 예가 한 번도 없었다.

그렇지만 청주 외의 각 시·군은 시장·군수와 국회의원을 중심으로 각종 공공기관장과 면장·학교장·조합이사 등이 유지집단을 이루면서 지역사회를 이끌었다. 그 중에서도 학교장이나 조합이사들은 특성상 비정치적이므로 실질적으로 행정관료들이 주도적인 역할을 담당하였다. 이런 경우 지역사회는 국가권력과 지배이데올로기에 그대로 노출되며, 외부의 압력에 수동적으로 따라갈 수밖에 없었다.

그 때문에 충북지역은 전체적으로 볼 때 다른 도에 비해 이승만정권, 즉 자유당이 손쉽게 뿌리를 내리고 선거에 승리할 수 있었다. 더욱이 1950년대의 충북지역은 농지개혁에 따른 토지자본이 지역 밖으로 유출되고 상공인과 토착세력의 성장이 미약하였기 때문에, 일제시대에 구조화된 저발전이 확대 지속될 수밖에 없었다. 그것은 과거의 문제로 끝나지 않고 장기지속적인 현재 진행형으로 남아 있다.

3 근현대 기억과 기념

제 7 장

충북지역 근현대 문화유산 보존실태와 성격

1. 머리말
2. 근현대 문화유산의 문화재 지정실태
3. 근현대 문화유산의 분포와 성격
4. 맺음말

1. 머리말

현재 인류는 전 지구 차원의 세계화가 가속화되면서 문화 역시 하나가 되어 가고 있으며, 그것을 주도하는 힘은 거대한 자본을 앞세운 미국 문화이다. 미국 중심의 세계문화는 점점 보편화되고 그 중심부에서 강한 문화권력의 독점력을 발휘하고 있다. 이것은 현실이며 피해갈 수 없는 운명이다. 한 국가 또는 한 지역의 고유문화가 급격히 소멸하거나 존중되는 극단의 문화전쟁시대를 맞이하고 있다.

이 같은 상황에서 지역문화가 세계적인 보편성과 자기만의 고유성 내지 특수성을 공존시키면서 살아남기 위해서는 지역 내 문화자원을 적극적으로 발굴·보존 및 활용할 필요성이 있다. 그러할 때 지역민의 문화수준도 한 차원 성숙될 수 있을 것이며 주체적으로 문화를 생산하고 소비할 수 있는 지역문화의 토대도 구축될 수 있다. 따라서 지역 내에 흩어져 있는 문화유산을 찾아내 이를 효과적으로 보존·관리·활용하는 문제는 한 지역의 문화지표를 향상시킬 수 있는 관건이 될 뿐 아니라, 문화정체성 확립을 통해 삶의 질을 높일 수 있는 토대가 될 수 있다.

그럼에도 불구하고 현재 지역 문화유산에 대한 관심은 주로 전근대 문화재에만 집중되어 있다. 1876년 개항 이후 남겨진 근현대 문화유산에 대한 기억과 관심은 절대적으로 부족한 실정이며 체계적인 관리도 이루어지지 못하고 있다. 그 원인은 문화재, 또는 문화유산을 바라보는 관점이 전통적인 것에만 국한되어 있기 때문이다.

역사에 대한 관심이 동시대 역사에까지 확대될 필요성이 있다. 동시대에 만들어진 문화에 대한 이해야말로 현재의 문화에 대한 이해력을 높이고 창조적인 미래문화를 창달할 수 있는 진정한 토대가 될 수 있을 것이다.

더욱이 근현대 문화유산에 대한 무관심은 개발과정에서 무분별한 파괴를 불러일으키고 있다. 모든 것에 우선하는 개발 우위의 근대화론은 개발을 위해서는 환경은 물론 역사문화자원도 서슴없이 파괴하는 전도된 가치관을 만들어 내었다. 또한 '낡은 것', '촌스러운 것', '허름한 것'에서 가치를 발견하지 못하고 '새 것'과 '서구적인 것'만 추구하는 서구 중심의 문화관은 문화재로 지정받지 못한 근현대 문화유산을 파괴하고 방치하고 훼손하도록 조장하였을 뿐 아니라, 그것을 당연시하는 우를 범한 것이 사실이다. 이 과정에서 보존되어야 했을 수많은 근현대 문화유산들이 터만 남기고 이 땅 위에서 영원히 사라지곤 하였다.

특히, 전근대의 기념물이나 건조물은 그 희소성과 역사성 때문에 상당수 문화재로 지정되어 체계적으로 보존·관리되고 있지만, 근현대의 기념물과 건조물은 단지 '낡은 것'으로만 치부되어 파괴되는 운명을 맞이하곤 하였다. 또한 경제논리로만 가치를 평가한 결과 건물은 헐리고 새로운 건물들이 들어서고는 하였다. 예를 들어, 일제시대에 신축된 충청북도 내 각 시·군 청사는 현재 남아 있는 곳이 하나도 없어 한 시대의 건축미와 행정역사를 보여 줄 수 없다. 또한 일제시대에 세워진 교육시설물도 현재 거의 남아 있지 않은 실정이다. 심지어 일제시대 대표적인 학교 강당으로 손꼽혔고 충청북도 초대 의회 청사로 쓰였던 청주 중앙초등학교 강당도 아무런 보존대책 없이 철거되었다.

그에 반해 선진국은 오히려 '낡고 오래 된 것'에서 의미를 찾고 가치를 발견하여 가급적 보존하거나 재활용하는 것이 일반적이다. 정부도 뒤늦게나마 근현대 문화유산의 중요성을 인식하고 여러 보존대책을 강구하고 있다. 국회는 2001년 2월 28일 '문화재보호법 중 법률개정안'을 통과시켰다. 이 개정안으로 근대에 지어진 역사적 건축물을 문화재로 잠정 보호할 수 있게 되었다. 그에 따라 문화재청은 '근대 문화유산'에 대해 본격적인 관리작업을 펼쳐, 그 일환으로 근대 건조물에 관한 기초조사를 거쳐 등록문화재로 지정하는 작업을 추진하였다. 그 결과 2010년 말 현재 등록된 근현대 문화유산은 총 470건으로, 그 중 충북지역 등록문화재는 22건이다.

그렇지만 등록문화재는 생산연도가 50년 경과한 것 중에서 가치가 있고 보존상태가 양호한 것만 근대 문화유산으로 간주되기 때문에, 일반적으로 50년 전인 1950년대 이전까지만 등록대상 범위로 삼고 있다. 그 결과 1950년대 이후 문화유산에 대해서는 제도적인 관심을 두지 않고 있다. 더욱이 근현대 문화유산은 무관심 속에 방치되어 있는 경우가 일반적이기 때문에 지속적인 조사 연구와 보존 방안이 강구되어야만 한다. 특히, 각 지방에 소재한 근현대 문화유산은 단순한 외관상의 가치 외에 그 지역의 근대성과 민중성이 어떻게 투영되어 있는지, 지역 역사·문화와는 어떠한 상관관계가 있는지 등이 밝혀질 때 진정한 역사적 가치가 판단될 수 있을 것이다.

지금까지 충북지역 근현대 문화유산에 대한 조사는 여러 차례 시도되었다. 최초 조사는 필자가 2001년도에 수행하였다.[1)] 필자는 1876년 개항 이후부터 1970년대 이전 시기에 건립된 역사적 기념물이나 건축물을 대상으로 총 96건을 조사하였다. 이 조사결과는 이후 조사 연구의 기초가 되었다. 그 뒤 충청북도는 2004년도에 충북지역 근대 문화유산에 대한 전수조사를 실시하였고,[2)] 문화재청은

1) 김양식, 2001『충북지역 근현대 문화유산 기초조사』, 충북개발연구원.

2009년도에 근대 문화유산 중에서 비중이 높은 종교건축물에 대한 일제조사를 단행하였다.[3] 충청북도와 문화재청 조사는 근대 문화유산의 시대범위를 1950년대까지로 한정하였기 때문에 1960~1970년대에 만들어진 문화유산 조사를 하지 않았으며, 역사적인 기념물도 제외하였다.

따라서 본 장에서는 지금까지의 조사·연구 성과를 집대성하는 동시에, 충북지역에서 1876년 개항 이후부터 1970년대에 건립된 것으로 역사적 가치가 있는 근현대 문화유산을 체계적으로 정리하여 향후 보존 및 관리·활용을 위한 연구기반을 제공하고자 한다.

2. 근현대 문화유산의 문화재 지정실태

1) 근현대 문화유산 개념과 범위

근현대 문화유산은 근대성을 지닌 역사적인 문화유산으로 전통적인 것과 구별된다. 문제는 '근현대'의 시대범주를 어떻게 설정하느냐에 달려 있다.

현재 한국사에서의 근대사 시작은 여러 설이 있지만, 1876년 개항으로 보는 시대구분론이 통설로 자리잡고 있다. 개항 이후 서구문물과 종교 등이 본격적으로 유입되었을 뿐 아니라, 한국인의 의식도 전통적인 가치체계에서 벗어나 새로운 근대를 지향하고 그것을 구체적으로 표현하였다. 1876년 개항은 전통과 근대를 나누는

2) 충청북도, 2004 『근대문화유산 목록화 조사보고서』.
3) 문화재청, 2009 『근대문화유산 종교건축물 일제조사보고서』.

큰 분수령이 아닐 수 없다.

한국 현대사의 시점 역시 역사학자에 따라서 다양한 주장이 제기되나, 보통 1945년 8.15 이후로 보는 관점이 보편적이다. 1945년 이후 미국 중심의 세계질서 속에 편입된 한국은 1945년 이전과는 다른 근대 경험과 문화를 소비하고 생산하였다. 그 과정에서 새로운 공공시설이 들어서고, 기존의 교육·종교·문화시설이 파괴되거나 새로 생겨나 오늘에 이르고 있다.

1876년부터 시작된 근대사와 1945년부터 시작된 현대사는 서구 중심의 세계체제 형성과 서구문화 중심의 근대성 추구라는 점에서 동일성을 지니며, 그런 면에서 '근현대'는 근현대사를 통칭하는 용어로 사용할 수 있을 것이다. 따라서 근현대 문화유산은 한국 근현대사에서 남겨진 유무형의 역사적인 문화자산을 총칭하는 개념이다.

문제는 편의상 근현대의 종점을 어느 시기로 볼 수 있느냐에 달려 있다. 1970년 이후 박정희정권하에서 추진된 중화학공업정책과 새마을운동의 여파는 한국의 사회경제 모습과 생활양식을 크게 바꾸어 놓았다. 또한 1960년대에 본격적으로 발전한 경공업을 통해 제조된 생활용품과 공산품(시계·라디오·연탄 등)은 1970년대부터 한국인의 일상생활을 크게 변화시키는 요인으로 작용하였다. 더욱이 지금부터 한 세대인 30년 안에 남겨진 문화유산은 일반적으로 당대인의 삶과 함께 존재하지만, 30년 이전의 것은 '낡고 퇴락한 것'으로 간주되어 존재 가치를 인정받지 못하고 언제 어떻게 사라질지 모르는 운명에 처해 있다.

따라서 근현대 문화유산은 1876년 개항부터 1970년대까지 시대범위를 설정하여도 큰 무리가 없다. 이 시기에는 전통적인 것, 일본적인 것, 서구적인 것, 여러 문화가 복합된 것 등 여러 형태의 문화유산이 남아 있는데, 그 중에서 비전통적인 근현대의 산물을 근대 문화유산으로 보아야 한다. 다만, 그 이전과 이후라도 특별한 근대성과 역사성을 내포하고 있는 것은 근현대 문화유산에 포함시킬 수 있을 것이다. 이를 좀더 구체적으로 설정하면 다음과 같다.

① 근현대(1876~1970년대) 시기에 형성된 '역사적·예술적·학술적·경관적 가치가 큰 것'(문화재보호법 제2조 '문화재' 규정).
② 정치·경제·사회·문화·교육·종교·군사·산업 등 각 분야에서 시대 특징을 잘 보여 주는 문화유산으로, 1876년 개항 이후 새롭게 창조·창건된 것, 해외문화가 이입된 것, 전통문화와 서구문화가 잘 습합되어 형성된 문화 산물.
③ 역사적 사건과 장소 및 인물 등과 관련된 의미 있는 것(동학, 의병, 독립운동, 한국전쟁, 인물 생가 등).
④ 근대 산업발전과 지역개발 과정에서 남겨진 각종 시설물, 건조물, 토목구조(공장, 양조장, 광산, 철도, 댐, 도로, 가로수 등).
⑤ 근대 생활상을 담은 독특한 건조물과 지역이나 장소(시장, 가옥, 주거지, 마을 등).
⑥ 근현대에 만들어진 것으로 특정 지역만의 독특한 특성을 지닌 것.
⑦ 1970년대 이후에 만들어진 것 중 '역사적·예술적·학술적·경관적 가치가 매우 큰 것'은 포함함.
⑧ 이상의 것 중 여러 대상물이 존재할 경우에는 보존상태가 양호하고 보편적인 것, 특수한 것, 선구적인 것, 완성도가 높은 것, 지역 특성이 잘 반영된 것, 우수한 것만을 선정함.

이들 문화유산을 종류별로 보면 다음과 같다. 근현대 문화유산 종류 역시 분류 가능한 모든 대상물을 선정한 것으로 실제 조사과정에서 필요에 따라 취사선택해야 할 것이다.

① 역사문화유산: 역사적 시설물, 기념물, 인물생가, 경찰서·도청·면사무소와 같은 관공서 등. 단, 건조물이 없는 역사유적지는 제외함. 이하 동일.

② 인문예술문화유산: 소설 및 시인 등의 생가, 작품 배경지, 극장, 노래 등.
③ 교육문화유산: 최초의 학교건물 등 각종 교육시설.
④ 생활문화유산: 민가, 정자, 상여집, 디딜방아, 전적, 생활용품 등.
⑤ 종교문화유산: 성당·교회 등.
⑥ 건축문화유산: 학교·민가·공공건물 중 근대적 건축물로 가치가 있는 건조물.
⑦ 산업문화유산: 시장, 단양 석회산, 폐광산, 담배 건조실, 양조장 건물, 철도·댐·교량과 같은 토목구조물.
⑧ 자연문화유산: 가로수, 조경림 등.

2) 근현대 문화유산의 문화재 등록 현황

문화유산은 문화재로 지정되어 법적으로 보존·관리·활용되고 있다. 문화재로 지정된 문화유산은 일정한 수준 이상의 역사문화적 가치를 내포하고 있다. 2010년 말 현재 충청북도의 지정문화재는 〈표 7-1〉과 같다. 〈표 7-1〉에서 충청북도의 문화재는 총 706점으로, 국가지정 문화재 169점, 도지정 문화재 537점, 문화재 자료 83점, 등록문화재 22점이 분포하고 있다.

이들 문화재 중에서 근대시기에 건립된 것은 모두 54개로, 그 중 등록문화재 22점, 가옥 12점, 사당 3점, 생가지 2점, 종교시설 3

표 7-1 충청북도 지정 문화재 현황(2010년 말 현재)

합계	국가지정 문화재								도지정 문화재					문화재 자료	등록 문화재
	소계	국보	보물	중요 무형 문화재	사적	명승	천연 기념물	중요 민속 자료	소계	유형 문화재	무형 문화재	기념물	민속 자료		
706	169	12	80	3	19	9	24	22	537	274	22	119	17	83	22

자료: http://www.cbtour.net(충청북도 문화관광).

표 7-2 전국 등록문화재 현황(2010년 말 현재)

지역	충북	서울	부산	대구	인천	광주	대전	울산	경기	강원	충남	전북	전남	경북	경남	제주	계
수	22	100	10	8	5	10	17	5	27	35	34	45	68	26	37	21	470
%	4.7	21.3	2.1	1.7	1.1	2.1	3.6	1.1	5.8	7.5	7.2	9.6	14.5	5.5	7.9	4.5	100

자료: http://www.cha.go.kr(문화재청).

점, 교육시설(청원 부강초등학교 강당) 1점 등이다. 종교시설 3점은 충청북도 유형문화재로 지정된 음성 감곡성당과 청주 성공회성당, 그리고 청주 탑동 양관이다.

근대시기에 건립된 문화재 54점 가운데 등록문화재 외의 유일한 근대적 건축물은 청주 탑동 양관뿐이다. 나머지는 모두 한옥 건축물이거나 최근 건립된 사당 등이다. 이는 곧 근현대 문화유산에 대한 무관심을 반영한 것이다. 그 이유는 근현대사에 대한 관심이 적을 뿐 아니라, 민족운동사 중심으로 근현대사를 바라보는 단선적인 역사 이해 때문이다. 또한 전통문화에 대한 시간적 범위를 근대 이전으로 한정해서 보는 편협한 문화관도 근현대 문화유산에 대한 무관심을 초래하고 있다. 따라서 1876년 개항 이후 근현대 역사변동 과정에서 남겨진 문화유산은 보다 총체적인 시각에서 찾아져야 한다.

다행히 문화재청은 2002년 이후 의미 있는 근대 건축물을 등록문화재로 지정하여 법적인 보호장치를 마련하였다. 2010년 말까지 지정된 전국의 등록문화재는 470점으로, 충북은 전국의 4.7%인 22점이다. 이는 전국 16개 광역시도 중에서 9번째로, 큰 비중을 차지하지 못하고 있다.

충청북도 등록문화재는 〈표 7-3〉과 같다. 〈표 7-3〉에서 2002년부터 2010년까지 연차적으로 지정된 등록문화재는 충북도청 소

표 7-3 충청북도 등록문화재 현황

시·군	문화재명	소재지	시기	등록일
청주시 (8)	청주상고 구 본관	상당구 내덕2동	근대시대	2002. 03. 28
	우리예능원	상당구 문화동	근대시대	2002. 03. 28
	충북도청 본관	상당구 문화동	1937년	2003. 06. 30
	대성여자중학교 강당	상당구 수동	근대시대	2007. 09. 21
	구 충북산업장려관	상당구 문화동 충청북도청	1936년	2007. 09. 21
	주성교육박물관	상당구 영동	1923년	2007. 09. 21
	청주 동부배수지 제수변실	상당구 대성동	1923년	2007. 09. 21
	충청북도지사 관사	상당구 수동	1939년	2007. 09. 21
청원군 (2)	국산 1호 항공기 '부활'	남일면 공군사관학교 박물관	1953년	2008. 10. 01
	대한민국 최초 항공기 L-4연락기	남일면 공군사관학교 박물관	1948년	2010. 06. 25
제천시 (3)	대한통운 제천영업소	화산동	1941년	2003. 06. 30
	제천 엽연초생산조합 구 사옥	명동	1918년	2003. 09. 27
	제천 엽연초 수납취급소	명동	1943년	2006. 09. 19
괴산군 (2)	괴산군수 관사	괴산읍 동부리	1950년도	2004. 12. 31
	괴산중학교 구 본관	괴산읍 대사리	근대시대	2007. 09. 21
진천군 (2)	대한성공회 진천성당	진천읍 교성리	근대시대	2002. 03. 28
	덕산양조장	덕산면 용몽리	1930년	2003. 06. 30
옥천군 (2)	천주교 옥천성당	옥천읍 삼양리	1940년대	2002. 03. 28
	죽향초등학교 구 교사	옥천읍 문정리	1936년	2003. 06. 30
영동군 (3)	추풍령역 급수탑	추풍령면 추풍령리	1939년	2003. 01. 28
	노근리 쌍굴다리	황간면 노근리	근대시대	2003. 06. 30
	영동 심천역	심천면 심천리	1905년	2006. 12. 04

자료: http://www.cbtour.net/(충청북도 문화관광).

재지이자 일제시대 충북도내에서 가장 큰 도시였던 청주시에 소재한 것이 8점으로 가장 많다. 나머지는 각 시·군에 두루 걸쳐 있으나, 충주시와 증평군·음성군·단양군에는 지정된 등록문화재가 없다. 1928년 충북선 충주역 개통으로 일본인의 이주가 많았던 충청북도 제2의 도시 충주에 지정된 등록문화재가 없는 것은 의외이다. 이는 해방 이후 충주시의 개발과정에서 파괴되었기 때문이다. 단양군의 경우에는 1950년대 이전만 하여도 외부의 인구와 자본의 유입이 극히 미약하였던 오지였기 때문이다.

충북지역 등록문화재 22점의 내용별 특징은 학교시설 5점, 공공시설과 산업시설 각각 4개, 교통과 종교시설 각각 2개 등으로, 학교시설이 가장 큰 비중을 차지하고 있다. 그 다음은 충북도청 본관과 같은 공공시설과 대한통운 제천영업소와 같은 산업시설 등이다.

3) 근현대 문화유산의 지역별 분포실태

충청북도 문화재로 지정된 근현대 문화유산은 도 유형문화재 4점(부강초등학교 강당, 성공회 수동성당, 탑동 양관, 천주교 감곡성당)과 등록문화재 22점이다. 비지정된 근현대 문화유산은 현재 확인된 것만 총 75점이다. 비지정 근현대 문화유산은 개항 이후부터 1970년 이전에 건립된 역사기념물이거나 건조물로서, 근대성과 역사성을 내포하고 있는 것을 선정하였다.[4)] 그 외에 유형의 동산문화유산(전적과 생활용품 등)과 무형문화유산 및 자연문화유산, 그리고 개인 주택과 희소성이 없는 담배 건조실, 복원건물, 일반사당 등은 제외하

4) 김양식, 2001 『충북지역 근현대 문화유산 기초조사』, 충북개발연구원, 62~165쪽 참조. 이 조사는 2001년 3월부터 10월까지 각 시·군 향토사학자 12명으로 구성된 조사팀을 구성하여 조사한 것으로, 상당히 정밀하게 조사하였다.

표 7-4 충청북도 근대 문화유산 지역별 분포

지역	청주시	청원군	진천군	음성군	충주시	제천시	단양군	괴산군	증평군	보은군	옥천군	영동군	계
근현대 문화유산	27	12	8	6	10	9	5	11	3	3	7	5	106

주: 근현대 문화유산 숫자는 2010년 말 현재 지정 문화재와 등록문화재, 그리고 필자가 2001년도에 조사한 자료를 바탕으로 집계하였다.

였다.

따라서 지정 문화재를 포함한 충청북도의 현 근현대 문화유산은 총 101점이다. 이를 지역별로 분류하면 〈표 7-4〉와 같다.

〈표 7-4〉에서 충북지역 근현대 문화유산은 지정 및 비지정 모두 포함하여 101건이다. 그 중에서 청주시는 27건으로 가장 많으며, 그 다음으로 청주와 인접한 청원군이 12건이다.

전체적으로 볼 때 청주-충주-제천을 잇는 충북선을 따라 근현대 문화유산이 많이 분포하고 있다. 그 이유는 1876년 개항 이후 근대화가 도청 소재지였던 충주와 1908년 이후의 청주, 그리고 청주와 충주를 중심으로 전개된 도시화, 인적·물적 교류의 중심축이었던 충북선 등이 근현대 충북지역의 발전축이었기 때문이다. 〈표 7-5〉에서도 청주(현 청원군 포함)와 충주의 인구증가율은 다른 지역에 비해 매우 높은 편이었다.

반면에 보은과 영동군은 각각 2건과 3건밖에 조사되지 않았다. 보은은 충북선에서 멀리 떨어져 있을 뿐 아니라, 다른 시·군에 비해 도시화가 느린 농업지대였다. 이 때문에 외래문화의 유입이 지체되었고 전통문화가 강하게 온존될 수 있었다. 〈표 7-5〉에서도 보은은 일제시대에 다른 지역에 비해 인구증가율이 높지 않았다.

반면에 보은은 주로 전근대 문화유산으로 볼 수 있는 지정 문

표 7-5 일제시대 충북지역의 인구 추이

	인구총수				1914년 대비 인구증가율			
	1914	1920	1930	1940	1914	1920	1930	1940
청주	139,359	148,103	173,423	192,409	0	6.3	24.4	38.1
보은	57,311	63,080	72,484	64,522	0	10.1	26.5	12.6
옥천	53,997	63,511	76,062	73,989	0	17.6	40.9	37.0
영동	68,367	76,452	85,820	84,355	0	11.8	25.5	23.4
진천	43,266	46,494	45,162	46,688	0	7.5	4.4	7.9
괴산	91,181	98,820	109,753	107,455	0	8.4	20.4	17.9
음성	60,090	65,717	73,525	80,176	0	9.4	22.4	33.4
충주	85,204	98,452	109,638	122,577	0	15.6	28.7	43.9
제천	64,571	72,593	80.016	83,442	0	12.4	23.9	29.2
단양	41,014	44,105	48,825	43,259	0	7.5	19.0	5.5
충북	704,360	777,333	875,708	898,872	0	10.4	24.3	27.6

자료: 『朝鮮總督府統計年報』, 각 연도별 참조.

화재가 충청북도에서 높은 비중을 차지한다. 이와 같은 사실은 보은지역이 근대 이전 독자적인 문화를 가지고 활발한 움직임이 있었던 반면, 근대 이후에는 근대화의 속도와 문화 유입 정도가 다른 지역에 비해 지체되었다는 사실을 보여 주고 있다.

영동은 경부철도가 통과되고 일제시대에 일본인의 유입도 두드러진 지역이었으나, 현재 남아 있는 근현대 문화유산은 5점에 불과하다. 그 이유는 한국전쟁 때 영동지역에서 대규모의 전투가 있었고 그 과정에서 수많은 건조물이 파괴되었기 때문이다.

괴산은 지정 문화재뿐 아니라 근현대 문화유산도 많은 편이다. 괴산은 충북도내 11개 시·군 중에서 지정문화재가 가장 많은 지역

표 7-6 충청북도 근현대 문화유산의 분야별 분포

분야	역사	문예	교육	종교	산업	교통	생활	기타	계
근현대 문화유산	27	2	12	22	25	8	8	2	106

이지만, 일제시대 인구증가율은 다른 지역에 비해 높은 편은 아니었다. 그럼에도 불구하고 10건에 이르는 근현대 문화유산이 남아 있는 것은, 첫째 전통적인 문화유산의 잠재력이 작동하고, 둘째 충북선이 통과하는데다 일제시대에 비록 인구증가율은 상대적으로 높지 않을지라도 충청북도의 발전 중심지역으로 부상하였기 때문이다.

이처럼 현존하는 충북지역 근현대 문화유산은 도청 소재지 여부, 충북선 개통, 도시화 정도, 인구이동, 전통성, 한국전쟁과 같은 경험 등이 복합적으로 작용하여 현재 남아 있다. 즉, 충청북도는 충북선이 닿는 청주와 충주·제천을 축으로 한 근대화가 이루진 것으로 보이며, 그 결과 이들 지역에 많은 근현대 문화유산이 현존하고 있다.

이번에 조사된 106점의 근현대 문화유산을 분야별로 찾아보면, 〈표 7-6〉과 같다. 즉, 근현대 문화유산은 역사와 산업 관련 문화유산이 가장 많으며, 다음으로 종교, 교육 관련 유산이다. 역사 관련 유산이 많은 것은 기념비가 많기 때문이다. 기념비는 대부분 돌로 만들어 손쉽게 파손되지 않기 때문이다. 산업 관련 유산은 대부분 건조물이거나 산업시설과 관련된 것이어서 현재까지도 사용되고 있는 것이 많다.

3. 근현대 문화유산의 분포와 성격

1) 역사문화유산

개항 이후 근현대사는 조선왕조체제를 무너뜨리고 근대 민족국

표 7-7 충북지역 근현대 역사문화유산 목록

번호	명칭	위치	연도	특징	비고
1	충북도청 본관	청주시 상당구 문화동	1937	3층 철근콘크리트	등록문화재
2	충혼탑	충주시 탄금동	1955	현재 충북도내에 남아 있는 가장 오래 된 한국전쟁 기념탑(원형)	
3	대한민국독립기념비	청주시 상당구 중앙공원 내	1949	청주 7만 시민 일동 이름으로 건립	
4	모충사	청주시 흥덕구 모충동	1914	동학농민군과 싸우다 순국한 장졸들의 위패를 모신 사당	
5	로간부인기념비	청주시 상당구 제일교회 내	1921	충북지역 최초의 순수한글 기념비	
6	충혼비	청원군 강내면 저산리	1958	해방 이후 유림 동향	
7	단군전	청원군 강내면 저산리	1958	해방 이후 유림 동향, 단군숭배	
8	신규식 생가	청원군 가덕면 인차리	19c	독립운동가 생가	
9	신건식 생가	청원군 가덕면 인처리	19c	독립운동가 생가	
10	신홍식 생가	청원군 가덕면 인차리	19c	독립운동가 생가	

11	덕산면장 불망비	진천군 덕산면 면사무소 내	1929	일본 연호(소화) 비문 수정 사례	
12	충주 단군전	충주시 주덕읍 삼청리	1946	해방 직후 지방 유림들의 동향	
13	독립기념비	음성군 음성읍 설성공원	1945	해방 전후 지역 유지 동향 파악	
14	일본병사위령비(1)	충주시 가금면 가흥리	1894	동학농민전쟁 유산	
15	일본용사위령비(2)	충주시 가금면 가흥리	1894	동학농민전쟁 유산, 충주박물관 보관	
16	일본 천황등극림비 ①	단양군 단성면	1915	일본 大正 천황 등극 기념비	
17	일본 천황등극림비 ②	단양군 영춘면	1915	일본 大正 천황 등극 기념비	
18	일본 천황등극림비 ③	단양군 영춘면	1915	일본 大正 천황 등극 기념비	
19	인산리고가	괴산군 괴산읍 동부리	1861	안채, 광채, 사랑채 등 목조와가. 홍명희 생가	
20	제월리고가	괴산군 괴산읍 제월리	19c	사랑채만 잔존, 목조와가	
21	신사참배 예배돌	괴산군 사리면 사담리 면사무소 내	일제 말	일제 말 신사참배의 실상	
22	단군전	괴산군 증평읍 대동	1948	해방 이후 지역유림들의 동향	
23	연병호 생가	괴산군 도안면 석곡리	1890년경	독립운동가 생가, 원형 보존	도 기념물
24	삼산의원	옥천군 옥천읍 금구리	1990년경	시멘트벽돌 기와집	
25	청산 문바위골	옥천군 청산면 한곡리	1894	최시형 은거지, 갑오년 기포지	
26	노근리 쌍굴	영동군 황간면 노근리	1950	한국전쟁 때 양민학살지역	등록문화재
27	구충북산업장려관	청주시 문화동	1936	현존하는 충북 최고의 공공건물	등록문화재

가를 수립하려는 근대화 운동이 활발히 전개되었다. 위로부터는 갑오개혁, 아래로부터는 동학농민전쟁이 대표적이다. 그 과정에서 일제의 침략을 막아내지 못한 조선은 결국 36년에 걸친 식민지 지배를 받았고 민족 해방을 위한 독립운동이 활발히 전개되었다. 1945년 해방은 또 다른 외세의 힘에 의존한 결과 분단으로 이어졌으며, 1950년 한국전쟁은 어느 정도 예고된 것이었다. 이러한 한국 근현대사의 흐름은 자연히 그것과 관련된 역사적인 문화유산을 많이 남길 수밖에 없었다. 현재 남아 있는 문화유산도 그것을 증명하고 있다.

충북지역 근현대 문화유산은 〈표 7-7〉과 같이 모두 27점이다. 이는 전체 조사대상 106점의 24.5%에 해당하는 것으로 교육, 문예, 종교 등 다른 종류의 문화유산에 비해 높은 비율이다.

형태별로는 기념비석류가 12점으로 가장 많으며, 다음으로 가옥이 6점, 사당류가 4점, 기타 4점이다. 기념비가 가장 많은 것은 사건 당시에 건립된 것 외에 사건 이후 추모비가 건립된 데다가, 모두 돌을 사용하여 파괴되거나 훼손될 위험성에 덜 노출되었기 때문이다.

시기별로는 1910년 이전은 5점, 1910~1945년은 14점, 1945년 이후 1970년 사이의 것은 모두 8점이다. 시기별로는 일제시대에 조성된 것이 가장 많다.

1910년 이전의 5점 중 4점은 동학농민전쟁과 관련된 것이다. 나머지 1점은 1900년경에 신축된 것으로, 1919년에 옥천면사무소로 사용된 현재의 삼산의원 건물이다. 충북지역은 1894년 동학농민전쟁의 주무대였을 뿐 아니라, 동학농민군과 일본군 사이에 크고 작은 전투가 벌어졌던 곳이다. 그 때문에 보은 장내리와 북실과 같은 유적지 외에 이번에 조사된 모충사, 청산 문바위골, 충주 일본군 위령비와 같은 유산이 남아 있는 것이다.

특히, 일본군 위령비는 일본군의 동학농민군 토벌 사실을 보여 주는 유일한 시설물이란 점에서 매우 중요하다. 충주 가흥 일본군 병참부 옆에 건립된 2기의 위령비 가운데 하나는 비석에 새긴 것이고, 또 하나는 자연석 바위를 깎아 새긴 비이다. 두 비 모두 1894년 12월(양력)에 새겼다. 이들 위령비는 1996년에 주민들에 의해 훼손되었는데, 비석은 현재 밑부분이 잘린 상태에서 충주박물관에 보관되어 있다. 비석 크기는 가로 56cm, 세로 90cm, 너비 12.5cm인데, 하단부 일부가 잘려 나갔다.

▶ 충주 가흥에 있는 일본군 위령비

또 하나의 위령비는 일본군 병참부가 위치했던 곳의 언덕 위에 솟은 바위를 깎아낸 뒤 새긴 비이다. 현 가흥 노인정 도로 건너편 자연암반에 새겨져 있다. 위령비문은 바위를 깎아 새겼는데, 가로 55cm, 세로 107cm이다.

현재 이들 위령비는 방치된 상태이다. 특히, 자연암반에 새긴 위령비는 언제 어떻게 사라질지도 모르는 위험에 노출되어 있다. 이들 위령비는 일본군의 동학농민군 토벌사실을 입증하는 유일한 유적인 만큼 잘 보존되어야만 한다.

일제시대의 문화유산은 모두 13점인데, 역사적인 주요 인물의 생가가 6점, 비석류가 5점, 공공건물이 1점(충북도청 본관), 기타 1점(신사참배 예배돌)이다. 충북 출신 독립운동가는 대단히 많으나, 그들의 생가 원형이 남아 있는 곳은 많지 않은 실정이다. 현재 원형 또는 부분적으로 생가의 모습이 남아 있는 인물은 신규식, 신건식,

홍명희, 신홍식 등이다. 특히, 연병호 생가는 당시의 원형을 그대로 보존하고 있어 문화재적 가치가 높은 편이다.

특이한 점은 단양에서 조사된 일본천황 등극기념림비 3기이다. 건립주체는 각각 단양군민, 영춘면민, 차의곡면민이다. 이들 비는 모두 1915년 11월 10일 건립한 것으로, 전면에 "御登極記念林碑"라고 음각되어 있다.

일제는 대정천황의 왕위 등극을 기념하여 대대적인 記念林 조성사업을 추진하였다. 충청북도는 1915년 도비와 지방비를 들여, 면과 학교 단위로 5반보를 표준으로 한 '御大禮記念林' 144개소 140여 정보를 조성한 뒤, 소나무 등을 식재하였고 관리규정까지 만들어 특별히 관리하였다.[5)] 따라서 단양 3개면에 건립한 기념림비는 이때 건립된 것으로 보인다. 특히, 기념림이 144개소에 이르렀던 만큼 다른 지역에도 기념비가 건립되었을 것으로 보이나, 현재 확인된 것은 없다. 다른 지역은 해방되면서 파괴되어 사라진 것으로 볼 수 있다. 이는 식민지 지배와 독립의 이중적인 얼굴을 볼 수 있는 귀중한 자료로 보존해야 할 것이다. 그것은 다른 어떤 자료보다도 식민지에 대한 조선총독부의 무단정치를 엿볼 수 있는 살아있는 역사교육 자료이다.

일본 천황 등극기념림비 외에 주목되는 일제시대 기념비는 청주 제일교회 입구에 세워져 있는 로간부인기념비이다. 로간(J. V. Logan, 한국주재 1909~1920) 부인은 1909년 3월(53세) 자비량 선교사로 내한하여 청주지역을 중심으로 선교활동을 펴다가 1920년에 생을 마칠 때까지 12년간 복음 사역과 여성 교육에 헌신한 여선교사였다. 그가 죽은 뒤 서울 양화진의 선교사 공원묘지에 묻혔지만, 청주읍교회 지도자들과 청주 선교부에서는 청주를 중심으로 충북지역

5) 忠淸北道, 정삼철 역, 1928『忠淸北道要覽』, 124쪽.

에서 행한 그의 활동과 공적을 기리기 위해 1921년 6월 청주제일교회 앞마당에 기념비를 세웠다.

▶ 로간부인기념비

비의 西面에는 '로간부인긔념비', 북면에는 '구쥬 강생 일천구백이십일년 류월 일립', 남면에는 '아메리가 나신부인 됴선에 건너오셔/봉승ᄒᆞᆫ 샹테명령 진충갈역ᄒᆞ엿네/우리민족 구원ᄒᆞ려교육구졔 힘다ᄒᆞ/십이년 여일죵ᄉᆞ ㄷ쇼선별셰 텬당으로'라고 새겨져 있다.

이 비가 갖는 가장 큰 역사적인 의미는 충북지역에서 가장 오래 된 한글 비석이라는 점이다. 특히, 일제강점기인 1921년에 한글로 작성된 것은 의미 있는 일이다. 이 비는 청주지역 기독교사는 물론 한글 및 민족운동을 밝혀줄 귀중한 자료이다.

다음으로 해방 이후의 역사문화유산은 모두 8점이다. 내용별로는 독립기념비가 2점, 한국전쟁 관련 유산이 3점, 단군전이 3점 등이다.

독립기념비는 청주 중앙공원과 음성 설성공원에 세워져 있다. 청주 독립기념비는 1949년 8월 15일 청주시민 7만 이름으로 건립되었고, 음성 독립기념비는 1945년 8월 9일자로 음성군민 이름으로 조성되었다. 음성 독립기념비는 원래 일본 황태자(현 일본천황) 탄생기념비(연대 미상)를 개조한 것으로, 건립일자가 해방되기 이전 날짜로 되어 있다. 당시 정황으로 보아 그와 같은 독립기념비가 세워진 시기는 해방 이후로 보아야 타당할 것으로 보인다.

이들 독립기념비는 해방 전후의 시대상황을 반증하는 기념비로

▶ 청주 독립기념비

▶ 음성 독립기념비

서, 식민지 지배의 역사와 해방의 역사를 동시에 보여 준다는 점에서 보존 가치가 높다. 아울러 식민지 지배와 독립이라는 역사적 현실을 극명하게 보여 주는 향토교육 자료이다.

해방 이후 역사문화유산 중 한국전쟁과 관련된 것은 3점으로 기념비 2점과 영동 노근리 쌍굴이 있다. 영동 노근리 쌍굴은 미군에 의한 민간인 피해지역으로, 쌍굴 위로 경부철도가 통과하고 시멘트로 견고하게 만들어진 토목구조물이다. 이 때문에 50년이 지난 지금까지도 원형 그대로 남아 있다.

한국전쟁 관련 기념비는 1955년 이후에 조성되기 시작하는데, 1970년 이전까지 충북도내에 세워진 기념조형물은 〈표 7-8〉과 같다. 충북도내에서 최초로 세워진 기념조형물은 옥천군 안남면 연주리에 1955년 9월 15일 세워진 충혼탑이나, 이 탑은 1995년에 해체되고 다시 재건립되어 역사적인 의미를 상실하였다. 원형이 남아 있는 충북 최초의 한국전쟁 기념조형물은 1955년 11월에 조성된 충주 충혼탑이다. 청주 사직공원에 있는 충혼탑은 1993년 보수로 원형이 변경되었다.

표 7-8 충북지역 한국전쟁 기념조형물

이 름	위 치	건립일자	비 고
반공유적비	청주시 상당구 대성동 148	1962. 10. 30	
충혼탑	청주시 흥덕구 사직2동 111-6	1955. 10. 24	
충혼탑	충주시 탄금동 산1(탄금대 내)	1955. 11	
충혼탑	보은군 보은읍 죽전리 산11-3	1969. 6. 6	
반공충혼비	보은군 내속리면 사내리 209	1961. 8. 15	
충혼탑	옥천군 옥천읍 마암리 산1-12	1969. 6. 6	
반공투사 위령비	옥천군 옥천읍삼청리 227	1961. 10. 7	
충혼비	옥천군 안남면 연주리 산3-1	1955. 9. 15	1995 재건립
충혼탑	옥천군 청성면 산계리 234	1955. 11. 20	1989. 6 移轉
반공투사 위령비	옥천군 청산면 지전리 74-3	1961. 10. 7	
충혼비/위령비	옥천군 군서면 동평리 582-4	1967. 10. 7	
충혼탑	옥천군 옥천읍 금구리 산1-2	1967. 6. 6	
충혼탑	영동군 영동읍 매천리 산36-1	1959. 8. 15	
6·25격전지비	진천군 진천읍 행정리 잣고개	1961. 6. 25	1978 이전
전승비	음성군 음성읍 소여리 산1-1	1962. 8	1986. 6 이전
전승탑	음성군 음성읍 소여리 산1-1	1967. 4	1986. 6 이전
충혼탑	음성군 음성읍 소여리 산1-1	1965. 6	1994. 6 이전
충혼탑	음성군 음성읍 읍내리 160-2	1965	
충혼탑	단양군 단성면 하방리 산17	1968. 6. 6	

자료: 국가보훈처, 1996 『참전기념조형물도감』; 국방군사연구소, 1994 『전적기념물편람집』.

해방 이후 역사문화유산으로 특이한 것은 해방 직후에 지역 유림들에 의해 단군전이 많이 세워졌다는 점이다. 청원 저산성 꼭대기에 건립된 단군전을 비롯해, 1948년에 세워진 증평 단군전, 1946

년에 신축된 충주 단군전이 있다. 이들 단군전은 해방 이후 유림들이 식민지 역사를 청산하고 단군으로부터 민족정체성을 찾으려는 움직임 속에서 만들어진 것으로 보인다.

끝으로 개항 이후 신축된 공공기관, 즉 관청건물로 보존할 가치가 있는 것은 충청북도 도청 본관이 유일하다. 일제시대 건립된 공공기관으로는 도청 및 군청과 같은 행정기관 외에 재판 및 검찰기관, 경찰기관, 行刑機關 등과, 官業機關으로 체신·재무기관 등이 있다. 이들 기관의 내력은 〈표 7-9〉와 같다.

〈표 7-9〉에서 현재 남아 있는 건물은 충북도청 본관과 구 충북산업장려관밖에 없다. 충북도청 본관은 1937년 큰 논을 메워 철근콘크리트조 2층 평스라브로 신축한 것인데, 1959년 봄 3층 함석지붕으로 증축하였다. 이 때문에 근대 문화유산으로서의 가치를 인정받아 2003년 6월 30일 등록문화재로 지정되었다. 구 충북산업장려관은 1936년에 건축된 충북도청 현존 最古의 건물이다. 이 건물은 충북도청의 상징적인 건물일 뿐 아니라, 근대 초기의 모더니즘 건축기법을 잘 보여 준다. 그래서 2007년 9월 등록문화재 제352호로 지정되었다.

이상과 같이 개항 이후 1970년 이전에 세워진 근현대 역사문화유산(기념물과 건조물)은 상당수 파괴되거나 사라진 상황에서도 역사성을 간직한 대상물을 찾아볼 수 있었다. 특히, 동학농민전쟁, 식민지 지배, 독립, 한국전쟁과 관련된 기념물과 건조물 등은 지난 근현대 역사의 산증인이자 살아있는 자료로 활용될 수 있는 가치를 지니고 있다. 이들 유산은 가치평가를 떠

청원 단군전

표 7-9 일제시대 충북지역 공공기관 목록

기관별	건물명칭	현존유무	소재지	건축연대	구조(면적)	비고(현 위치)
행정 기관	충청북도청	존	문화동	1937. 6	벽돌2층	충청북도청 본관
	청주군청	무	북문로1가	1923	목조1층	청원군청 자리
	충주군청	무	중앙공원 내	1931	목조1층	
	청주읍사무소	무	북문로1가	1931	벽돌3층	청주 전신전화국 자리
	충주읍사무소	무	성내동	1917(?)	목조1층	
	제천읍사무소		서부동	1942	벽돌2층	
	영동읍사무소					
재판·검찰 기관	공주지방법원 청주지청					
	공주지방법원 충주지청	무	성내동	1915. 9	목조1층	청주지방법원 충주지청 (교현동720)
경찰 기관	청주경찰서	무	북문로1가	1931		한국전쟁 당시 파괴, 1956 벽돌3층 1997파괴
	武德殿	무	북문로1가	1921	벽돌1층	1997 파괴, 尙武館 (468M2)
	충주경찰서	무	성서동 중앙시장	1921. 4. 11	목조1층	교현1동 419 (1935. 12. 7 신축이전)
	충주 尙武館	무	성서동 중앙시장	1924. 4	목조1층	
철도 사업 기관	청주역사	무	북문로2가	1921	목조1층	청주시청 앞 사거리
	영동역사	무				
	옥천역사	무				
	충주역사	무	봉방동			

체신 사업 기관	제천역사	무	영천동			41. 9. 1 중앙선 원주-제천간 개통에 따라 설치
	청주우편국	무	북문로1가	1914. 12	(291평)	청주우체국 자리
	충주우편국	무	성내동	1926. 6. 28	목조1층	충주우체국 자리
	제천우편국	무	중앙로2가			1966. 12. 15 현 위치 신축이전
전매 사업 기관	경성전매지국 청주출장소	무	영동	1925. 12	목조1층	
	경성전매지국 충주출장소	무	용산동	1932. 10	목조1층	충주전매청 자리
재무 기관	청주세무서	무	문화동 93-1	1934. 5	벽돌2층	
	충주세무서	무	성남동 102	1937. 12	목조1층	충주세무서 자리 (1986. 6. 27 新築)
	영동세무서	무				
산업 기관	충청북도 잠업검사소	무	영동 76	1927. 10		112평
	충청북 도농사시험장	무				
	충청북도 잠종장	무	사주면 사창리	1921		444.12평(잠실184평)

자료: '99건축문화의 이해 충청북도 조직위원회, 1999『忠北의 建築文化』, 408쪽.

나 충북지역에서 전개된 근현대사를 생생히 보여 준다는 점에서 영구히 보존되어야 할 것이다.

2) 문예문화유산

개항 이후 근현대기에 충북 출신 문학가와 예술인은 다른 시·도에 비해 출중한 인물이 많은 편이다. 예를 들어, 20세기 한국 문학계의 거두로 손꼽히고 있는 『임꺽정』의 저자 벽초 홍명희, 「향수」를 쓴 시인 정지용, 한국 최초의 근대 조각가로 알려져 있는 김복진, 일제시대 대표적인 농민문학가였던 이무영 등은 모두 충북 출신으로서 충북지역의 문학적 전통을 계승하고 있는 인물들이다.

현재 충북 출신 문학예술인들의 생가나 작품과 관련된 기념물과 건조물로서 보존가치가 있는 것은 〈표 10〉과 같다.

근현대 충북지역 문예문화유산은 앞의 역사문화유산으로 분류한 홍명희 생가 외에 〈표 7-11〉과 같은 김기진·오장환 생가뿐이다. 그 밖에 〈표 7-10〉과 같은 문학인들의 작품 배경지로서 보존할 가치가 있는 기념물이나 건조물은 남아 있지 않다.

팔봉 김기진(1903~1985)은 청원 출생으로, 평론가이자 소설가, 시인이다. 1923년에 일본 릿교대학 영문학부를 중퇴한 그는 1924년 신경향파 문학의 출발에서 1936년 카프 해체에 이르기까지 가장 역량 있는 평론과 소설을 썼으며, 시작에도 힘썼다. 프로문학을 주창한 최초의 인물이며 박영희와 함께 1920년대의 독보적인 평론가로 꼽힌다. 1940년 무렵부터는 수필·시·시조·평론 등 친일작품을 발표하였다. 1944년 조선문인부국회 상무이사 겸 평론수필부 회장, 1945년 조선언론보국회 이사에 선출되는 등 가장 강력한 친일문예조직의 중추적 인사가 되기도 하였다. 대표작은 단편소설로 『붉은 쥐』, 『불이야 불이야』, 평론으로 『금일의 문학, 명일의 문학』, 『클라르테 운동의 세계화』, 『문예사상과 세계사상』, 『조선 프로 운동의 선구자』 등이 있다.

표 7-10 충북 출신 근현대 주요 문학예술인

문예인	생몰연대	출생지	주요 작품	비고
신동문	1927~1994	청원군 문의	풍선과 제삼 포폭	시인
권태응	1918~1951	충주시 칠금동	감자꽃(시)	아동문학가
정호승	1916~?	충주시 교현동	모밀꽃(시집)	시인
이 흡	1908~?	충주시 신니면	피에로의 노래(시)	시인
홍구범	1923~?	충주시 신니면	봄이 오면(소설)	소설가
이무영	1908~1960	음성읍	흙의 노예(소설)	농민문학가
홍명희	1886~1968	괴산군 인산리	임꺽정(소설)	소설가
김기진	1903~1985	청원군 남이면 팔봉리	붉은 쥐(소설)	소설가 등
김복진	1901~1941	상동	금산사 38척 불상(조각)	김기진 형 근대조각가
조명희	1894~1938	진천군 벽암리 숫말	김영일의 死(희곡)	민중문학자
조벽암	1908~?	진천군 벽암리	건식이의 길(소설)	조명희 조카
오장환	1918~1951	보은군 회북면 중앙리	병든 서울(시집)	시인
정지용	1903~?	옥천읍 하계리	향수	시인
구석봉	1936~1988	영동읍 설계리	백년 후에 부르고 싶은 노래(전쟁시)	시인, 소설가 방송작가
권구현	1898~1937	영동군 양강면 산막리	흑방의 선물(시집)	시인, 소설가

표 7-11 충북지역 근현대 문예문화유산

번호	명칭	위치	연도	특징	비고
1	김복진·김기진 생가	청원군 남이면 팔봉리	19C	첫 근대조각가인 김복진과 문학인 김기진 생가	
2	오장환 생가	보은군 회북면 중앙리	19C	충북 문인 생가	기념문학관 건립

주: 벽초 홍명희의 생가는 역사문화유산에 포함하였음.

井觀 김복진(1901~1940)은 김기진의 형으로 한국 최초의 근대 조각가이자 최초로 서양 조각을 한국화단에 도입한 인물이다. 1920년에 배재고보를 중퇴한 그는 일본 도쿄미술학교에 입학하였고, 1922년에는 朴勝喜·李瑞求 등과 연극단체인 土月會를 창립하여 방학을 이용하여 고국공연을 하는 등 예술적·지적인 내면세계를 다져나갔다. 1925년에 조각가가 되어 귀국한 김복진은 여러 학교에서 후진을 양성하고 작품활동을 하였는데, 1928년에는 조선프롤레타리아예술가동맹(KAPF)에 가담한 죄로 투옥되었다. 출옥한 뒤에는 『목』(1936), 『佛像習作』(1936), 『裸婦』(1937) 등을 발표하여 주목을 받았다. 그리고 1939년에는 사실주의적 기법을 바탕으로 법주사의 대불제작에 착수하였으나, 이듬해인 1940년에 완성을 보지 못한 채 요절하였다.

▶ 김복진 생가(2001)

오장환(1918~1951)은 보은 회북면 출생으로, 안성보통학교를 거쳐 휘문고등보통학교에서 수학하였다. 그는 '낭만', '詩人部落', '子午線' 등의 詩誌 동인으로 활약하면서, 1937~1947년 10년 동안 『城壁』, 『獻詞』, 『병든 서울』, 『나 사는 곳』 등 4권의 시집을 차례로 펴냈다. 그의 시는 대체로 세 가지 경향으로 대별되는데, 첫째는 『城壁』·『獻詞』에서 보여 주는 비애와 퇴폐의 정서를 바탕으로 한 모더니즘 지향이며, 둘째는 『나 사는 곳』이 드러내고 있는 향토적 삶을 배경으로 한 순수 서정시의 세계이다. 셋째는 『병든 서울』에 나타난 계급의식의 세계가 그것이다. 8·15광복 후 '조선문학가동맹'에 가담, 문학 대중화운동위원회 위원으로 활약하다가 1946년 월북하였다. 그 밖의 작품으로는 「旅愁」, 「싸늘한 화단」, 「구름과 눈물의 노래」 등과, 논문으로 「自我의 형벌」 등이 있다.

이들 세 문예인은 김기진의 경우 친일문학이라는 부정적인 이미지를 낳고 있을지라도, 세 사람 모두 근현대 문학·예술계에서 큰 족적을 남긴 인물임에 틀림없다. 따라서 이들의 생가 보존은 충분한 가치가 있다. 오장환 생가는 2006년에 '오장환문학관' 건립과 함께 복원되었다.

3) 교육문화유산

한국의 근대학교는 1885년에 미국 선교사들이 설립한 배제학당 등과 같은 사립학교가 효시였으나, 한국이 주체적으로 근대 학교를 설립하기 시작한 것은 갑오개혁 이후부터이다. 정부는 1895년 4월 16일 한성사범학교 관제, 1895년 5월 10일 외국어학교 관제, 1895년 7월 19일 소학교령, 1895년 8월 12일 소학교 규칙대강 등과 같은 근대 학교 설립에 필요한 법령을 제정하였고, 그에 따라 속속 근대 학교가 설립되기 시작하였다.

초기에는 소학교 설립이 우선이었다. 그래서 조선 정부는 1895년 8월에 제정된 소학교 규칙대강에 따라 관찰사 소재지에 公立尋學小學校를 각각 1교씩 설립하였다. 그에 따라 충청북도의 관찰부인 충주에도 소학교가 설립되었다. 이것이 충북 최초의 근대 학교인데, 1896년에는 學部의 지정에 따라 청주에도 소학교가 설립되었다.

중등학교는 1899년 4월에 중학교 관제가 발표되면서 시작되었다. 그 교육목적은 중학교를 최종 학교로 보고 실업교육에 초점이 맞추어지었다. 그렇지만 충북에는 1910년 이전에 설립된 중학교는 없었으며, 충북지역에 최초로 설립된 중등교육기관은 1911년 11월 1일 조선교육령에 따라 조선총독부의 허가로 설립된 청주공립농업학교(현 청주농업고등학교)이다.

1908년 현재 충북지역 학교는 공사립 모두 47개교로, 공립학교 3개교 외에는 모두 불완전하고 중등학교는 없는 실정이었다. 공립학교는 1907년에 설립된 청주·충주·황간보통학교로, 모두 학과목은 보통과 일어, 수업연한은 4년이었다. 현재 이들 학교의 흔적은 남아 있지 않다.

그 뒤 일제 식민지시대에 들어와 여러 근대 학교가 설립되기 시작하였다. 일제 식민지시대에 충북지역에 설립된 학교 현황은 〈표 7-12〉와 같다.

〈표 7-12〉에서 1906년부터 1945년 이전에 설립된 충북지역 학교는 청주·청원 19개교, 보은 3개교, 옥천 7개교, 영동 4개교, 진천 3개교, 괴산 4개교, 음성 5개교, 충주 8개교, 제천 6개교, 단양 2개교 등 총 61개교였다. 이 중 청주의 대성보통학교와 청남학교, 음성의 매괴학교 외에는 모두 공립학교였다. 그리고 중등학교는 5개교, 실업학교는 9개교, 사범학교는 2개교였으며, 나머지는 모두 보통학교였다. 따라서 일제시대 충북지역의 교육은 보통학교를 중심으로 전개되었으며, 중등교육의 경우 실업교육이 우위에 있었다.

현재 이들 학교의 대부분은 1960년대 이전에 생산된 기록물이 잘 보존되어 있지 않을 뿐 아니라, 校舍도 대부분 1970~1980년대에 철거되거나 개축되어 개교 당시의 원형이 남아 있는 학교가 드문 실정이다.

〈표 7-13〉은 현재 남아 있는 교육문화유산 12점이다. 초등학교 교사 2개, 중등학교 교사 3개, 초중등학교 강당 4개 , 대학건물 2개, 교육 관련 기념비 1개 등이다.

표 7-12 일제 식민지시대 설립된 충북지역 학교 현황

지역	학교명	현 학교명	개교연도	비고
청주·청원	청주공립보통학교	주성초등학교	1907	
	문의공립보통학교	문의초등학교	1912	
	옥산공립보통학교	옥산초등학교	1920	
	내수공립보통학교	내수초등학교	1917	
	부강공립보통학교	부강초등학교	1917	
	오창공립보통학교	오창초등학교	1920	
	강서공립보통학교	강서초등학교	1920	
	가덕공립보통학교	가덕초등학교	1921	
	청주공립농업학교	청주농업고등학교	1911	
	충북공립보통학교		1921	고등과
	대성보통학교		1920년대	사립
	청남학교		1930년 이전	사립
	청주고등보통학교	청주고등학교	1924	현 청주중학교
	청주공립여학교		1923	
	충북공립농업학교	충북실업고등학교	1922	
	청주고등학교	청주상업고등학교	1935	1936년 현재 교사
	충청북도립사범학교		1923	1929년 폐지
	청주사범학교	청주교육대학	1941	
	청주제2공립고등여학교	청주여자고등학교	1938	
보은	회인공립보통학교	회인초등학교	1912	
	보은공립보통학교	삼산초등학교	1911	
	관기공립보통학교	관기초등학교	1920	
옥천	청산공립보통학교	청산초등학교	1911	
	옥천공립보통학교	죽향초등학교	1911	
	이원공립보통학교	이원초등학교	1920	
	안내공립보통학교	안내초등학교	1921	
	군서공립보통학교	군서초등학교	1921	
	옥천공립농업보습학교	옥천공업고등학교	1927	
	옥천공립여자농업전수학교	옥천여자중학교	1944	

영동	황간공립보통학교	황간초등학교	1911		
	영동공립보통학교	양동초등학교	1911		
	조양공립보통학교	장산초등학교	1920		
	영동공립실업여학교	영동여자고등학교	1943		
진천	진천공립보통학교	상산초등학교	1911		
	장양공립보통학교	이월초등학교	1912		
	진천공립농업전수학교	진천농업고등학교	1944		
괴산	괴산공립보통학교	명덕초등학교	1911		
	연풍공립보통학교	연풍초등학교	1912		
	목도공립보통학교	목도초등학교	1920		
	청안공립보통학교	청안초등학교	1911		
음성	음성공립보통학교	수봉초등학교	1911		
	무극공립보통학교	무극초등학교	1917		
	천평공립보통학교	삼성초등학교	1920		
	매괴학교		1930	이전	사립
	음성농업실수학교	음성고등학교	1943		
충주	충주공립보통학교	교현초등학교	1907		
	용산리공립보통학교	엄정초등학교	1915		
	대소원공립보통학교	대소원초등학교	1919		
	노은공립보통학교	노은초등학교	1921		
	용원공립보통학교	용원초등학교	1920		
	수안보공립보통학교	수안보초등학교	1921		
	충주공립중학교	충주고등학교	1940		
	충주공립고등여학교	충주여자고등학교	1942		
제천	평동공립보통학교	백운초등학교	1919		
	황강공립보통학교	한수초등학교	1920		
	제천공립보통학교	동명초등학교	1911		
	청풍공립보통학교	청풍초등학교	1910		
	제천공립실과여학교	제천여자고등학교	1942		
	제천공립농업학교	제천농업고등학교	1943		
단양	영춘공립보통학교	영춘초등학교	1912		
	단양공립보통학교	단양초등학교	1910		

자료: 충청북도, 1992『忠淸北道誌』下, 1660~1675쪽에서 정리.

표 7-13 충북지역 근현대 교육문화유산

번호	명칭	위치	연도	특징	비고
1	청주상고 구본관	청주시 상당구 내덕2동	1935	2층 적벽돌 492평	등록문화재
2	주성초 구강당(주성교육박물관)	청주시 상당구 영동	1923	1층 목조 흙벽, 37평	등록문화재
3	청주대 법과대 건물	청주시 상당구 내덕동	1957	청주대 교육문화유산	
4	충북대04·63동	청주시 흥덕구 개신동	1956	충북대 교육문화유산	
5	대성초등학교 강당	청주시 상당구 내덕2동	1963	50~60년대 강당 전범	
6	대성여자중학교 강당	청주시 상당구 수동	근대	일제시대 학교 강당	등록문화재
7	부강초등학교 강당	청원군 부용면 부강리	1930	원형 보존, 특별교실로 사용중	도 유형문화재
8	이호신장학비	진천군 상산초등학교 내	1941	대표적인 일제시대 교육 관련 기념비	
9	괴산중학교 구본관	괴산군 괴산읍 대사리	1949	해방 이후 신축된 충북 유일의 석조건축물	
10	죽향초등학교 구교사	옥천군 옥천읍 문정리	1936	교실 3칸 보존, 정지용·육영수 수학	등록문화재
11	옥천여중 구교사	옥천군 옥천읍 죽향리	1944	전통가옥을 교사로 사용(1944~1964)	
12	양산초등학교 부속 전시관	양산면 가곡리	1909	조양학당 건물	

초등학교 교사는 옥천 죽향초등학교, 양산초등학교 옛 건물이 현재 남아 있다. 특히, 전시관으로 쓰이고 있는 양산초등학교 옛 건

물은 설립 초창기에 쓰이던 조양학당 건물인데, 1909년 10월 기존의 죽전·조양서당을 합병하여 신축한 3칸 한옥건물이다. 이 건물은 영동군 유일의 학당으로 보존상태가 양호하며 근대학교 설립 초기의 모습을 보여 주고 있어 보존 가치가 있다.

▶ 옥천 죽향초등학교 구교사

옥천 죽향초등학교 舊 교사는 현재 3개의 교실이 남아 있는데, 1936년에 신축한 것으로 알려져 있다. 이 교실은 충북지역에서 유일하게 전형적인 초등학교 교실의 모습을 간직하고 있을 뿐 아니라, 정지용과 육영수가 수학한 곳으로 교육사적 가치가 높다.

초등학교 부속건물로는 강당 4곳이 남아 있다. 대성초등학교 강당은 1950~1960년대 학교 강당의 전형적인 모습을 보여 주고 있어 가치가 있다. 반면에 주성초등학교 강당은 일제시대 학교 강당의 모습을 간직하고 있다. 주성초등학교는 1907년에 청주제일공립보통학교로 개교하였으며 현 강당이 신축된 해는 1923년이다. 1948년에 현재의 교명인 주성초등학교로 개명되었고 2001년 2월 10일 기존의 강당을 활용하여서 주성교육박물관을 개관하였다.

평면형식의 흙벽 목조기와집(왕대공지붕틀에 모임지붕, 환기용 돌출창, 오르내리창 등)인 주성교육박물관은 80년이 넘은 목조강당임에도 불구하구 원형이 그대로 보존되어 있을 뿐 아니라, 청주지역 유지와 성금으로 신축되었다. 현재 남아 있는 충북지역 교육시설 중 가장 오래된 건물이다. 특히, 강당시설로는 유일하다. 따라서 이 건물은 충북지역의 근대교육사는 물론 건축사적 입장에서 보존할 가

▶ 청주상고 구본관

▶ 괴산중학교 돌집

치가 높다.

다음으로 중등학교 교사는 청주상고와 괴산중학교 및 옥천여중의 구교사가 있다. 본관으로 쓰이던 청주상고 교사는 1936년에 신축한 것으로 건립 초기의 모습을 그대로 유지하고 있어 보존상태가 매우 양호하며 초기의 근대식 교육건축양식을 이해할 수 있는 건축물이다.

괴산중학교 구본관은 일명 돌집으로 불리어졌는데, 1947년 3월에 서울중앙산업주식회사에서 착공하여 1949년에 준공한 건물이다. 이 교실은 현재 남아 있는 근대 교육문화유산 중 석조건물로는 유일하며, 특히 해방 직후 우리 기술진에 의해 건축된 석조건물이란 점에서 보존할 가치가 크다.

옥천여중은 1944년 4월에 옥천여자전수학교로 개교하였는데, 개교 당시 99칸 전통한옥을 개조하여 교사로 사용하였다. 이 한옥 건물은 옥천여중이 1964년에 현재의 위치인 옥천읍 문정리로 이전하기 전까지 사용하였다. 현재 교사 일부와 당시 교무실로 사용되던 사랑채와 벽돌조 담장이 부분적으로 남아 있다. 현재 민가로 사용되고 있는 사랑채 외에는 보존상태가 불량하다. 이들 건물은 전통한옥을 학교 교사로 사용한 사례를 보여 주며, 특히 옥천군 옥천읍 죽향리 문화유산 보존 차원에서 적극 보존대책을 모색할 필요가 있다. 죽향리에는 옥천여중으로 쓰이던 한옥 외에 주변에 보존상태가 양호한 전통한옥이 밀집해 있다. 인근에는 정지용 생가가 있고 전통적인 학교 교실의 모습을 완연히 간직하고 있는 죽향초등학교 구교사가 있다. 따라서 이들 문화유산을 하나로 묶어 옥천군의 문화재단지로 집중 육성해도 좋을 것이다.

▶ 옥천여중 구교사

대학 교육유산으로는 청주대와 충북대 건물 3개동이 있다. 1941년에 세워진 청주사범학교(현 청주교육대학) 건물은 현재 남아 있지 않다. 1947년에 청주 수동에서 개교한 청주대는 1957년에 새 건물을 짓고 이전하였는데, 그것이 바로 현재의 법과대 건물과 내덕동 캠퍼스이다. 현재의 법과대 건물은 1985년에 부분적으로 수리하였어도 1957년 건립 당시의 모습을 그대로 유지하고 있어 해방 이후 학교건축의 모습을 이해하는 데 도움을 주고 있다.

충북대학교는 1951년 전시하에서 청주초급농과대학으로 개교하였다. 1956년 4월 충북대학으로 교명을 변경하였고 강의동을 신축하였다. 이 건물은 현재 04·63강의동으로 사용되고 있다. 모두 흙벽돌로 지은 2층 양옥건물로 일제시대 건축양식을 기본적으로 따르고 있다. 이들 두 강의동은 충북대학교의 역사를 반증할 뿐 아니라, 1950년대 건축양식을 이해할 수 있고 일부 충청북도민의 성금으로 지어진 만큼 보존할 가치가 있다.

그 밖에 교육 관련 문화유산에는 학교 건조물 외에 기념비가 하나 있다. 이 기념비는 진천 상산초등학교 내에 있는 '이호신장학비'로, 1941년에 건립되었다. 이호신은 1940년에 5만 7,000원을 기부하여 학교 부지 6,900평과 교사를 마련할 수 있도록 하였다.

4) 종교문화유산

(1) 문화유산 현황

충북지역에 남아 있는 개항 이후 종교문화유산으로는 천주교, 개신교, 성공회, 기타 민간신앙 관련 건조물이나 기념비가 남아 있다. 충북지역은 지정학적 위치상 중부내륙지방에 위치하고 있어 일찍 서구종교가 전래되었다. 천주교는 공인되기 이전 제천의 배론성지와 진천의 배티성지 및 연풍성지 등을 중심으로 교세를 꾸준히 확장하였다. 현존하는 종교문화유산은 〈표 7-14〉와 같이 모두 19개이다.

지역별로는 〈표 7-14〉와 〈그림 7-1〉과 같이 청주시가 7건으로 가장 많고, 다음으로 음성군 5건, 진천군 2건 등으로 충청북도의 서북부인 진천·음성·청주지역에 집중 분포해 있다. 그 이유는 서구의 근대 종교가 서울과 인접한 음성·진천을 중심으로 전파되었기 때문이다. 음성지역은 충북지역 최초로 천주교가 공식 전래된 지역이고, 또한 충청지역 성공회 선교의 중심지였던 진천과 인접해 있어 천주교, 성공회 관련 건축문화유산이 다수 현존하고 있다. 청주시는 도청 소재지로서 정치·행정·경제뿐만 아니라, 종교의 중심지였기 때문에 종교 관련 각종 건축문화유산이 밀집되어 있다. 반면에 충청북도의 오지라 할 수 있는 단양·제천·영동 등지에는 한 건도 없는 실정이다.

종교별 분포 현황을 보면, 〈표 7-15〉와 같이 천주교 관련 문화유산은 12건, 성공회 관련 문화유산은 7건, 개신교 관련 문화유산은 2건, 기타 2건으로 총 22건이다. 천주교 관련 문화유산이 다수를 차

표 7-14 충북지역 근현대 종교문화유산 목록

구분	번호	명칭	위치	연도	특징	비고
천주교	1/1	감곡성당	음성군 감곡면 왕장리	1930	1930년에 건립한 고딕양식 성당	도 유형문화재
	2/2	옥천성당	옥천군 옥천읍 삼양리		철근콘크리트 기와집	등록문화재
	3/3	음성성당	음성군 음성읍 오성동		1950년대 성당건축	
	4/5	증평성당	증평군 증평읍 장동	1956	1950년대 성당건축	
	5/5	진천성당	진천군 진천읍 교성리	1956	1950년대 성당건축	
	6/6	괴산성당	괴산군 괴산읍 서부리	1958	1950년대 성당건축	
	7/7	청주 내덕동성당	청주시 상당구 내덕동	1961	1950년 성당건축 특징	
	8/8	청원 부강성당	청원군 부용면 부강리	1961	청주 주교좌성당 모델	
	9/9	청주 서운동성당	청주시 상당구 서운동	1962	1960년대초 성당건축 특징	
	10/10	충주 교현동성당	충주시 교현동	1964	1960년대 건축사 반영	
	11/11	청주 수동성당	청주시 상당구 수동	1964	1960년대 후반 성당건축 특징	
	12/12	청주 보은성당	보은군 보은읍 삼산리	1966	1960년대 독특한 성당건축 양식을 보여줌	
기독교	13/1	청주 제일교회	청주시 상당구 남문로	1939	2층적벽돌, 130평	
	14/2	청주 탑동 양관	청주시 상당구 탑동	1906	1906~1932년에 건립된 서양식 건물(선교사 사택)	도 유형문화재
성공회	15/1	천교회	진천군 진천읍 읍내리	1923	단층팔작지붕한옥, 방형기둥, 한양절충식	등록문화재
	16/2	음성교회	음성군 음성읍 읍내리	1923	음성지역 최고의 성공회 건물	
	17/3	매일교회	음성군 삼성면 상곡리	1938	벽촌에 세워진 성공회 성 유형	
	18/4	대소교회	음성군 대소면 오산리	1934	음성지역 초기 성공회 교회 구조	
	19/5	충주교회	충주시 교현동	1931	초기 서양식 교회 전형	
	20/6	수동성당	청주시 수동	1935	1930년대 대표적 성공회 한옥 성당	도 유형문화재
기타	21/1	인도교 창립기념비	괴산군 불정면 목도리	1933	일제하 신흥종교인 인도교 창립내력	
	22/2	원불교 교당	청주시 상당구 탑동	일제	일제시대 일본 사찰	

그림 7-1 충북지역 근대 종교문화유산 분포지도

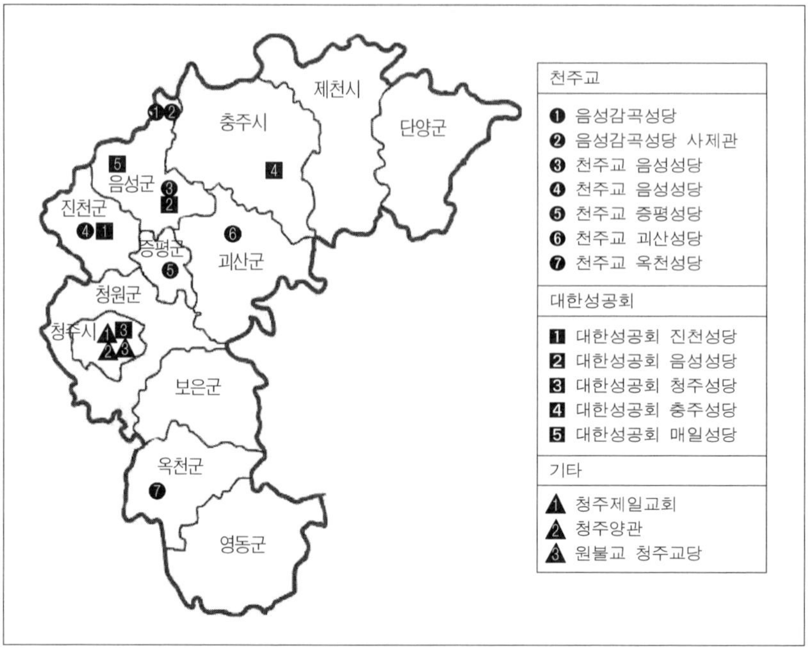

표 7-15 충북지역 근현대 종교문화유산의 지역별 분포

지역	청주시	청원군	진천군	음성군	충주시	제천시	단양군	괴산군	증평군	보은군	옥천군	영동군	계
천주교	3	1	1	2	1			1	1	1	1		12
성공회	1		1	3	1								6
기독교	2												2
기타	1							1					2
계	7	1	2	5	2	0	0	2	1	1	1	0	22

지하는 것은 충북지역뿐만이 아니라, 전국적인 현상이다. 천주교는 선교 초기부터 체계적이고 적극적인 활동을 통해 전국 각지에 다수의 성당과 공소를 건축하였으며 이들 중 상당수가 현존하고 주요 문화유산으로 지정·등록되어 있다. 충북지역의 경우도 그와 동일한 현상을 보여 주고 있다.

충북지역 근대 종교문화유산 중 가장 특이한 점은 성공회 관련 문화유산의 비중이 높다는 점이다. 전체 22건 중 5건을 차지하고 있다. 이것은 성공회 선교 초기부터 충청지역 선교에 집중하였으며, 진천이 충청지역 성공회 선교의 전초기지이자 중심지 역할을 하였고, 인근의 음성·청주·충주지역에 이른 시기에 전파되었기 때문이다.

기타 종교문화유산은 인도교 창립기념비와 옛 大蓮寺 사찰건물이 현존하고 있다. 인도교는 이태호(1861~1943)가 인도 정의와 종교통일을 목적으로 괴산군 불정면 목도에서 창시한 신흥종교이다. 이태호는 인도교 창립 직후 1933년에 창립기념비를 건립하였는데, 현재 원형 그대로 보존되어 있다. 이 인도교 창립기념비는 격변기인 한국 근대기에 출현하였던 수많은 신흥종교의 한 단면을 보여 준다는 점에서 역사적인 의의가 있다.

▶ 인도교 창립기념비

현재 청주 원불교 본당인 옛 大蓮寺 사찰건물은 원불교에서 1970년부터 사용하였다. 그 이전에는 군부대 사무실로 이용되었다. 이 건물을 옛 大蓮寺 사찰건물로 보는 근거자료는 일제 식민지시대 청주의 산중인이라 할 수 있는 李昌秀(1912년생)의 자서전이다.[6] 이 자

◆ 옛 대연사(현 원불교 청주교당)

서전에는 일제시대 청주 평면도 지도가 나오는데, 현재의 원불교 위치에 大蓮寺가 표기되어 있다. 1934년도에 간행된 자료에는 충북지역 일본 사찰로 大蓮寺가 없는 것으로 보아,[7] 이 사찰건물은 1934년 이후에 건립된 것으로 볼 수 있다.

실제 현 원불교 본당건물은 지붕, 창문, 기둥 등 식민지시대 일본식 건축양식을 그대로 따르고 있다. 규모는 25평이고 1층 목조건물이다. 이 건물은 일제시기 일본의 불교사찰로 사용되었던 건물이므로 철거해야 한다는 의견도 있으나, 현재 남아 있는 일본의 불교사찰 건물의 하나로 그 모습을 비교적 잘 유지하고 있는 만큼 어떤 형태로든 보존되어야 한다.

한편, 충북지역 종교문화유산 22건 중에서 문화재로 지정 등록된 것은 〈표 7-14〉에서 22건 중에서 유형문화재 3건, 등록문화재 2건뿐이다. 현재 이는 〈표 7-16〉에서 볼 수 있듯이 전국 근대 종교문화유산으로 지정·등록된 128건의 3%를 차지하고 있으며 지정·등록 건수도 절대적으로 적고 비율도 높지 않은 상태라 할 수 있다. 이와 같은 상황은 근대 종교문화유산뿐만 아니라, 근대 문화유산 전체 분야에 있어서도 마찬가지 상황이다.

이는 충북지역의 근대 역사와 관련이 있다. 충북지역은 내륙에 위치하여 외래 문물이 빨리 유입되는 조건을 갖추지 못하였다. 또한 청주 외에는 일정한 규모 이상의 도시가 발달하지 못하였다. 그

6) 李昌秀, 1964 『回想錄』, 啓明社, 291~292쪽.
7) 忠淸北道, 1934 『忠淸北道要覽』, 86~87쪽.

때문에 충북지역은 근현대 문화유산이 보존될 수 있는 환경이 부족하였다.

(2) 종교별 문화유산 특징

① 천주교

가. 충북지역 천주교 수용과 확산

천주교는 프랑스 로베르 신부에 의해 17세기 초에 서학이라는 이름으로 조선에 전래된 뒤, 충북에도 소백산맥을 중심으로 한 옹기굴을 경영하며 신앙생활을 하던 신자들이 많이 있었다. 1856년에 세워진 제천 배론 신학교에 이어 1885년에 세워진 원주 부엉골 초가집 신학교가 강원과 경기, 그리고 충북지역의 충주, 청주, 괴산 등을 관리하며 당시 22개의 공소를 통해 교세를 확장하였다.

그러나 원주 부엉골은 위치가 관할지역의 한쪽에 치우쳐져 있어 관리하기가 불리하였다. 그래서 1896년에 음성 감곡지역으로 거점을 옮겨 부이용(R. Camillus Bouillon, 임가밀) 신부에 의해 감곡본당이 건축되고 선교의 중심지로 자리잡게 되었다. 음성 감곡성당은 전국에서 18번째로 세워진 성당이며 충북도내에서는 최초로 건립된 성당이다. 그 뒤로 음성 감곡성당은 충북 북부지역에 천주교가 확산되는 거점역할을 하였다.

반면에 충북 남부지역 천주교 확산의 거점은 1906년에 설립된 옥천성당이었다. 옥천에 천주교가 전래되기 시작한 것은 1903년에 공주 본당의 신부인 파스키에(P. Pasquier)에 의해 옥천 공소가 설립되면서부터이다. 더욱이 1905년에 경부선 철도가 개통되어 옥천이 교통의 요지로 새롭게 부상하자, 공주 본당은 1906년 5월 20일 옥

표 7-16 근대 종교문화유산 문화재 지정 등록 현황

건물명		서울	경기	인천	강원	충남	충북	대전	경남	경북
국가지정	사적	6		2						
시도지정	유형문화재	7		5	2		3	1		1
	기념물	1	4			6				
	문화재자료		2	1	1	3		4	1	2
	기타	2	1							1
등록문화재		4	1		9	4	2	5	3	5
합계		20	8	8	12	13	5	10	4	9

건물명		부산	대구	울산	전남	전북	광주	제주	합계
국가지정	사적		1			2			11
시도지정	유형문화재		3				1		23
	기념물				1	1	2		15
	문화재자료		2			4		1	21
	기타				1	11	6		4
등록문화재				1	11	6	2	1	54
합계		0	6	1	13	24	11	2	128

자료: http://www.cha.go.kr(문화재청).

천 공소를 본당으로 승격하고 홍병철 구가 신부가 초대 신부로 부임하였다. 1909년에는 20평 규모의 성당도 완공되었으나, 이후 1948년 7월 본당으로 승격될 때까지 다시 공소로 격하되어 운영되었다.

1927년 현재 충북지역 천주교 포교소는 23개였는데, 음성 감곡성당을 제외하면 모두 공소였다. 프랑스인 1명을 비롯해 23명의 신부가 있었으며 신도수 역시 2,946명으로 큰 비중을 차지하였다.[8)]

8) 정삼철 역, 1928『忠淸北道要覽』, 60쪽.

그에 따라 청주성당(1932), 증평성당(1936), 제천성당(1940), 야현성당(1945) 등이 차례로 설립되어, 해방 이전 충북지역에는 모두 5개의 본당 성당이 있었다.[9)]

1945년 해방 이후 북한 전교가 어렵게 되자 교황청의 인가를 얻어 1953년 서울 교구안에 충북 감목대리구를 두기로 하고 해방 전 평양교구를 맡아보던 미국 메리놀 외방전교회로 하여금 충북지역을 맡게 하였다. 이후 메리놀회의 후원과 전교활동에 힘입어 1958년 청주 대목구로 독립하였다. 청주 대목구는 1962년 청주교구로 승격된 이래 1960년대 이후 비약적으로 발전하였다. 그 결과 1997년 당시 충북지역 천주교 신자수는 10만 8,763명, 본당수 52개소, 공소수 69개소 등 거대한 조직으로 성장하였다.[10)]

나. 충북지역 천주교 건축문화유산 현황[11)]

천주교는 도래 이후 꾸준히 교세를 유지하고 많은 성당을 건축하였으므로 현재 많은 근대 문화유산이 현존하고 있다. 천주교 성당은 건축형식에 따라 한옥 성당, 초기 고딕양식 성당, 후기 고딕양식 성당의 세 가지로 구분될 수 있다. 현재 1970년 이전에 건립된 충북지역 천주교 근대 문화유산은 총 12동으로 고딕양식 성당 1동, 후기 고딕양식 성당 5동 등이 현존하고 있다.

한옥 성당은 한국의 전통건축물인 한옥을 기본적 건축형식으로 하고 서양 기독교의 전통적 바실리카식 성당(Basilican Church)의 건축요소를 수용한 매우 독특한 형식이다. 시기적으로는 천주교 선교

9) ‘99 건축문화의 해 충청북도 조직위원회, 1999 『忠北의 建築文化』, 439쪽.
10) 위의 책, 705쪽.
11) 이 절은 김양식·신안준, 2009 『충북지역 근대종교문화유산 현황과 특성』, 충북개발연구원, 42~55쪽으로 신안준이 작성한 부분을 재정리하였다. 도면 등은 문화재청, 2009 『근대종교문화유산 종교건축물 일제조사보고서』에서 인용하였다.

초기와 개화기 당시 주로 건축되었다. 충북지역은 사례가 없다.

초기 고딕양식 성당은 서양 기독교의 전통적 바실리카식 성당의 완성양식이다. 이런 양식의 성당건축은 고딕양식의 발상지이자 중심지였던 프랑스 출신으로 국내 천주교 초기 선교활동을 주도하였던 파리 외방전교회 소속 성직자들이 주도하였다.

평면과 입면은 붉은 벽돌을 주재료로 고딕 기법을 비교적 충실하게 답습하였으나 구조, 장식 등은 단순화된 기법을 구사하였다. 전체적으로는 순수 고딕양식이라기보다는 로마네스크 기법이 부분적으로 도입된 절충양식의 성격이 강하였다. 시기적으로는 개화기를 거쳐 일제강점기 중반기까지 주로 건축된 형식이다.

후기 고딕양식 성당은 초기 고딕양식의 건축기법이 더욱 단순화된 양식으로 붉은 벽돌 외에 시멘트, 석재가 도입되어 재료 및 구조가 다양화되었지만, 전체적으로 평면, 구조, 장식, 수직성 등이 매우 단순화되었고 로마네스크, 비잔틴 등 다른 양식과 절충되어 변형되기도 하였다. 내부 공간에서는 고딕적 분위기를 거의 찾을 수 없다. 단지, 고딕적 분위기는 외관에서만 종탑, 아치형 장식, 박공지붕 등에 의해 표현되었다. 건축시기는 일제강점기 후반부터 시작되어 1970년대까지도 지속되었다.

◆ 음성 감곡성당

음성 감곡성당은 일명 장호원성당, 매괴성당으로도 불리어진다. 감곡성당은 충북지역 최초의 천주교 성당으로 파리 외방전교회 소속의 프랑스 출신 가밀로 부이용 신부에 의해 1896년 설립된 후 충북지역 천주교 선교의 시발점이자 중심적인 역할을 하였다.

설립 후 처음에는 소규모 한옥을 예배당 겸 사제관으로 이용하다 1903년 정면 3칸, 측면 10칸 규모의 새로운 한옥 성당을 완공하였다. 신도가 점차 늘어나자 부이용 신부는 기존 대지에서 뒤쪽의 언덕에 새로운 대규모 성당을 결정하고 1928년에 착공하여 1930년 고딕양식 성당을 완공하였다.

설계는 강원도 횡성 풍수원성당(1907년 건축, 강원 유형문화재 제69호), 원주 용소막성당(1915년 건축, 강원 유형문화재 제106호)과 인천 답동성당(1937년 건축, 사적 제287호)을 설계한 프랑스 출신의 시잘레(Chizallet) 신부가 하고 중국인 기술자들이 시공하였다. 재원과 석재의 부족뿐만 아니라 공사기간 중 심한 장마로 인하여 원래의 설계보다 건물규모가 축소 변경되었다고 한다.

감곡성당은 고딕양식 바실리카식 성당의 장축형 평면구성으로, 내부는 현관(porch), 신랑(nave), 측랑(aisle), 수랑(transept), 제단(apse), 유보회랑(ambulatory) 등으로 구성되었다. 구조는 붉은 벽돌을 주재료로 이용한 조적식 구조로 외벽에 일정 간격으로 부축벽(buttress)을 쌓아 보강하였으며, 지붕과 종탑은 목조트러스 구조를 이용하였다.

전체 규모는 길이 40m, 너비 18.6m, 지붕높이 12.75m, 중앙종탑 높이 36.5m이다. 배치는 동서방향을 장축으로 하고 동쪽에 반원형 평면의 제단과 회랑을 배치하였다. 신랑 상부 천장은 목조로 곡면을 형성하고 기둥 간격에 맞추어 리브(rib)를 덧댄 첨두형 배럴볼트(pointed barrel vault) 형태이고 최고 높이 10m, 너비 7m이다. 측랑 상부 천장은 높이 6.1m의 평천장이고 너비 3.6m이다.

마감재료로는 내부 바닥은 목조마루, 내벽 및 천장은 회반죽 플라스터, 지붕은 함석 등의 재료를 사용하였다. 출입문, 창문 등의 개구부는 첨두형 아치형태를 이용하고 일부 창은 초보적 수준의 스테인드 글라스(stained glass)로 장식하였다.

감곡성당은 전기 고딕양식 성당으로 명동성당, 약현성당 등 대표적 전기 고딕양식 성당들에 비해서는 규모, 건축기법 등에서 뒤

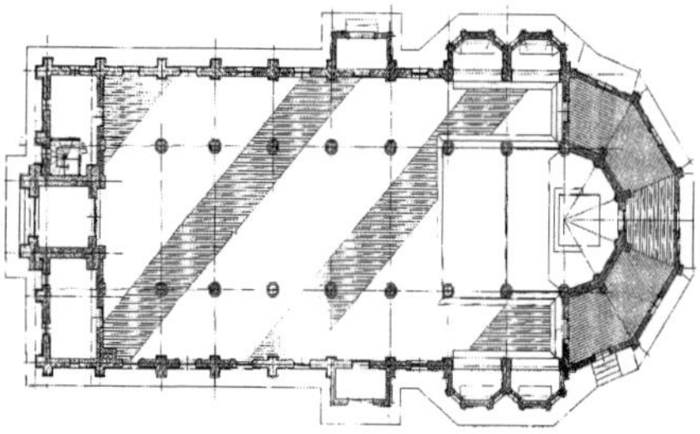

▶ 감곡성당 평면도

▶ 감곡성당 내부

▶ 감곡성당 측면

▶ 감곡성당 정면

떨어진다. 그렇지만 충북지역에서는 최초 설립된 천주교 성당이자 유일한 전기 고딕양식 성당의 사례로 매우 의미가 있는 건물이다. 충북지역 근대 건축문화유산 중에서는 가장 고딕양식 성당에 근접하였고 또한 가장 고딕적인 성당으로 평가할 수 있다.

◆ 음성 감곡성당 사제관

감곡성당 사제관은 성당건물의 제단 우측에 위치해 있다. 사제관은 화강석 석조건물로 1934년에 완공되었다. 외관은 비교적 잘 보존되어 있지만, 내부는 그 동안 수차례 보수하면서 많은 부분이 변형되었고 현재는 감곡성당 매괴박물관으로 사용되고 있다.

▶감곡성당 사제관 전경

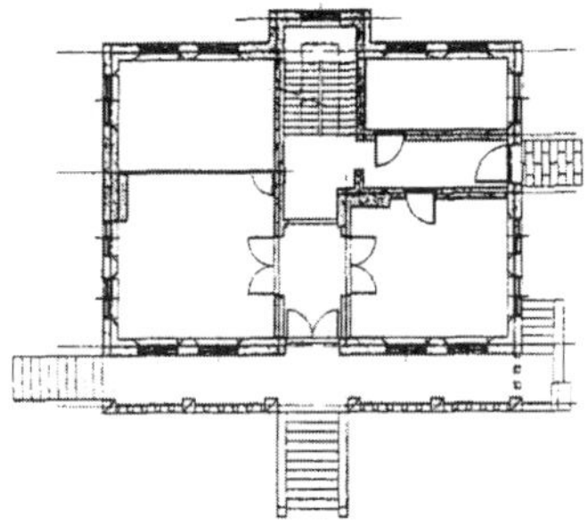

▶감곡성당 사제관 평면도

기본적 건축형식은 조지안 양식(Georgian style)으로 정면은 현관을 중심으로 대칭형 입면을 구성하고 1층은 회랑, 2층은 발코니 형식으로 구성하였으며, 화강석 조적조 건물로 내부는 기둥이 없이 내력벽에 의해 구성하였다. 지하층은 반지하, 3층은 다락층 형식을 취하고 지붕은 함석 경사지붕으로 도머창과 굴뚝을 설치하였다.

매괴박물관으로 용도변경되면서 외관은 지붕과 창호 등이 개·보수되었지만 화강석 석조 외벽은 원형상태를 그대로 유지하고 있으며, 내부는 내력벽은 유지한 채 마루바닥을 철근 콘크리트 슬라브로 변경하였고 내부 바닥, 벽체, 천정 등의 마감을 전체적으로 변경하였다.

전체적 개보수를 통해 건축원형 일부는 사라졌지만 매괴박물관으로 사용하면서 성당측에서 지속적으로 관리 중이므로 건물의 유지관리 상태는 매우 양호하다. 현재 내부에는 충북 유형문화재 제219호로 지정된 예수 성심기 및 성모 성심기 등의 유물을 보관 전시하고 있다.

매괴박물관은 청주 탑동양관과 더불어 충북지역 근대 문화유산 중 서양식 주거건축의 대표적인 사례로 보존가치가 높다. 비록 건축원형이 일부 훼손되었지만, 외관은 거의 그대로 건축원형을 유지하고 있으므로 외관 중심의 보존·관리가 요구된다.

◆ 옥천성당

천주교 옥천성당은 1906년 홍병철 루가 신부가 옥천 본당을 설립하였다. 초기에는 한옥을 예배당 겸 사제관으로 이용하다 1909년 옥천 죽향리 지역에 정면 2칸, 측면 5칸 규모의 한옥 성당을 건축하였다. 점차 교세가 확장되자, 1948년 옥천 시가지가 내려다보이는 현재의 위치에 정면 2칸, 측면 4칸 규모의 한옥성당을 새롭게 건축하였다.

이후 교세가 더욱 확장되자, 1955년에 한옥 성당의 위쪽 언덕 지역에 벽돌조로 단순화된 고딕양식의 새 성당을 신축하였다. 이것이 현재의 성당으로, 미국 메리놀 외방전교회 소속 랄프 드브랑크(Ralph Deblanc, 백수사) 신부가 설계하고 공사 감독을 맡은 것으로 추정된다. 한국전쟁 이후의 혼란기적 상황에서 이와 같은 큰 규모의 성당 건축이 가능하였던 것은 메리놀 외방전교회의 미국인 사제의 지원 때문으로 추정된다.

1991년 성당 제단 쪽 후면부가 대대적으로 증축되면서 평면 및

▶ 옥천성당 내부

▶ 옥천성당 전경

내부 공간이 획기적으로 변화되었다. 우선은 수랑(transept)이 증축되고 제단방향으로 확장되면서 평면이 단순한 장방형에서 라틴 십자형으로 변화되었다. 또한 내부 공간에서도 제단방향의 장축이 명확해지고 신랑, 수랑, 제단 등의 공간적 구분과 구성도 명확해졌다. 전체적으로 바실리카식 성당의 장축형 평면과 공간구성이 증축을 계기로 더욱 발전되고 명확해졌다.

기본적 건축형식은 시멘트 벽돌 조적조로, 외관은 시멘트 뿜칠과 페인트 도색에 의해 마감되었지만 뾰족한 종탑, 아치형 창문, 부축벽, 박공지붕, 라틴 십자형 평면형태 등에 의해 단순화된 고딕기법의 성당을 구성하였다. 반면에 내부 공간은 기둥이 없는 통칸의 홀 형식으로 평탄한 천장마감에 천장고가 낮아 제단방향의 장축을 제외하고는 고딕적 특성이 미약하다.

천주교 옥천성당은 충북지역 후기 고딕양식 성당의 대표적 사례로 일반적인 붉은 벽돌이 아닌 시멘트 벽돌을 주재료로 시멘트 뿜칠 마감에 의해 대칭적 외관을 구성하고 단순화된 고딕양식 기법을 구사한 점이 특징이다. 현재 등록문화재 제7호로 등록되어 보존, 관리되고 있으므로 건축원형의 보존상태가 비교적 양호하다.

◆ 음성성당

천주교 음성성당은 1953년에 착공되어 2년 뒤인 1955년에 완공된 성당이다. 초기에는 단순한 장방형 평면을 구성하였으나 1959년 좌측에 수랑이 연결, 증축되고 1983년 우측에 제의실이 연결, 증축되면서 라틴 십자형에 가까운 형태의 평면을 구성하게 되었다.

기본적 건축형식은 붉은 벽돌을 주재료로 한 조적식 구조와 목조트러스 지붕으로 높고 뾰족한 종탑, 아치형 창문, 측벽의 부축벽, 박공지붕, 라틴 십자형과 유사한 바실리카식 평면구성 등에 의해

▶ 음성성당 전경

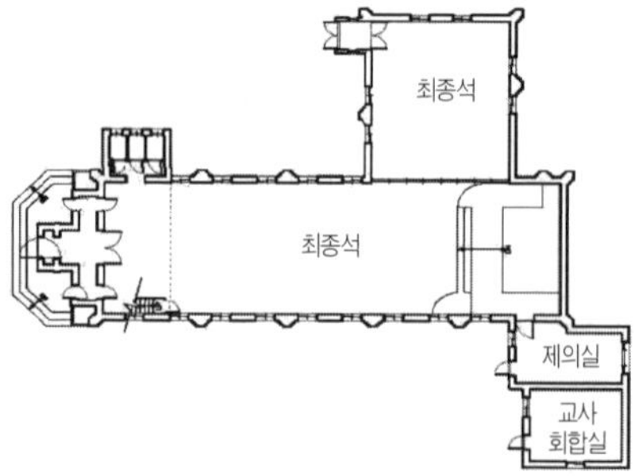

▶ 음성성당 평면도

단순화된 고딕기법을 구사하며 후기 고딕양식 성당을 구성하였다. 내부는 바닥이 본래 목조마루 바닥이었으나 후에 인조석물갈기 바닥으로 변경되었다. 내부 공간은 신랑과 측랑을 구분하는 열주 기둥이 없는 통칸의 홀 형식으로 평탄한 천장마감에 천장고가 낮아 제단방향의 장축을 제외하고는 고딕적 특성이 매우 미약하다.

외관 중 가장 두드러진 부분은 정면으로 입면구성에서 다른 부분에 비해 비례와 조화가 부족할 정도로 과도하게 높은 종탑을 중심으로 대칭형 입면을 구성하였다. 각각 박공지붕과 아치형 개구부에 의해 구성된 주출입구는 세 개를 돌출시켜 형성하고 중앙의 주출입구를 가장 크게 형성하였다.

음성성당은 붉은 벽돌 조적조를 기본형식으로 단순화된 고딕양식 기법을 구사했던 충북지역 후기 고딕양식 성당의 전형적인 사례로, 전체적인 건축형식과 기법은 주재료만 다를 뿐이지 천주교 옥천성당과 유사하다. 1950년대 후반부터 이와 유사한 건축형식의 후기 고딕양식 성당이 충북지역 곳곳에 다수 건축되었으며, 음성성당이 그들의 건축적 모델역할을 했었을 것으로 추정된다.

◆ 증평성당

천주교 증평성당은 본래 감곡성당 소속이었다가 1920년 분리되어 본당으로 설립된 후 1936년 현재 위치로 이전하였다. 이전 후 처음에는 초가집 성당을 신축하고 예배를 드리다가, 1955년에 메리놀 외방전교회 소속 미카엘 신부가 현재의 성당과 메리놀 병원(1987년 철거)을 함께 착공하여 1956년에 완공하였다.

기본적 건축형식은 붉은 벽돌을 주재료로 한 조적식 구조와 목조트러스 지붕으로 높고 뾰족한 종탑, 아치형 창문, 측벽의 부축벽, 박공지붕, 단순한 바실리카식 평면구성 등에 의해 단순화된 고딕기법을 구사하며 후기 고딕양식 성당을 구성하였다.

외관에서 정면은 각각 박공지붕과 아치형 개구부에 의해 구성된 주출입구는 세 개를 돌출시켜 형성하고 중앙의 주출입구를 가장 크게 형성하였으며, 종탑을 높고 과도하게 구성하였지만 천주교 옥천성당이나 음성성당처럼 정면 중앙이 아닌 좌측에 치우쳐 배치한 점이 특이하다.

천주교 증평성당은 종탑이 정면 중앙이 아닌 특이하게 좌측에 치우쳐 배치된 점을 제외하고는 전반적 건축형식과 기법이 거의 동

▶ 증평성당 전경

▶ 증평성당 내부

시기에 건축된 음성성당과 매우 유사하다. 1950년대 후반부터 충북 지역 곳곳에 건축된 붉은 벽돌 조적식 구조에 의한 후기 고딕양식 성당 중 음성성당과 더불어 선구적 사례이다.

◆ 진천성당

천주교 진천성당은 본래 1915년 음성 감곡성당의 공소로 설립된 후 청주본당에 속하였다가 1956년 청주 본당에서 분리하여 진천 본당으로 승격되면서 현재의 성당이 건축되었다.

기본적 건축형식은 붉은 벽돌을 주재료로 한 조적식 구조와 목조트러스 지붕으로 높고 뾰족한 종탑, 아치형 창문, 부축벽, 박공지붕, 라틴 십자형 바실리카식 평면구성 등에 의해 단순화된 고딕기법을 구사하며 후기 고딕양식 성당을 구성하였다.

외관에서 정면은 각각 박공지붕과 아치형 개구부에 의해 구성된 주출입구는 세 개를 돌출시켜 형성하고 중앙의 주출입구를 가장 크게 형성하였으며, 뾰족한 종탑을 천주교 증평성당처럼 정면 중앙이 아닌 좌측에 치우치고 또한 정면이 아닌 뒤쪽에 배치한 점이 특이하다.

▶ 진천성당 전경

▶ 진천성당 내부

천주교 진천성당은 전반적 건축형식과 기법이 거의 동시기에 건축된 천주교 음성성당과 매우 유사하다. 1950년대 후반부터 충북지역 곳곳에 건축된 붉은 벽돌 조적식 구조에 의한 후기 고딕양식 성당으로 음성성당, 증평성당과 더불어 선구적 사례이다.

◆ 괴산성당

천주교 괴산성당은 1957년부터 대지를 구입하여 1958년 현재의 성당건물을 완공하였다. 초기에는 주출입구 부분만 외부로 돌출된 채 단순한 장방형 평면을 구성하였으나 1962년 종탑이 우측에 증축되었다.

기본적 건축형식은 붉은 벽돌을 주재료로 한 조적식 구조와 목조트러스 지붕으로 높은 종탑, 아치형 창문, 외벽의 부축벽, 박공지붕, 단순한 바실리카식 평면구성 등에 의해 단순화된 고딕기법을 구사하며 후기 고딕양식 성당을 구성하였다.

외관에서 정면은 박공지붕과 아치형 개구부에 의해 구성된 주출입구를 음성성당, 증평성당, 진천성당 등 일반적인 후기 고딕양식 성당처럼 세 개를 형성하지 않고 중앙부 한 개만 돌출시켜 형성한

▶ 괴산성당 전경

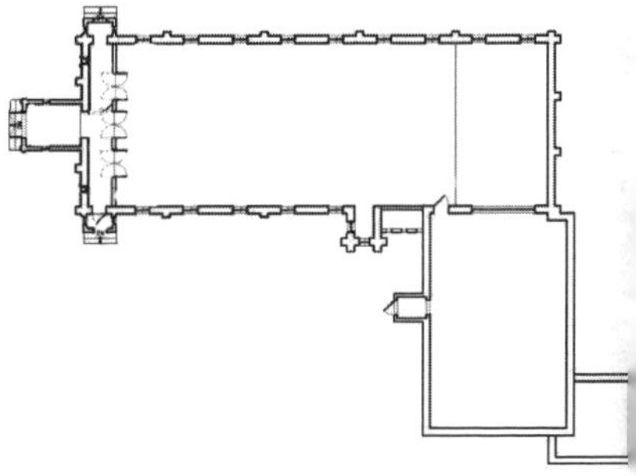

▶ 괴산성당 평면도

점이 다소 특이하다. 후에 증축된 종탑의 위치와 형태도 일반적 후기 고딕양식 성당과 다소 다르다.

천주교 괴산성당은 전반적 건축형식과 기법은 충북지역 후기 고딕양식 성당으로 구분될 수 있지만, 정면 주출입구, 종탑 등은 일반적 건축형식과는 다소 다르게 구성되었다. 1950년대 후반부터 충북지역 곳곳에 건축된 붉은 벽돌 조적식 구조에 의한 후기 고딕양식 성당으로 음성성당, 증평성당, 진천성당 등과 더불어 선구적 사례이다.

② 기독교

가. 충북지역 기독교 수용과 확산

개신교는 초기에 미국 북장로회 선교구역이 서울을 중심으로 한 경기도 일대에 국한되어 선교의 힘을 집중하였으나, 1900년경 경기도 죽산군 둥병리 교회에서 사경회에 참석하고 돌아온 청주군 신대리에 사는 오천보, 문성심, 오삼근 등이 마을에 전도하여 1901년 충북지역 최초의 교회가 성립하였다.

그 뒤 서울에 주재하며 미노아학당을 운영하던 미국 북장로회 선교사 밀러(F. S. Miller, 민노아) 목사는 청주 선교에 관심을 두고 있었다. 이때 신대교회가 생성되어 교회로 모인다는 소식을 접한 밀러 목사는 본격적으로 청주를 목표로 자주 내려와 전도하며 준비하던 중, 1904년 김흥경 조사와 함께 청주읍교회(현 청주제일교회)를 설립하였다. 이를 계기로 밀러 목사는 1905년에 청주에 정착하여 미 북장로회 청주선교부를 설립하고 선교함으로써 본격적인 충북지역 개신교회가 시작되었다.[12]

12) 충북기독교선교100주년기념사업회 편, 2002 『충북기독교백년사』, 439쪽.

기독교 감리교 역시 1900년 전후 충북지역에 전래되기 시작하여, 1902년 이전에 음성지역에 교회가 건립되었으며 진천·청주·보은지역에도 감리교 신자가 생겨났다. 특히, 서원보 선교사의 순회활동으로 감리교 신자가 증가하였으며 교회수도 확대되었다. 1903년 충주 유봉교회, 1904년 청주읍교회(현 청주제일교회)와 제천 백운교회, 1906년 음성 감리교회와 충주 목계교회, 1907년 제천 제일교회, 1910년 영동 양산교회, 1913년 단양 감리교회 등이 속속 건립되었다.

그런데 1909년 선교협정에 따라 청주를 중심으로 충북의 남부지역은 북장로회 구역이 되고, 이북지역은 미 감리교 구역으로 나뉘어졌다. 이 조치로 장로교로 출발한 충주 제일교회, 제천 제일교회 등은 감리교에 소속되었다.[13] 또한 충북 북부지방의 감리교는 단일구역으로 묶이지 못한 채 수원이나 제천 선교구역으로 편입되고, 청주 선교부는 북장로회 여러 선교부 중에서 가장 열세한 선교부가 되었다. 그래서 기독교 학교나 병원에 대한 선교부의 지원도 약하였다.[14] 이것은 충북지역 기독교사의 큰 특징이다.

1927년 당시 충북지역 장로교회는 42개였는데, 영국인 1명과 미국인 3명을 비롯한 51명의 목사가 있었다. 신도수는 1,820명에 이르렀다. 반면에 주로 충북 북부지역에 분포해 있었던 감리교회는 19개였으며 30명의 목사가 활동하였다. 신도수는 1,668명으로, 1개 교회당 평균 88명의 신도가 있었다. 이는 1개 장로교회 평균 43명보다 2배나 많은 숫자이다. 그 밖에 7일 안식교회가 2개 교회에 55명의 신자가 있었고, 동아기독교도 1개 교회에 9명의 신자를 확보하고 있었다.[15]

13) 위의 책, 467쪽.
14) 충북기독교선교100주년기념사업회 편, 앞의 책, 852쪽.
15) 정삼철 역, 1928『忠清北道要覽』, 60쪽.

이렇게 놀라운 성장을 하던 개신교는 일제 말기에 극심한 탄압을 받아 크게 위축되었다. 해방 이후 다시 개신교 교세가 확대되어, 1950년대 한국전쟁을 거치면서 감리교와 장로교 등이 여러 교파로 갈라지면서 크게 성장하였다. 장로교는 1951년부터 분열되어 1951년에 고려파, 1953년 조신파, 1959년 총회의 합동파 등이 분파되었다. 더욱이 선교지역 분할정책법의 효용이 사라져 각종의 교파형 교회들이 설립되었다. 그리스도교회(1945), 침례교(1952), 오순절교(1955) 등이 들어오고 지역에 따라서는 감리교, 성결교 등이 상호 침투하여 난립하는 현상이 일어났다.

그 뒤 개신교는 놀라운 교세확장이 이루어졌다. 1992년 통계에 의하면, 충북지역 내 장로교 549개 교회, 감리교 273개 교회, 성결교 98개 교회, 침례교 101개 교회, 오순절교 114개 교회 등이 있었다. 그 중 임대교회가 약 70%에 달하였다.[16]

나. 충북지역 기독교 건축문화유산 현황

◆ 청주제일교회

1901년 충북지역 최초의 개신교 교회는 오천보 등에 의해 자생적으로 설립된 신대교회였다. 1900년경까지도 청주지역은 국내 개신교 선교지역으로 주목받지 못하였으나, 신대교회 설립으로 충북지역이 새로운 선교지로 주목받게 되었다.

청주를 중심으로 장로교, 감리교, 침례교 등의 선교사들의 왕래가 빈번해지고 선교활동이 본격화되었으며, 그 중에서 가장 적극적인 활동을 한 인물이 미국 북장로교 소속의 밀러 목사였다. 그는 1901년부터 왕래하던 중 자생적 교회로 발생되어 있던 신대교회,

16) '99 건축문화의 해 충청북도 조직위원회, 앞의 책, 439쪽.

▶ 청주제일교회 정면

▶ 청주제일교회 정면도 및 배면도

▶ 청주제일교회 측면도

괴산읍교회(1903년 설립, 현재 괴산제일교회)를 방문하여 교회의 체계를 세우는 한편, 청주지역 선교에 주력하였다.

밀러 목사는 마침내 1904년 미국 북장로교의 청주 선교부를 설치하고 거점교회로서 청주읍성 남문 바깥쪽 지역 초가를 구입하여 청주읍교회를 설립하였다. 이 청주읍교회가 오늘날 청주제일교회의 시작이었다. 밀러 목사는 청주 진영 터를 매입하여 100석 규모의 예배당을 건축하였다. 1914년에는 200석 규모의 단층 함석집 예배당을 건축하였으며, 1939년에는 현존하는 500석 규모의 교회건물을 건축하였다.

현재의 교회건물은 1939년 착공하여 1940년 완공된 건물로 붉은 벽돌의 조적조, 2층 규모이며 공사 도중 일제 당국이 종탑 높이를 원래의 설계보다 9척이나 낮게 시공할 것을 강요하여 설계변경을 하는 등 온갖 방해와 간섭을 받았다고 전해진다. 1949년부터 건물의 뒤쪽 장축방향으로 3칸 규모를 증축하는 공사를 시작하였지만, 한국전쟁으로 중단되었다가 1951년 완공하여 현재에 이른다.

1층에는 소예배당, 사무실 등 부속실들이 위치하고 주기능인 예배당은 2층에 위치하였으므로 전면 중앙에 1층 출입구를 형성하고 양측에 남녀 분리를 위한 2개의 2층 진입계단을 형성하였다. 외벽은 붉은 벽돌로 마감하고 1층은 장방형의 창문을 예배당인 2층은 첨두형 아치형태의 창문을 각각 형성하였으며, 1층 전면 중앙에는 비교적 높지 않은 종탑을 세웠다. 내부 바닥은 목조마루 바닥이고 천장은 합판 위에 페인트로 마감하였다.

전체적인 건축양식은 첨두형 아치형태의 창문을 반복적으로 사용하고 외벽에 부축벽을 형성하고 정면 중앙에 뾰족탑 형식의 종탑을 세우고 박공형식의 지붕을 구성하는 등 건축형태나 외관에서는 단순화된 고딕양식과 기법을 도입하였지만, 내부 공간이나 평면구성은 고딕양식과 다소 거리가 있다.

청주제일교회는 청주뿐만 아니라 충북지역의 개신교 선교활동의 시발점이자 전초기지 역할을 하였다. 또한 현 교회건물의 외관은 고딕양식을 기본으로 하였지만, 내부는 고딕에서 벗어나 수평성이 강한 보편적 공간을 형성하는 등의 건축적 특성과 가치도 지닌 건물이다. 따라서 문화재로서 지정 또는 등록을 통해 그 가치와 의미를 지속적으로 계승하고 건축원형을 보존할 필요가 있다.

◆ 탑동양관

청주 탑동양관은 밀러 목사가 선교사들의 거주와 활동을 위해 서양식 기법으로 건축한 주택, 병원 등 총 6동의 건물이다. 밀러 목사는 청주 시가지가 내려다보이는 우암산 끝자락 탑동 언덕에 1904년부터 대지를 매입하고 1906년 4호관을 최초 건립한 이후 최후로 2호관을 건립한 1932년까지 6동의 건물을 건축하였다. 1, 3, 5, 6호관은 두 건물 사이의 시기에 건축되었지만, 건축연도가 정확히 밝

▶ 탑동양관 3호

▶ 탑동양관 4호

혀지지는 않았다.

최초로 건립된 4호관(현재 포사이드 기념관)은 선교사를 위한 주택으로 건립되었다. 연면적 511m², 지하 1층, 지상 2층 규모로 한식과 서양식을 절충한 건축양식으로, 지하실 부분은 외벽을 화강석으로 처리하였고, 지상층은 붉은 벽돌 및 흙갈색 벽돌을 사용하였다. 지붕은 한식기와를 사용하여 한옥의 지붕형식과 서구의 지붕형식이 혼합된 절충식 지붕형태를 구성하였다.

외벽은 흑갈색 벽돌을 이용한 조적식이지만, 내부는 조적식과 목구조가 함께 사용된 복합식 구조였다. 내부 바닥은 장선바닥판 위에 쪽마루를 깔았다. 내벽과 천장은 졸대 위 플라스터 마감을 하였고, 최상층의 천장은 지붕구조가 그대로 노출되는 연등천장으로 되어 있다.

설비 시스템은 서양식 설비를 선구적으로 도입하였다. 난방방식은 전통적인 온돌방 형식이 아니라 지하실에 보일러를 설치하고 증기난방과 벽난로 방식을 적용하였다. 부엌은 입식부엌으로 수도를 설치하였고, 위생설비로는 내부에 수세식 화장실을 설치하고 외부에 정화조를 설치하였다.

4호관 건축 이후 주택을 비롯하여 병원, 성경학교 등의 용도로

▶ 탑동양관 5호

▶ 탑동양관 6호

1932년까지 5동의 서양식 양관이 건립되었으며, 해발 64m의 야산에 6동의 건물이 동서로 길게 산마루를 따라 배치되었다. 건축형식은 대부분 4호관과 유사하였지만 후대로 갈수록 최초의 절충양식에서 점차 전통적 양식이 사라지고 점차 서양양식을 지향하여 서양식과 건축기법이 점차 강하게 표현되었다.

청주 탑동양관은 근대 초기 서양식 종교와 선교사의 유입과 함께 도입된 서양건축 양식이 전통건축 양식에 수용되어 절충양식을 형성하는 과정을 순차적으로 보여 준다. 1983년 3월 30일 충청북도 유형문화재 제133호로 지정되었다. 현재 청주 탑동양관은 4동이 일신여자중고등학교 내에 위치하고 있으며, 6동 대부분이 당시 활동하였던 선교사들의 기념관 용도로 이용되고 있다.

③ 성공회

가. 충북지역 성공회 수용과 확산

한국 성공회는 영국 켄터베리 대주교가 1887년 코프(C. J. Corfe)를 한국 선교책임자로 선임하여 주교로 서품한 뒤 1890년 제물포에 도착하면서 시작되었다. 서울·인천·강화지역을 주근거지로 삼아

선교활동을 하던 성공회는 단아덕 신부가 1904년에 제2대 교주로 부임한 뒤부터, 수원을 기점으로 하는 정책에 따라 점차 선교영역을 부산, 평양, 진남포, 의주, 수원, 진천 등지로 확장하였다.

단아덕 신부는 서울 정동교회(현 서울 주교좌 성당) 주임사제였던 김우일(金禹壹, Wilfreed N. Gurney) 신부로 하여금 1905년부터 진천지역 전도에 나서게 하였다. 그 결과 1907년에 진천지역 70여 개 마을에 성공회가 전파되었다. 그를 바탕으로 1908년 1월 3일 진천에 성공회 성당이 축성되었다.

특히, 성공회는 1908년에 전국을 서울, 강화, 수원, 진천 4개 지역으로 나누어 그 지역 관할 사제를 두어 조직적인 체계를 갖추었다. 그에 따라 진천 성공회 성당은 충북지역 선교 거점이 되었고, 그 곳을 중심으로 성공회가 빠른 속도로 주변지역으로 확산되어 갔다. 성공회 선교사들은 진천을 중심으로 음성, 청주, 괴산, 충주를 비롯해 이웃한 충남의 목천, 경기도의 안성, 직산, 여주, 심지어 강원도 원주까지 교세를 확대하여 각 지방에 기도소를 설립하고 그 지역 유력인사들을 전도하였다. 선교 외에 의료 및 교육 출판사업을 통해 서구문명의 전파에도 일조하였다.

진천 성공회는 1908년에 진명학교(현 삼수초등학교)를 건립하여 진천지역의 근대교육의 효시를 열었으며, 1909년에는 애인병원을 설립하여 서양의술을 베풀었다. 강화에서 활동하던 로스(A. F. Raws) 선교사 부부가 진천에 와서 병원을 세웠다. 병원은 예배당과 같은 크기의 한옥으로 지어졌으며, 서울과 제물포에 이어 성공회의 세 번째 의료선교사업이었다. 또한 진천군 이월면 송현리에 노동야학을 개설하고, 충남 병천과 천안 부대동에 신명학교를 설립하여, 이후 3·1운동의 기반을 닦기도 하였다.

진천에 전파된 성공회는 청주지역에도 확대되어, 1907년 동산리교회와 1908년 묵방리의 묵방교회가 설립되었다. 청주시내에는 다른 지역보다 늦은 1910년대 후반에 들어와 선교활동이 이루어졌는데, 1916년에 이미 청주·묵방·동산·가덕 네 곳에서 선교활동이 이루어졌다. 특히, 진천 성공회 소속 영국 출신 신부인 류신덕(G. E. Hewleet, 1862~1930) 신부와 이도암(A. W. Lee, 1893~1950) 신부가 청주읍에 임시로 거처하면서 교인들을 지도하고, 또한 3대 주교 조마가(Mark Napier Trollope, 1862~1930) 주교의 지대한 관심으로 1920년대 초반 청주읍에 상당수의 교인이 있었다. 1927년 현재 충북지역 성공회 성당은 공소를 포함해 11개소나 되었으며, 영국인 신부 2명을 비롯해 12명의 신부가 활동하였고 1,110명의 신자가 있었다.[17]

특히, 서울 성 니콜라 기숙사 출신으로 경성의전을 졸업한 오기택이 1921년에 청주에서 병원을 개업하였는데, 1923년에 병원 옆에 교회를 개척한 것이 청주 수동교회였다. 청주 수동교회는 1935년에 진천 성공회 교회에 있던 이도암 신부가 사제관으로 이사하면서 더욱 활기를 띠었고, 1935년에 현재의 한옥식 수동교회 성당이 축성되었다. 그에 따라 청주 수동교회는 충북지역 선교의 중심지로 자리잡게 되었다.[18]

해방 이전까지 충북지역 성공회는 6개 성당, 5개 기도소가 성립하여 운영되었으나,[19] 일제 말기를 거치면서 교세가 급격히 위축되었다. 일제는 전시체제를 유지하면서 종교를 크게 탄압하였는데, 그에 따라 성공회의 교육사업은 물론 의료사업도 중단되게 되었다. 진천 애인병원도 1941년에 문을 닫았다. 해방 이후에는 농지개혁으로 재정기반을 상실하면서 교세가 크게 위축되어, 성공회는 오늘날

17) 정삼철 역, 1928『忠淸北道要覽』, 60쪽.

18) 충북기독교선교100주년기념사업회 편, 앞의 책, 328~329, 487~489쪽.

19) '99 건축문화의 해 충청북도 조직위원회, 앞의 책, 440쪽.

충북지역에서 아주 작은 교단으로 자리잡고 있다.

나. 충북지역 성공회 건축문화유산 현황

성공회는 선교 초기에 인천, 서울 그리고 충청도 지방에서 집중적으로 활동을 전개한 결과, 근대기 성공회 건축물은 현재 주로 이 지역에 집중적으로 남아 있다. 성공회 성당은 건축형식에 따라 한옥 성당, 서양식 성당, 절충형 성당의 세 가지로 구분될 수 있다. 충북지역 성공회 근대 건축문화유산은 총 5동으로 한옥 성당이 3동, 절충식 성당이 2동 현존하고 있다.

한옥 성당은 전통문화에 대한 토착화를 추구하였던 성공회의 선교 이념에 따라 발생된 건축형식으로 한국의 전통건축물인 한옥을 기본적 건축형식으로 하고, 서양 기독교의 전통적 바실리카식 성당의 건축요소를 수용한 매우 독특한 형식이다. 시기적으로는 선교 초기부터 일제강점기 중반기까지 동안 지역적으로는 충청도 등 주로 지방에서 건축되었다.

서양식 성당은 영국 선교본부의 재정적 지원에 의해 건축된 형식으로 서양 기독교의 바실리카식 성당 양식 중에서도 주로 영국에서 선호되었던 로마네스크(Romanesque) 양식을 기본형식으로 한 건축형식이다. 주로 붉은 벽돌을 주재료로 조적식 구조에 의해 건축되었으며, 시기적으로는 일제강점기 중반 이후에, 지역적으로는 인천, 서울, 부산 등 당시 대도시에서 주로 건축되었다. 충북지역에는 현존 사례가 없다.

절충식 성당은 전통적 한옥 성당에서 근대적 건축양식의 성당으로 변화되는 과정에서 나타난 전환기적 양식으로 한국 전통식, 일본식, 서양식 기법이 혼합된 양식이다. 주로 전통식, 일본식, 서양식 목조기법이 혼합된 목구조를 형성하고 아치형 창문, 종탑, 박공

지붕 등의 바실리카식 성당의 기법을 도입하였다

◆ 성공회 진천성당

1908년 건축된 최초의 성공회 진천성당은 1920년 화재로 인해 소실되었고 현재의 건물은 1923년 10월 현재의 규모로 다시 지어졌으며, 1976년 도시계획 도로 개설로 성당이 철거될 위기에 처하자 진천읍 읍내리로 옮겨 세웠다.

도심 외곽에 위치한 언덕 경사지의 고단 지형에 건축된 청주 성공회 성당과 달리 읍내 중심부의 평지지형에 건축되었으며, 본래는 남북축을 주축으로 배치되고 남쪽에 주출입구를 형성하였으나, 1976년 이건되면서 동서축을 주축으로 배치되고 동쪽에 주출입구를 형성하였다.

기본적 건축형식은 전통적 한옥건물에 서양의 바실리카식 평면구성을 적용하였으며, 정면 4칸, 측면 8칸의 장방형 평면으로 장변이 아닌 단변방향에서 진입을 하도록 하고 전면과 출입구를 형성하였으며, 내부에는 중앙에 2열로 고주를 세우고 고주 양쪽에 퇴보를 걸어 측랑을 설치하여 三廊式의 성당 내부를 구성하였다.

건물구조는 낮은 기단 위에 초석을 놓고 네모기둥을 세웠으며 대들보와 종보 위에 사다리꼴의 대공이 받치는 이고주오량 가구형식이며, 공포가 없는 민도리 형식으로 겹처마의 팔작지붕 형식이다. 벽체는 외벽을 벽돌과 시멘트 모르타르로, 내벽을 석회로 각각 마감하였으며, 천장은 서까래가 그대로 노출된 연등천장이고 바닥은 목재마루 바닥이다.

대한성공회 진천성당은 전통 한옥 목구조를 기본으로 하면서 서양 바실리카식 교회의 공간구조를 도입한다. 한옥 성당으로 같은 교구였던 청주 성공회 성당(1935년 건립)의 직접적 모델이 되었다.

▶ 진천성당 전경

▶ 진천성당 내부

건축형식은 근대 초기 서양건축과 한국 건축이 융화되어 나타난 절충형식으로서 동서 건축의 융합형식을 보여 주는 건축사적 의의를 지닌 건물이다. 이상의 가치를 인정받아 2002년 2월 28일 등록문화재 제8호로 등록되었다.

그러나 진천성당은 2005년에 현재의 위치인 진천읍 교성리로 이건하였다. 그 과정에서 건물 내부가 다소 변경되어 문화유산으로서의 가치가 훼손되었다.

◆ 성공회 청주성당

청주 성공회는 1922년 당시 진천 교구 관할사제였던 영국인 선교사 휼렛(George Ernest Hewlett, 유신덕) 신부가 청주 대성동에 거주하고 있던 윤달용(1930년 사제가 됨) 집에서 정기적으로 가졌던 가정예배에서 시작되었다. 청주지역은 이미 1916년에 청주·묵방·동산·가덕 네 곳에서 선교활동이 이루어지고 있었다. 특히, 진천에 있던 휴렛 신부와 조마가 주교의 지대한 관심으로 1920년대 초반 청주읍에 상당수의 교인을 얻게 되었다. 더욱이 1920년대 이후 청주가 신도시계획에 의거 새롭게 개발되고 충북의 행정·경제 문화의 중심지가 되면서 충북지역 성공회의 중심축을 진천으로부터 청주로 옮기는 작업이 추진되기 시작하였다. 1921년 조치원-청주간의 충북선이 개설되고 1928년에 충주까지 충북선이 연장되면서 청주가 급속도로 성장하자, 이러한 계획은 더욱 적극성을 띠게 되었다.

마침내 1924년 청주교회당 건축대지를 매입하고 건축을 위한 기금 모금운동에 들어갔다. 1930년 제4대 주교가 된 구세실(C. Cooper) 주교는 청주에 큰 관심을 두고 있었다. 그 결과 1933년 7월 사제관 2동이 건축되었고, 4개월 동안이나 진천에 거주하면서 청주교회를 관할하던 이도암 신부가 7월 31일 청주 교회 사제관으로 이사하였다. 1935년 9월 24일에는 구세실 주교 집전으로 현재의 청주 수동 교회당 축성식이 거행되었다. 새로 건축된 성당은 '성그레고리오 성당'이란 이름으로 불렸는데, 그것은 영국 버밍험에 있는 '세인트 그레고리오 교회' 교인들이 청주교회 건축의 기금마련에 상당부분 기여하였기 때문에, 그것을 기념하기 위해 부른 것이라 한다.

우암산록 언덕 위에 남북으로 배치되어 있는 교회당 건물은 전면 4칸, 측면 8칸 총 32칸으로 되어 있으며, 전형적인 조선시대 단층 한옥 건축양식을 띠고 있다. 토착적 기독교 문화의 향취를 담고 있는 우람한 청주 수동성당은 1985년 충청북도 유형문화재 제149호로 지정되었다.[20)]

청주 성공회 성당은 고단에 위치한 만큼 진입로부터 전통사찰과 같은 개념으로 계획되었다. 즉, 굴곡진 경사로를 올라가면서 주변 공간의 변화를 느끼고 성당건물의 정면에 이르도록 배치되었다.

성당건물은 한국 선교 초기부터 토착화를 시도한 성공회의 의도에 따라 진천성당, 음성성당 등 일반적 성공회 성당과 마찬가지로 한옥 성당 형식으로 건축되었다. 기본적 건축형식은 정면 4칸, 측면 8칸의 규모, 2고주9량의 가구, 공포가 생략된 민도리, 겹처마,

20) 전순동, 2000「충북성공회」『충북기독교역사연구회보』 제6호.

▶ 성공회 청주성당 전경

▶ 성공회 청주성당 내부

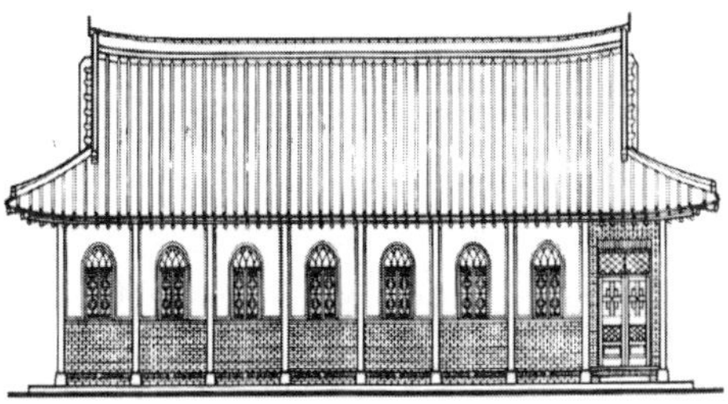

▶ 성공회 청주성당 측면도

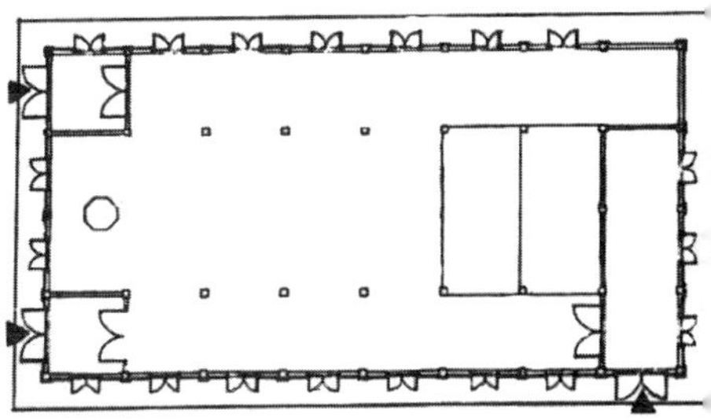

▶ 성공회 청주성당 평면도

팔작지붕, 형식으로 건립되었다.

건물은 낮은 기단 위에 방형 초석을 놓고 방형 기둥을 세웠으며 대들보와 종보 위에 사다리꼴의 대공이 중도리를 받치며, 천장은 서까래가 노출된 연등천장으로 구성하였다. 전통적 형식의 한옥 목구조 건물에 서양의 바실리카식 평면구성을 적용하고 종교적 기능을 수용하기 위해 장변이 아닌 남쪽의 단변방향에서 진입을 하도록 하고 정면과 주출입구를 형성하였으며, 건물이 남북축을 주축으로 하고 제단이 북측에 위치되었다.

내부는 중앙에 2열로 고주를 세우고 그 사이를 신랑 내부를 구성하고 있다. 내부 바닥은 목재마루로 깔고 외벽은 하부를 적벽돌로 상부를 시멘트 모르타르로 마감하고 내벽은 석회로 마감하였으며, 창문은 상부를 아치형으로 장식하고 출입문의 상부는 네모의 교살창으로 하였다.

청주 성공회 성당은 전통 한옥 목구조를 기본으로 하면서 서양 바실리카식 교회의 공간구조를 도입하였던 한옥 성당으로 대한성공회 진천성당과 유사한 형식으로 건축되었다. 이는 한옥 성당이지만 근대 초기 서양건축과 한국 건축이 융화되어 나타난 절충형식으로 동·서 건축의 융합형식을 보여 주는 건축사적 의의를 지닌 건물로 평가되며, 그 가치를 인정받아 1983년 12월 28일 충청북도 유형문화재 제149호로 지정되었다.

◆ 성공회 음성성당

1910년 충북지역에서는 진천에 이어 두 번째로 음성지역에서 성공회 전도가 시작되었다. 초기에는 성직자가 없이 지내다 1915년 5월 김희준 부제가 부임한 후 선교활동이 더욱 활발하게 전개되었다. 1920년대에 들어서는 진천과 함께 충북지역 선교의 강력한 거점이 되었다. 1923년 읍내리에 약 1,000평의 대지를 구입하여 성당과 사제관을 건축하였으며 1928년에는 두 칸 규모의 교사를 지어 신명학교를 운영하였다.

성당건축은 읍성 갑부였던 신도가 희사한 주택의 부재를 가져와 지은 것으로, 한국 선교 초기부터 토착화를 시도한 성공회의 의도에 따라 진천성당, 청주성당 등 일반적 성공회 성당과 마찬가지로 한옥 성당 형식으로 건축되었다.

정면 3칸, 측면 5칸, 총 15칸 규모로 서쪽에 제단이 형성되고 동쪽에 각각 남녀를 위한 출입구 두 개가 형성되었다. 현재 주출입구는 후에 벽돌조에 의해 반 칸 규모로 증축 부가된 것이다. 지붕은 제단 쪽은 합각면을 지닌 팔작지붕이나 주출입구 쪽은 박공면을 지닌 맞배지붕으로 두 지붕형식이 복합된 독특한 형식이며 본래 전통기와로 마감되었으나 후에 현재의 시멘트기와로 교체, 보수되었다.

낮은 기단 위에서 외벽은 하부는 반방화벽이고 상부는 회반죽으로 마감되었으며 기둥 사이의 간벽에 규칙적으로 형성된 목재 창문은 서양식 여닫이 창이다. 내부 바닥은 목조마루이고 천장은 보, 도리, 서까래 등이 노출된 연등천장 형식이다.

내부는 신랑을 중심으로 양측의 측랑에 의해 3랑식으로 구성되었으며, 다른 일반적 한옥형 성당에 비해 신랑의 너비, 즉 기둥간격을 비교적 넓게 형성한 점이 특징적이다. 동서 방향으로 긴 장방형의 3랑식 평면 내에서 서쪽에 제단을 형성하고 제단 양쪽은 제의실과 성구실로 사용하고 있다.

대한성공회 음성성당은 한옥 성당 중에서도 내부 공간에서 제단을 서양 바실리카식 교회처럼 안쪽으로 파서 공간적 집중성을 높게 형성하고 내부의 3랑식 공간구성에서 중앙 신랑의 너비, 즉 기둥간격을 다른 한옥형 교회에 비해 넓게 형성한 점이 특징이다.

현재 보존상태는 외관에서 전면 현관부가 증축되고 지붕이 전통기와에서 시멘트기와로 교체되고 외벽이 페인트로 도색되는 등의 변형이 발생되었으며, 전체적으로 노후화가 진행된 상태이다.

반면에 내부는 전체적으로 한옥교회 특유의 공간적 특성과 분위기를 유지한 채 보존상태가 비교적 양호하다. 현재까지 교회로 지속적으로 활용, 관리되며 개·보수되었지만, 전체적으로 노후

▶ 성공회 음성성당 전경

화 상태가 진행되어 개·보수 및 관리보존 대책이 필요한 상태이다.

◆ 성공회 충주성당

충주지역은 진천교구 관할사제였던 영국인 선교사 유신덕 신부가 1924년에 선교를 시작하였으며, 1931년 8월 성당을 축성하였다. 기본적인 건축형식은 청주, 진천, 음성의 한옥형식 성공회 성당과 달리 절충식 목조 성당이다.

정면 3칸, 측면 6칸 규모의 단순한 장방형 평면으로 동서축을 주축으로 배치되었으며 전체적으로 주축을 중심으로 대칭형 평면과 형태를 구성하였다. 서쪽 정면에 각각 남녀를 위한 주출입구 2개소를 형성하고 동쪽에 제단을 배치하였다.

외관은 정면쪽에 높지 않은 뾰족한 종탑이 세워졌으며 지붕은 전체적으로 함석으로 마감된 박공지붕 형식이다. 외벽은 하단부는 시멘트 모르타르 뿜칠로 마감하고 상부는 첨두아치(pointed arch) 형태 목재 여닫이 창문을 설치하고 창문 사이의 벽은 회반죽으로 마감하였다. 내부는 기둥이 없는 통칸구조로 매우 단순하게 구성되었으며 예배실 바닥은 목조 마루바닥이고 천장고는 약 3.3m이다.

1931년 건축 당시는 대부분인 논과 밭, 초가였던 주변 상황과 비교해 규모가 상대적으로 매우 크고 종탑, 박공지붕, 아치형 창 등 서양식 건축기법과 형태 등에 의해 매우 주목을 받는 건축물이었다.

성공회 충주성당 전경

대한성공회 충주성당은 청주, 진천, 음성 등 한옥형식의 성당과 달리 서양식 목조, 함석박공지붕, 뾰족한 종탑, 첨두형 아치 창문 등 서양식 건축기법과 양식에 의해 건축되었다는 점이 주된 특징이며, 후에 음성 매일성당이 이와 유사한 형식으로 건축되었다.

1975년 현재의 새로운 성당이 축성된 후에 1931년 건축된 원래의 성당은 주일학교로 활용되다 1990년 이후 창고 등으로 활용되고 있지만, 전체적으로 노후화되어 보존 및 관리상태가 좋지 않은 상태이다. 현재 성당 측에서는 건물 노후화, 관리상 어려움 등을 이유로 철거를 계획하고 있어 보존대책의 수립이 요구된다.

◆ 성공회 매일성당

음성군 삼성면 상곡리에 위치한 성공회 매일성당은 삼성성당으로도 지칭되는 성당으로 1938년 축성되었다. 기본적 건축형식은 1931년 건축된 대한성공회 충주성당과 유사하다. 정면은 남서쪽에 제단은 북동쪽에 각각 형성되었으며, 장방형의 예배 공간을 중심으로 현관부분과 제단부분이 각각 장축방향으로 돌출되었다.

지붕은 함석으로 마감되고 현관부분을 제외하고 전체적으로 박공지붕 형태이며 외벽은 시멘트 모르타르로 마감하고 목재기둥에 의해 분절된 4칸의 벽면마다 아치형 목재 여닫이 창문을 설치하였다. 내부는 바닥은 목조마루 바닥이고 천장은 무고주오량 형식의 지붕구조와 보, 도리, 서까래 등이 그대로 노출된 연등천정 형식이다.

▶ 성공회 매일성당

매일성당에서 가장 독특한 부분은 정면 현관부분이다. 현관부분은 다른 부분의 박공지붕과 달리 우진각 지붕을 형성하고 상부에 사각형 평면의 종탑을 세우고 종탑지붕은 사각형 평면과 일치되는 않는 육각뿔 형태로 형성하고, 외부에 면하는 주출입구는 한 개이지만 내부 출입구는 각각 남녀를 위해 2개로 형성하는 등 여러 가지 독특한 기법을 구사하였다.

매일성당이 진천 광혜원성당으로 흡수된 후 성당이 사용되지 않고 오랜 기간 그대로 방치된 결과, 현재는 건물이 건축원형의 회복이 불가능한 정도로 전체적으로 노후화, 폐허화되었다.

④ 구세군

구세군은 1865년 영국 런던에서 감리교 부흥사 윌리암 부드(Willam Booth)에 의해 1865년에 창설된 신앙공동체로서, 1878년에 '구세군(救世軍, Salvation)'이란 명칭으로 바뀌어 하나의 기독교 교단을 이루어 세계 각국으로 확산되었다.

구세군이 우리나라에 전래된 것은 1900년대에 들어와서이다. 영국인 로버트 호가드(Robert Hoggard)는 1908년 10월에 한국으로 들어와 서울 서대문구 평동에 자리잡고 선교를 시작하였다. 한국 구세군은 감리교와 장로교와는 달리 주로 중소도시와 시골을 중심으로 교회 영문을 건립하고 사회사업을 전개하였다. 그 결과 1916년에 구세군 교회는 전국에 68개에 이르렀으며, 교인도 4,000여 명에 이를 정도였다.

이와 같은 구세군이 충북지역에 첫 발을 내디딘 것은 1911년에 충북 영동에 영문을 세우고 선교사업을 시작하면서부터이다. 1914년에는 영동지방 지방장으로 설보덕(Bramwll Sylvester)이 임명되었고, 그 다음 해에는 첫 한국인 담임사관으로 김병규가 임명되어 활발한 선교활동이 이루어지었다. 그 결과 구세군 영문은 영동을 중심으로 주변지역으로 확산되어, 심천영문, 내촌영문, 양정영문, 용산

영문, 가동영문, 영강영문, 신흥영문 등이 설립되었다. 1927년 현재 구세군 포교소는 7개소로, 영국인 1명을 비롯한 12명의 사관과 277명의 신자가 있었다.[21] 이들은 주로 영동지역에 분포해 있었다.

영동에는 구세군 병원도 건립·운영되었다. 영동 구세병원은 구세군 한국 전래 25주년 기념사업의 하나로 추진되어, 1934년에 영동읍 계산리 야산 밑에 1만여 평의 대지 위에 착공되어 1936년에 부분 준공되었다. 1942년에 완공되어 종합병원으로 개원한 영동 구세병원은 근대 의료시설이 낙후한 영동지역의 의료 혜택을 베풀었으나, 구세군이 일본의 제2차 세계대전에 협조하지 않아 강제 폐쇄되었다. 그에 따라 구세병원은 일본의 소유가 되었다.

그렇지만 구세군은 영동지역을 벗어나 확산되지는 못하였다. 특히, 해방 이후에는 영동지역이 대전을 본영으로 한 충청지역에 속하게 되어 점점 그 위상이 낮아지게 되었다. 청주지역의 경우에도 1938년에 주로 일본인들이 참석하는 영문이 청주시 서운동에 설립되었으나, 1942년에 폐쇄되었다.[22]

현재 남아 있는 구세군 건축문화유산은 한 건도 확인되지 않고 있다. 그 이유는 구세군이 다른 서양종교처럼 거대한 성당 건축물을 축조하지 않은 점, 부족한 재원, 해방 이후 교세 위축에 따른 건축물 폐기 등이다.

5) 산업문화유산

산업문화유산은 개항 이후 산업발전 과정에서 남겨진 유산으로 산업 관련 기관이나 단체의 건조물, 기념비 등이다. 현재 확인된 충

21) 정삼철 역, 1928『忠清北道要覽』, 60쪽.
22) 충북기독교선교100주년기념사업회 편, 앞의 책, 330~331, 487~489쪽.

표 7-17 충북지역 근현대 산업문화유산 목록

번호	명칭	위치	연도	특징	비고
1	조선운송창고주식회사	청주시 상당구 북문로2가	1921		
2	삼창토건	청주시 상당구 북문로3가	1942	일제하 경제 유산	
3	한국도자기 건물	청주시 상당구 내덕동		청주 최초 병원	
4	초정약수공장 구 건물	청원군 내수읍 초정리	일제하	초정에 남아 있는 일제시대 유일의 공장건물	
5	미원엽연초생산조합	청원군 미원면 미원리	1913	충북도내에서 가장 오래된 엽연초생산조합 건물	
6	진천연초생산조합 창고	진천군 진천읍 교성리	?	일제시대 대표적인 창고 건물	
7	진천농협지소	진천군 진천읍 읍내리	?	일제시대 진천금융조합 건물	
8	덕산양조장	진천군 덕산면 용몽리	1930	충북지역 대표적인 일제시대 양조장 건물	등록문화재
9	충주비료공장 製粒塔	충주시 목행동	1958	한국 근대화의 중요 유산	
10	황색연초도입 20주년기념비	충주시 용산동	1936	충주 엽연초생산 기념물	
11	한일은행 충주지점	충주시 성내동	1939	일제 無盡會社 건물	
12	호암지 수리조합장 사업성공기념비	충주시 문화동	1933	호암지 축조 기념비	
13	호암지위령묘원	충주시 호암동	1933	호암지 축조 관련 유산	
14	제천 농지개량조합	제천시 모산동	1914	의림지 경영	

15	제천엽연초생산조합 사옥	제천시 명동	1918	중부내륙지방 엽연초 생산의 전초기지	등록문화재
16	제천엽연초수납취급소	제천시 명동	1943	제천지역 엽연초 수납 취급	등록문화재
17	대한통운 제천영업소	제천시 화산2동	1941	화강석 조적조 건축물	등록문화재
18	조흥은행 제천지점	제천시 명동	1942	제천 최고의 은행건물	
19	금성면 양화리 폐광산	제천시 금성면 양화리	1950년대	한국전쟁 직후 30억 투자. 3층건물	
20	(주)아시아시멘트 제천공장	제천시 송학면 입석리	1966	제천지역 시멘트산업 자료	
21	영춘담배건조실	단양군 영춘면 용진		1950년대 담배건조실로 단양에서 가장 오래 된 것	
22	칠성수력발전소	괴산군 칠성면 외사리	1957	국내 최초로 우리 기술로 계획, 건설	
23	청천농협창고	괴산군 청천면 청천리	1958	미제 철근 사용, 철근아연조	
24	엽연초생산협동조합	옥천군 옥천읍 문정리	1937	1층 목조, 도내 두 번째 연초조합 건물	
25	황간농협창고	영동군 황간면 남성리	일제하	한국전쟁 때 총알 자국 무수	

북지역 산업문화유산은 〈표 7-17〉과 같이 25건이다.

〈표 7-17〉에서 가장 많은 문화유산은 연초와 관련된 것들이다. 산업문화유산 26건 중 7건이 연초 관련 건조물과 기념비인데, 1913년에 신축된 미원엽연초생산조합을 비롯해 엽연초생산조합 건물이 가장 많은 3건, 연초 창고 1건, 1936년에 충주 용산동에 세운 황색연초도입 20주년 기념비 1건, 담배건조실 1건 등이다.

이렇듯 충북지역에 연초 관련 유산이 많은 것은 그만한 이유가 있다. 1910년을 전후 연초 제조업이 크게 발전하면서 담배원료인 황색종 잎담배의 수요가 급증하였다. 그러자 조선총독부 전매국은 황색종 재배를 계획하고 1910년 12월부터 후보산지 조사를 실시하였다. 그 결과 충주지역이 선정되었다.

조선총독부 전매국은 1912년에 충주에 司稅局 출장소를 개설하고 251명의 경작인에게 확색종 14.7ha를 경작하도록 하였다. 전매국은 경작자에게 경작자재를 무상으로 공급하고 謝金을 지급하여 촉탁경작하게 한 것이 우리나라 황색종 재배의 시초가 되었다. 그리고 1913년에는 충주연초경작조합도 설립되었다.

이것을 계기로 충북지역 연초 경작지와 경작자는 해마다 증가하였다. 1927년 충청북도의 연초 재배면적은 4,415정보, 경작인원은 2만 4,365명으로 확대되었다. 이것은 단위면적과 인구 대비 전국 최고치였다. 재배지역도 충주뿐 아니라 청주, 음성, 괴산 등지로 확산되었다. 연초재배 장려기관도 京城煙草專賣支局이 청주와 충주에 출장소를 설치하고 연초생산조합도 미원, 충주, 제천, 보은, 영춘, 진천 등 6개소에 설립되었다.[23] 현재의 충청북도 내 연초생산조합은 〈표 7-18〉과 같다.

현재 일제시대 충북지역에 설치되었던 연초 전매사업기관의 건조물은 남아 있는 것이 없다. 다만, 엽연초생산조합은 설립 당시의 원형대로 남아 있는 곳이 미원, 옥천, 제천 3곳이다.

미원엽연초생산조합은 1912년에 설립되었는데, 그 다음 해 현재의 조합건물이 신축되었다(건축대장에는 1937년에 신축된 것으로 되어 있음). 최근 목재 창호를 철제로 교체하였으나, 전체 건물형태와 마루바닥은 원형 그대로이다.

23) 정삼철 역, 1928『忠淸北道要覽』.

표 7-18 충청북도 엽연초생산조합 현황

연초조합명	설립연도	현 위치
보은엽연초생산조합	1927. 5. 1	보은읍 삼산리
미원엽연초생산조합	1912. 5. 1	청원군 미원면 미원리
진천엽연초생산조합	1927. 5. 28	진천읍교성리
옥천엽연초생산조합	1935. 5. 1	옥천읍 문정리
충주엽연초생산조합	1913. 5. 1	충주시 용산동
음성엽연초생산조합	1933. 4. 1	음성읍 읍내리

자료: 충청북도, 1928『忠淸北道要覽』.

옥천엽연초생산조합은 1935년에 설립되었다. 현재의 건물은 1937년에 신축되었다. 옥천엽연초생산조합은 옥천군청 입구 앞쪽에 위치하고 있으며 옥천의 옛 모습을 보여 주고 있다. 조합건물은 1층 목조로 97.52m^{2}이며 보존 및 관리상태가 양호한 편이다. 그 밖에도 사무실과 창고, 사택이 원형대로 잘 보존되어 있어 연초산업사의 한 측면을 잘 말해 주고 있다. 건축 당시에는 현 옥천여중 자리에 있던 큰 연못과 조화를 이루어 조합건물 주변의 경관이 매우 아름다웠다고 한다.

제천엽연초생산조합은 1918년 9월 22일 창립되었는데, 제천시 명동 151번지에 34.3평의 1층 시멘트건물에서 업무가 시작되었다. 현재는 제천엽연초생산조합 부속건물로 사용되고 있으나, 제대로 관리되지 않고 있으며 조만간 철거할 예정이라고 있다.

일제시대 제천지방은 조선시대 최대의 연초 생산지인 영월과 우리나라 황색종의 최초 재배지인 충주와 접속하는 지역으로 연초재배가 일찍 발달하였는데, 현재의 건물 옆에 있는 50년 이상된 회양목, 향나무 거목이 그것을 잘 말해 주고 있다. 이 건물은 충북 북

▶ 미원엽연초생산조합

▶ 옥천엽연초생산조합

부지역에 남아 있는 엽연초 관련 건물 중 가장 오래 된 것으로, 앞으로 엽연초 생산과 관련된 자료를 모아 박물관 등으로 활용하는 것도 바람직한 방안으로 생각된다.

그 밖에 산업문화유산으로는 양조장 건물이 남아 있다. 일제시대 충북지역의 酒造業 비율은 상대적으로 매우 높았다. 〈표 7-19〉와 같이 일제시대 주요 사업체라 할 수 있는 귀속사업체의 분포상황으로 볼 때 충북지역의 사업체 중 주조업 비율은 기형적이었다. 즉, 전국의 귀속사업체 업종별 비율은 제조공업(13.4%)>식료품공업(12.5%)>주조업(10.0%)>섬유공업(9.6%)>정미업(7.0%) 순인데 반해, 충북은 주조업(21.3%)>섬유공업(18.8%)>광업(12.5)>정미업(10%) 순이다. 충북의 귀속사업체 중 21.3%나 차지하는 주조업은 주로 양조장으로 모두 17개 업체가 있었다. 이는 일본인이 경영하는 주조업체에 국한된 만큼, 실제 일제시대 충북지역의 양조장수는 17개보다 훨씬 더 많았을 것으로 추정된다.

그렇지만 현재 보존 가치가 있는 양조장 건물로는 진천 덕산양조장밖에 확인되지 않는다. 진천 덕산양조장은 1930년에 현 소유자(이재철)의 부친인 이장범이 세운 것으로, 지금까지도 양조장 건물이 원형대로 보존되어 있다. 창호 역시 당시 그대로이며, 특히 '압

표 7-19 충청북도 도별 사업별 주요 귀속사업체 분포

업종 / 지역	서울	경기	충북	충남	전북	전남	경북	경남	강원	계	%
토건업	35	3	1	-	3	-	1	1	1	45	2.3
광업	2	20	10	2	11	4	-	1	8	58	2.9
기계업	46	18	1	16	3	13	6	34	2	139	7.0
철강업	11	15	1	2	12	9	18	37	2	107	5.4
운수업	2	1	2	3	1	4	-	-	4	17	0.9
목재업	11	15	6	11	9	17	19	18	15	121	6.1
요업	8	13	5	16	1	17	2	14	1	77	3.9
고무공업	6	4	-	-	-	-	3	7	-	20	1.0
화학공업	7	12	3	-	3	8	7	18	4	62	3.1
섬유공업	20	15	15	18	7	23	33	47	13	191	9.6
출판인쇄업	17	4	3	5	4	3	9	12	-	57	2.9
식료품공업	25	19	4	19	17	27	47	76	16	250	12.5
주조업	3	6	17	27	26	42	39	35	5	200	10.0
약품공업	16	4	-	-	-	1	1	7	-	29	1.5
농림업	1	-	-	-	-	2	-	3	2	8	0.4
수산업	-	-	-	-	3	4	5	34	9	55	2.8
전기업	9	1	-	1	-	1	1	7	-	20	1.0
정미업	2	12	8	40	18	51	7	-	1	139	7.0
창 고업	3	-	2	-	-	-	-	-	-	3	0.2
제조공업	55	24	-	25	23	25	32	77	5	268	13.4
상업	44	-	2	-	1	2	-	-	-	49	2.5
기타	29	4	-	2	8	13	12	8	5	81	4.1
총계	352	190	80	187	150	266	242	436	93	1,996	100
%	17.6	9.5	4.0	9.4	7.5	13.3	12.1	21.8	4.7	100	

자료: 『朝鮮經濟年報』, 1948, Ⅲ-196쪽.

▶ 진천 덕산양조장

록강제재소'에서 생산한 목재를 사용하였다. 일제시대 충북지역의 대표적인 양조장으로 보존할 가치가 있다.

다음으로 산업문화유산에는 수리조합 3건이 있다. 수리조합은 현재의 농어촌진흥공사의 전신인 조선토지개량협회(1938년 발족)에 소속되어 있었다. 일제시대 충북지역 수리조합은 1914년 결성된 제천 의림지 수리조합, 1928년에 조직된 영동 추풍령 수리조합, 1929년 괴산 이담 수리조합, 1930년에 만들어진 음성 생극과 옥천 안남 수리조합, 1933년 호암지 수리조합 등이 있었다.

충북지역에서 최초로 결성된 수리조합은 의림지인데, 현재 그 흔적이 남아 있다. 제천시 모산동 278-1번지에는 일백평 대지에 14평의 함석지붕 한옥건물이 있다. 이 건물은 1914년 6월 20일 의림지 수리조합이 창설될 당시 완공된 목조건축물로 1961년 11월 30일 의림지·금성·두학 등 5개 수리조합이 통합되어 제천수리조합이 될 때까지 47년간 제천의 젖줄인 水利를 관장한 기관이다. 이 건물의 보존과 더불어 의림지 주변을 정화하여 제천시의 문화관광자원으로 활용하는 것이 바람직하다.

또다른 수리조합 관련 유산은 충주 호암지이다. 현재 충주시 문화동 3889번지에는 호암지 수리조합장 사업성공기념비가 있고 호암동 3888번지에는 호암지 위령묘원이 있다. 수리조합장 사업성공기념비는 1933년에 호암지를 축조한 뒤 세운 기념비이며, 위령묘원은 호암지 조성과정에서 죽은 일본인들의 무덤이다. 이 기념비와 묘원은 그 주체가 일본인이더라도 한 시대의 사회성격과 농업 실정

▶ 충주 호암지 사업성공기념비

▶ 충주 호암지 일본인 위령묘원

을 잘 보여 줄 뿐 아니라, 충주시의 젖줄인 호암지와 관련되어 있는 만큼 보존되어야 한다.

다음은 금융 및 상업과 관련된 문화유산이다. 충북지역에 설치된 최초의 금융기관은 1907년 1월부터 업무를 개신한 상당금융조합이다. 금융조합은 그 뒤에도 계속 결성되었는데, 1934년 말 현재 36개였으며 지소는 6개소였다. 그 중에서 현존하는 조합건물은 진천뿐이다. 현재 진천농협지소로 쓰이고 있는 옛 진천금융조합 건물은 건축연도는 미상이나 건물형태와 창호 등으로 보아 일제시대에 건축한 것이 사실이다. 이 건물은 일제시대에 36개에 이르던 금융조합 건물 중 하나라 일정한 가치가 있는 것이 사실이나, 원형이 크게 변형된 만큼 보존할 가치는 큰 것으로 보이지 않는다.

근대 금융기관으로 현재 남아 있는 것은 〈표 7-20〉과 같이 조흥은행 제천지점이 유일하다. 충북지역에 최초로 개설된 은행은 1906년 9월 20일 개업한 韓湖農工銀行 충주출장소로, 그 뒤 조선식산은행 충주·청주지점(1928), 조선실업은행 청주지점(1920), 조선실업은행이 조선상업은행과 병합한 뒤 조선상업은행 청주지점(1924), 동일은행 제천지점(1938) 등이 설립되었다. 그 중 현재 건물이 남아 있는 은행은 동일은행 제천지점(현 조흥은행 제천지점)이다.

동일은행 제천지점은 화재로 현재의 위치인 제천시 명동 4-16번지로 신축 이전하였는데, 그것이 지금까지 보존되고 있다. 이 건물은 제천 最古의 은행건물일 뿐 아니라, 현재 충북지역에 남아 있는 일제시대 충북지역 유일의 은행건물이다. 모두 314평의 대지에 87평의 건평으로 지어진 이 건물은 1943년 10월에 한성은행과 동일은행이 합병하여 조흥은행 제천지점이 되었고, 한국전쟁 때는 헌병대가 주둔하기도 하였다. 현재 보존상태도 양호하고 일제시대 전형적인 건축양식을 유지하고 있는 만큼 어떤 형태로든 보존되어야 할 것이다.

〈표 7-20〉에서 현재 남아 있는 금융 및 상업기관은 조흥은행 제천지점 외에 조선중앙무진주식회사 충주지점, 조선운송창고주식회사 본점, 청주극장 등이 있다. 1936년에 문을 연 청주극장은 현재 원형을 거의 상실하였다. 그 밖에 대한통운 제천영업소가 있다.

조선중앙무진회사는 1922년 이래 각 지역에 생긴 많은 無盡會社를 통합하여 1942년에 조직되었다. 그 뒤에는 1946년에 조선상호은행으로, 1950년에는 한국상공은행으로, 1954년에는 한국흥업은행으로, 1960년에는 한일은행으로 변경되었다. 현 충주 성내동에 있는 옛 한일은행 청주지점은 1939년경에 신축한 것으로 알려져 있다. 현재 원형을 많이 잃은 상태이며, 내부의 상태는 더욱 심각한 훼손 정도를 보이고 있다.

조선운송창고주식회사 청주지점은 청주시 북문로 2가에 위치하고 있는데, 청주-조치원간 철도가 개통되면서 1921년 7월에 청주지역 상인 8명은 발기하여 동년 10월에 운수창고업을 개업하였다. 주로 운수창고업과 미곡·소금 판매를 주업으로 하였고, 1937년에 조선운수창고주식회사에 흡수·합병되어 청주지점으로 발족되었다.

표 7-20 일제시대 충북지역 금융 및 상업기관 현황

건물명칭	현존 유무	소재지	건축연대	구조	비고 (현 위치)
조선상업은행 청주지점	무	청주시 남문로2가	1928. 10	상업은행 자리, 1957. 12. 16신축	
조선중앙무진주식회사 청주지점	무	청주시 남문로2가	1	1954. 1. 9 구 한일은행 자리로 移轉	
조선식산은행 청주지점	무	청주시 북문로1가	1928	벽돌1층	현 산업은행 자리
청주 금융조합연합회	무	청주시 북문로1가	1921	벽돌3층	구 충북은행중앙본점 자리
청주 금융조합(도시금융조합)	무	청주시 남문로2가	1928	벽돌2층	현 중소기업은행자리 (40여 평)
상당 금융조합(촌락금융조합)	무	청주시 남주동	1928	벽돌2층	현 신라예식장 자리
조선식산은행 충주지점	무	충주시 성내동	1918(?)	목조1층	
충주 지방금융조합	무	충주시 성내동	1926	목조1층	
조선중앙무진(株)	존	충주시 성내동 1	1939(?)	벽돌1층	125.16평
조흥은행 청주지점	무				
조흥은행 영동지점	무				
조흥은행 제천지점	존	제천시 명동	1942. 12. 14	목조1층	1921. 10 개업
조선운송창고주식회사 본점	존	청주시 북문로2가	1921		
청주연초원매팔조합	무	청주시 남문로1가			
청주극장	존	청주시 남문로2가	1936. 12		
대전전기주식회사 충주지점	무	충주시 성서동	1930(?)		
충주 연초경작조합	무	충주시 용산동	1917(?)		

자료: '99건축문화의 이해 충청북도 조직위원회, 1999 『忠北의 建築文化』, 458쪽.

◆ 옛 조선운송창고주식회사 청주지점

◆ 대한통운 제천영업소

1949년 9월에는 상호를 한국운수주식회사 청주지점으로 변경하면서 창고 13동, 자동차 16대, 우마차 20대의 시설을 보유한 대규모 운수기관으로 변모하였다. 1963년 대한통운주식회사 청주지점으로 상호가 변경되어 사용하다가 1965년 청주역 이전과 함께 민간인에게 매각되었다. 현재는 여러 점포와 주택으로 사용되고 있으며, 인근에 있던 창고 건물도 현재 남아 있다.[24)]

이와 관련하여 〈표 7-20〉에는 제시되어 있지 않지만, 현 대한통운 제천영업소 역시 제천역의 영업 개시와 함께 완공된 건물이다. 이 건물은 61평의 대리석 건물인데, 1941년 9월 1일 제천역 영업 개시와 함께 마루보시(丸星) 운수 사무실로 준공되었다. 그 뒤 대한통운에 인수되었다. 대한통운은 일제 때부터 있었던 미창운수와 마루보시운수가 해방 직후 합병된 것으로 1968년에 민영화된 운수회사이다. 이 건물은 1941년 건축 당시 수화물 처리와 직원 숙소 등 복합건물로 지어졌는데, 완자형 쌍기의 조적조 형식은 우리나라의 독특한 습식쌍기방식으로 그 형태가 잘 남아 있다. 그 때문에 2003년 6월에 등록문화재로 지정되었다.

다음으로 일제시대 공장건물이다. 1948년 충북지역에 있던 공

24) '99건축문화의 이해 충청북도 조직위원회, 앞의 책, 461~462쪽.

표 7-21 1948년 충북지역 공업사업체 분포

업종사업체	총수	금속	기계 기구	화학	전기 수도	요업 토석	방직	제재 목제품	식료품	인쇄 제본	기타
업체수	155	16	14	16	5	5	27	18	44	8	2
%	100	10.3	9.0	10.3	3.2	3.2	17.4	11.6	28.4	5.2	1.3
노동자수	4,102	193	175	422	185	72	1,640	260	998	126	31
%	100	4.7	4.3	10.3	4.5	1.8	40.0	6.3	24.3	3.1	0.8

자료: 南朝鮮過渡政府 勞動部, 1948『第二回 南朝鮮勞動統計調査結果報告』.

업사업체는 〈표 7-21〉과 같이 모두 155개 업체에 4,102명의 노동자가 종사하고 있었다. 이들 공업사업체는 대부분 1945년 이전 일제시대에 개업하였으며, 특히 일본인과 일본 자본에 의해 만들어진 대규모 사업체는 모두 해방 이전에 세워졌다. 이들 대규모 사업체는 모두 52개 업체였는데, 해방 이후 귀속사업체로 편입되어 1950년대에 민간에 불하되었다.[25]

일제시대에 존재하던 155개업체 중 현재까지 명맥을 유지하는 현재 확인된 사업체 건물은 삼창토건, 한국도자기, 옛 충북천연탄산주식회사 세 공장건물을 조사하였다.

현 (주)삼창토건 사무실은 1942년 청석학원 이사장이었던 김원근이 사무실 3동, 공장 1동, 숙소 1동 모두 5동을 건축하여 사무실과 공장 등으로 사용한 것이다. 그 뒤 1984년에 (주)삼창토건이 매입한 뒤 1동을 사무실로 사용하고, 나머지는 관리만 하고 있다. 사무실과 공장의 외형은 건축 당시의 모습을 대체로 유지하고 있다. 더욱이 바로 옆에는 현재 청석학원 김준철 이사장의 자택건물들이 여러 채 있다. 이 자택 역시 1942년경에 전통 한옥양식으로 건립하

25) 김양식, 2000「해방 이후 충북지역 귀속사업체 연구」『忠北史學』제11·12합집, 충북대 사학회.

표 7-22 충북지역 귀속공업기업체 업종별 분포

업종 관리	酒造	鐵工	精米	製材	運送	製紙	石炭	製陶	印刷	醬油	石炭판매	製糸	製瓦	文化	鑛	麯子	繰綿	製麻	청량음료	계
중앙직할					3		1					1			8	3	3	1		20
지방관할	8	1	7	7	1	4	1						1							30
임대차	7	1	4	7		1	1	1	3	2	1	4	2	2	10				1	47
불하	1			1						1		1								4
계	16	2	11	15	4	5	3	1	3	3	1	6	3	2	18	3	3	1	1	101

자료: 國民日報社, 1952『忠北年鑑』, 98쪽.

였으며 정원 내에 있는 건물 중에는 일본식 건물도 있다. 현 삼창토건 건물과 김준철 사택 주변은 보호책을 강구하여 보존할 가치가 높다.

한국도자기는 충북을 대표하는 향토기업이다. 한국도자기는 1950년대에 귀속사업체였던 忠北製陶社를 인수한 기업으로 1966년에 한국도자기로 상호를 변경하여 착실히 성장, 현재 충북을 대표할 뿐 아니라 전국 최고의 도자기 생산기업으로 발전하였다. 현재 공장 1동과 사무실은 2000년에 수리하여 사용하고 있다.

옛 충북천연탄산주식회사는 광천수로 유명한 초정에 있다. 초정 광천수는 1910년 이후 中央鐵道會社에서 개발하기 시작하였는데, 1921년 일본인이 경영하는 小林鑛泉에서 공장을 세워 초정약수로 천연사이다를 상품화시켜 외국에 수출하였다. 그 뒤 상호가 충북천연탄산주식회사로 변경되었고, 1947년에도 종업원 35명을 두고 사이다 등을 제조하였다. 그 뒤 귀속사업체로 분류되어 1953년 12월 12일 고려천연탄산회사장 신철우에게 불하되었다. 현재 남아 있는 건물은 CO_2를 뽑아내던 창고로 추정되며, 1960년대까지도 사용되다 현재 방치되어 있다.

지금까지 살펴본 것은 주로 일제시대에 만들어진 산업유산인데, 해방 이후에도 충북에는 한국경제 발전과정에서 주목할 만한 건조물이 들어서는데, 바로 충주 비료공장과 괴산 칠성댐이다.

▶ 옛 충주 비료공장 제립탑

현재 새한미디어가 자리잡고 있는 충주 비료공장은 1955년 9월에 착공하여 3년 뒤 충주비료공장 운영주식회사가 창립되었다. 그 뒤 우리나라 최대의 질소비료공장으로서 농업 생산력 증대와 수출 증가에 중요한 역할을 담당하였다. 1988년에 새한미디어에서 인수한 뒤 현재 남아 있는 것은 製粒塔(Prill Tower)뿐이다. 그렇지만 이 제립탑은 '조국 근대화'의 씨앗을 돋구던 충주 비료공장을 상징하는 탑으로 손색이 없다. 따라서 이 탑은 적극 보존하여 전망대 등으로 활용하면 충주의 명소가 될 수 있을 뿐 아니라, 충주댐 관광과 연계하여 문화관광코스로 각광을 받을 수 있으리라 본다.

충주 비료공장 못지않게 해방 이후 산업근대화의 상징으로 꼽을 수 있는 산업문화유산은 괴산 칠성댐을 꼽을 수 있다. 괴산댐은 해방 이후 최초로 순수 우리 기술진에 의해 건설된 댐이다. 아직 전쟁이 끝나지 않은 1951년 9월에 건설기본계획이 확정되어 1952년 11월에 기공식을 가졌다. 여러 우여곡절 끝에 공사에 착수한 지 무려 5년이나 걸려 댐을 준공하였다. 당시 정부는 괴산댐을 건설하기 위해 일제시대 댐 건설에 참여하였던 한국인 기술자와 노동자를 전국에서 불러와 모든 지혜와 힘을 모아 만들었다. 그래서 한국전쟁 이후 빈곤에 허덕이던 1950년대 불황경제에 활력을 집어넣고,

▶ 괴산 칠성댐

우리도 할 수 있다는 믿음을 주고, 호롱불 대신 전깃불을 밝히고, 멈춰선 기계가 돌아가게 한 주인공이다. 따라서 괴산댐은 매우 중요한 우리 현대사의 산업문화유산인 바, 현재의 모습대로 보존되어야 마땅하다.

그 밖에도 한국 현대경제사에서 주목해야 할 것은 광업과 시멘트산업이다. 두 공업분야 모두 지금은 큰 비중을 차지 못하더라도 1960~1970년대 '조국근대화'의 견인차 역할을 하던 산업분야이며, 그 대표적인 지역이 충북 북부지역에 위치한 제천·단양 등지이다. 현재 남아 있는 대표적인 폐광산에는 제천시 금성면 양화리에 있는 광산이며, 대표적인 시멘트공장으로는 제천시 송학면에 있는 (주)아시아시멘트 제천공장이다.

6) 생활문화유산

충북지역 근현대 생활 관련 문화유산은 〈표 7-23〉과 같이 모두 8건이 현존하고 있다. 청주 동부 배수지를 비롯해 일제시대 신축한 민가 3개, 관사 1개, 의원과 여관 건물 각 1개 등이다.

청주에 근대 상수도 시설이 갖추어지기 시작한 것은 1921년이다. 1921년 4월 청원군 남일면 선도산 계곡에서 청주로 물을 급수하는 여과지 및 배수지 시설공사가 시작되어 1923년 4월에 완공되었고, 1939년에는 영운동 수원지와 대성동 동부 배수지 시설이 준공되어 청주시 생활문화의 급진전이 이루어지었다. 동부 배수지는 현재 4개의 배수 탱크와 관사 1동으로 이루어진 도면이 남아 있으

표 7-23 충북지역 근현대 생활문화유산 목록

번호	명칭	위치	연도	특징	비고
1	청주 동부 배수지	청주시 상당구 대성동	1939	충부지역 최고의 상수도 시설	등록문화재
2	우리예능원	청주시 상당구 문화동	1924	2층목조흙벽, 26평	등록문화재
3	한국전력 청주관사	청주시 상당구 문화동	1932	목조한옥	
4	신명의원	청주시 상당구 북문로2가	1921	충북 최초의 개인병원	
5	(구)일해여관	청주시 상당구 북문로 1가	1927	일제시대 여관건물	
6	만승초등학교 사택	진천군 만승면 광혜원리	1927	일제시대 학교 관사	
7	괴산군 관사	괴산군 괴산읍 동부리	1919	1900년경 신축, 8·15 이후 괴산군 기증	등록문화재
8	사정리강당	음성군 음성읍 사정리	1935	마을씨족사 관련 유산	

며 우암산 끝자락 8부 능선 정도에 위치하여 수압을 통해 시내에 수돗물을 공급하도록 설계되어 있다.

이들 시설 중 현재 남아 있는 시설은 대성동 동부 배수지 시설 일부인데, 1979년 동부 배수지 시설 확장 때 종탑부분만 남기고 모두 철거하였다. 종탑은 배수지 배수량 확인 및 흐름을 조절하는 역할을 수행한 제수변실로, 높이 3.5m 정도의 육각평면의 돔을 가진 철근콘크리트 건물이다. 이 종탑은 현재 청주에 남아 있는 초기 상수도 시설 중 유일하게 그 흔적을 확인할 수 있을 뿐 아니라, 1920년대 우리나라 수도시설의 특징을 알 수 있는 시설물이다. 그 때문에 2007년 9월에 등록문화재로 지정되었다.

청주 동부 배수지와 더불어 빼놓을 수 없는 일제시대 청주의 근대화 산물은 여관건물이다. 현 청주시 중앙우체국 일대는 근대 건축물들이 최초로 들어선 장소로서 1908년경 우체국 앞 비습지를 매립하여 관사의 신축을 시작으로, 1920년대에 들어서면서 양복점을 비롯하여 각종 상점들이 들어서기 시작하였다. 구 일해여관 건물은 원래 小松屋 건물로 1927년에 신축되었으며 청주우체국과 마주보고 있는 일본식 목조가옥이었다. 이 가옥은 우체국옆 淸州館(남문로 2가 현 중앙투자신탁 자리)과 北一樓(남문로 1가)와 함께 당시의 대표적인 건물이었다.

현재 1층은 4개의 상점으로 이루어져 있고, 2층은 이들 점포의 창고로 사용되고 있다. 전체적으로 많이 훼손되었으나, 예전의 'ㄱ'자 형태의 건물형식은 아직 유지하고 있다.[26)]

〈표 7-23〉에서 신명의원은 충북지역 최초의 민간 의료시설이다. 충북에 최초의 근대식 의료기관은 1909년 12월에 개설된 관립 자혜의원(현 청주의료원)이다. 자혜의원은 중앙공원에 자리하고 있으면서 근대 의료혜택을 베풀었다. 민간의원의 효시는 1907년 영국 성공회에서 운영하던 진천의 애인병원, 1916년 청주제일교회의 소민의원 등이다. 그렇지만 이들 병원은 모두 종교기관에서 운영하던 것으로, 순수 개인병원은 충청북도지사를 역임한 바 있는 李明求가 1921년에 개업한 新明醫院이다. 진료과목은 이비인후과였다.

현재 의원으로 사용되던 1층 목조한옥 건물은 그 형태가 거의 없어지고 의류타운 상가건물로 사용하기 위해 개조하였다. 건물의 외벽은 일부 그대로 남아 있으나, 지붕과 내부는 원형을 잃은 상태이다.

26) '99건축문화의 이해 충청북도 조직위원회, 앞의 책, 464~465쪽.

청주시 문화동 7-3번지에 위치한 우리 예능원 건물은 충청북도 내에 남아 있는 가장 대표적인 일본식 목조주택이자 일제시대 청주시내에서 가장 아름다웠던 집으로 불리어졌고 해방 이후 YMCA가 30여 년 동안 사용한 건물이다.

▶ 우리 예능원

이 건물은 1924년 충북금융조합 사택으로 건립된 일본식 2층 목조함석집이다. 해방 이후 적산가옥으로 분류되어 김상문 장로가 불하받은 뒤 1954년부터 청주 YMCA회관으로 사용하였다. 1955년 11월 9일에는 미군 C.A.C.의 원조자재를 얻어다 강당을 신축, 현재 우리 예능원 유치원으로 사용하고 있다.

우리 예능원은 건립 당시 45도 경사의 되물매지붕이며, 지붕의 사면이 박공형태로 이루어진 "+"자형 사모지붕으로 이루어진 주택 건물로서, 평면형식에 있어서 홀형과 중복도형이 병용된 당시로서는 보기 힘든 독특한 형식의 주택이다. 특히, 1920년대에 소개된 방갈로 풍의 이국적 외관을 갖고 있어 주거사를 연구하는 데 있어 중요한 자료이다. 그 때문에 2002년 3월에 등록문화재 제9호로 이른 시기에 지정되었다. 이 집은 일제 식민지시대 청주지역에서 가장 아름다웠던 집으로 알려진 집이다. 당시에는 '뾰족집'으로 불렸다. 이 집은 청주지역의 대표적인 식민지시대 문화상징물로서 한 시대의 역사성과 문화를 보여 주고 있는 만큼 보존할 가치가 있다. 현 소유자(이영순, 1932년생) 역시 이 집이 문화재로 등록되어 항구적으로 보존되기를 희망하고 있다.

7) 교통문화유산

충북지역 교통문화유산은 〈표 7-24〉와 같다. 〈표 7-24〉에서 7건 가운데 6건이 철도 시설물이다.

충청북도를 지나는 철도는 경부, 충북, 중앙선 세 철도노선이다. 경부선은 1905년 1월 개통되었는데, 충북지역을 통과하는 역으로는 영동, 옥천, 이원, 황간, 부강, 추풍령, 지탄, 심천, 매포 등이 있었다.

충북선은 경부선의 조치원역과 중앙선의 봉양역을 잇는 철도노선이다. 충북선은 1920년 3월 조선철도주식회사(착공 당시는 중앙철도회사)에서 조치원-청주구간 노선공사에 착수하여 1921년 11월에

표 7-24 충북지역 근현대 교통문화유산 목록

번호	명칭	위치	연도	특징	비고
1	제천기관차사무소 검수고	제천시 영천동 338 제천역내	1941	중앙선 초창기의 유산	
2	연박터널	제천시 봉양읍 연박리, 공전리	1958	충북선 초창기 폐터널	
3	가곡 폐철도	단양군 가곡면 덕천	1945	태백선 초기 철도부설용 시설물(터널 등)	
4	괴강교	괴산군 괴산읍 제월리	1956	1950년대 우리 기술로 최신 공법 건설	
5	증약철교	옥천군 군북면 증약리	1905	경부철도 건설당시 철교, 당시의 특수공법 사용	
6	추풍령역 급수탑	영동군 추풍령면 추풍령리	1939	과도기적 급수탑으로 원형 보존	등록문화재
7	영동 심천역	영동군 심천면 심천리	1905	'一'자형 평면건물로 원형 보존	등록문화재

개통하였다. 1923년 5월에는 증평, 1928년 12월에는 충주까지의 총 91.7 km가 연장 개통되었다. 충주-봉양 구간은 해방 이후인 1955년 11월 17일에 착공하여 1958년 12월 31일 준공, 1959년 1월 10일 개통하여 중앙선에 연결되었다.

중앙선은 서울 청량리역-경주시 경주역을 잇는 철도노선이다. 중앙선은 1937년 3월 1일 착공하여 1939년 4월 청량리-양평구간이 개통되었고, 1940년에는 양평-원주구간, 1942년 4월 1일에는 전 구간이 개통되었다. 이 중앙선은 경부선에 이은 한국 제2의 종관철도로, 충북지역은 제천-단양구간을 통과하면서 충북 북부지역의 중추적인 역할을 하고 있다.

▶ 옥천 증약 철교

충북지역을 지나는 경부선·충북선·중앙선 철도 시설물 가운데 어느 정도 보존할 가치가 있는 것은 〈표 7-24〉와 같이, 경부선이 3건, 충북선이 1건, 중앙선이 2건이다.

경부선이 지나는 옥천 증약 철교는 경부철도 건설 당시의 철교로 당시의 특수공법을 이용해 건축한 철도교량이다.

▶ 제천 기관차사무소

제천기관차사무소 검수고는 가로 100m, 세로 44m, 넓이 1,340평, 높이 13m나 되는 거대한 건물이다. 1937년 제천-원주간 철도공사와 함께 시작하여 철도 완공해인 1941년 7월 1일에 준공되어 서울 철도사무소 제천기관구로 창설되었다. 1953년 8월 30일에는 미군 폭격기의 오폭으로 기관차 검수고 남부 약 1/4 정도가 파괴된 것을 1971년에 현재의 모습으로 완전 복구하였다.[27] 이 검수고는 한국철도사에서 차지하는 비중이 큰 만큼 어떤 형태로든 보존할 필요가 있다.

끝으로 괴강교는 괴산에서 연풍으로 가는 국도 교량이다. 1956년 10월 준공하였는데, 1950년대 우리 기술진의 신공법으로 건설하였다. 1993년 7월 신괴강교가 준공될 때까지 사용되었으며 현재는 방치되어 있는 상태이다. 이 괴강교는 해방 이후 1950년대 교통문화유산으로 길이 보존할 필요성이 있을 뿐 아니라, 제월대·괴강·칠성댐과 같은 주변의 다른 문화유산과 연계한 관광코스로도 활용해도 좋을 것이다.

4. 맺음말

지금까지 충북지역 근현대 문화유산의 보존실태를 통해 근현대 문화유산에 대한 역사 기억의 실상을 알아보았다. 1876년 개항 이후부터 1970년대 이전에 건립된 것으로 역사적 가치가 있는 역사 기념물이나 건조물은 현재까지 확인된 것이 106건이다(지정 및 등록 문화재 포함). 이들 근현대 문화유산은 역사, 문예, 교육, 종교, 산업, 생활, 교통 등 다양한 분야에 걸쳐 분포해 있다. 여기서는 지금까지 검토한 내용을 정리하면서 앞으로의 과제를 제시하고자 한다.

지금까지 파악된 106건의 충북지역 근현대 문화유산은 확정된

27) 김학영, 1999「堤川에서 오래된 公共機關 建物」,『奈堤文化』 제9집, 79~80쪽.

것이 아니라, 현재 진행형이다. 근현대 문화유산은 지속적인 발굴과 조사를 통해 증가할 것이며, 추가로 문화재로 지정 또는 등록될 전망이다. 더욱이 지금까지는 주로 기념물이나 건축물에 한정되었기 때문에 근현대 민가와 동산 문화유산 등은 제외되었다.

따라서 앞으로 근현대 문화유산에 대한 일제조사를 할 필요가 있다. 앞으로 있게 될 근현대 문화유산 일제조사는 지금까지 밝혀진 자료를 토대로 유형·무형의 자료는 물론 기록물, 유물·유적 등을 망라해야 한다. 그리고 일제조사는 연차적으로 분야별(기록물·유적지·생활자료 등)로 하는 것이 바람직하다.

이렇게 조사된 근현대 문화유산 중 보존 가치가 높은 것은 문화재로 적극 지정·등록해야 한다. 아울러 적어도 등록문화재만이라도 지자체 차원의 여러 보존 및 활용책을 강구할 필요성이 있다. 해당 등록문화재를 매입하여 관리하거나, 매년 일정한 유지·보수비를 지급할 필요성이 있다. 또한 등록문화재의 소유자를 대상으로 일정한 연수교육을 받게 하여 보다 능동적으로 자율적인 보존방안을 찾도록 유도하는 한편, 문화재 지표조사시 근현대 문화유산도 반드시 포함하도록 해야만 한다. 더 나아가 장기적으로는 내셔널트러스트운동과 같은 시민문화운동을 통해 근현대 문화유산에 대한 아래로부터의 보존운동이 전개될 수 있도록 유도해야 한다.

끝으로 일반인은 물론 여러 기관·단체 역시 근현대 문화유산에 대한 기억, 즉 이해와 관심이 부족하다. 이의 극복을 위해서는 여러 홍보방안을 강구할 필요성이 있다.

첫째, 현재 도 및 시·군에서 발행하는 문화재 안내책자에는 근현대 문화유산이 누락된 경우가 대부분이다. 앞으로 간행되는 안내책자에는 등록문화재로 지정된 근현대 문화유산뿐 아니라, 지역 내에 분포하고 있는 근현대 문화유산을 적극 발굴하여 홍보해야만 한다. 그래야만 일반인들도 근현대 문화유산에 관심을 갖고 보호할 것이다.

둘째, 현재 각 지자체 홈페이지에는 지정·등록된 문화재만 올라와 있다. 홈페이지 역시 지역 내에 있는 근현대 문화유산을 적극 홍보하는 한편, 근현대 문화유산을 시리즈로 연재하는 것도 좋은 방안이다. 그러기 위해서는 문화재 담당 공무원과 홈페이지 운영 실무담당자에 대한 일정한 교육이 필요하다.

셋째, 지역을 대상으로 한 역사문화기행이나 문화관광코스는 근대 유적지나 기념물이 누락된 경우가 거의 대부분이다. 다양한 매체를 통해 근현대 문화유산에 대한 홍보와 아울러 답사나 문화관광자원으로 적극 활용하여야 한다. 그것은 전통과 근대가 공존하면서 살아 숨 쉬는 지역을 만들고 지역의 문화지표를 한 차원 향상시킴으로써 주민들의 삶의 질을 제고하는 데 일조할 수 있을 것이다.

제 8 장

근현대 충북의 역사 기억과 기념

1. 머리말
2. 역사 기억과 기념시설
3. 근현대 역사기념시설 분포와 성격
4. 근현대 역사기념시설 문제점과 개선방향
5. 맺음말

1. 머리말

2000년대에 들어와 과거사에 대한 재평가와 더불어 다양한 기념시설이 조성되면서, 역사적 사건에 대한 기억과 그 표현방식인 기념문제에 대해서 학계는 물론 일반시민단체와 지자체에서도 많은 관심을 두고 있다. 역사의 기억과 기념문제는 과거가 아닌, 현재의 현실적인 이해관계와 이념지형이 그대로 반영될 수밖에 없다. 그 때문에 무엇을 어떻게 기억하고 기념할 것인지에 대한 냉정한 비판의식과 미래지향적인 관점이 요구된다.

더 나아가 역사적 사건에 대한 기억과 기념의 가치를 극대화하기 위해서는 기억을 전승하고 기념을 함께 나눌 공감대와 대중성을 확보해야만 한다. 그러기 위해서는 우선 무엇을 어떻게 기억하고 기념할 것인지에 대한 성찰과 아울러 그것을 표현할 상징기호가 매우 중요하다. 더 나아가 기억과 기념을 재생산하고 모두가 함께 공유할 수 있는 활용방안이 함께 강구되어야 한다.

주로 역사적 사실이나 유적에 대한 기억과 기념사업은 유적지 보존, 기념시설 조성(기념관·기념비·기념탑·상징조형물·기념공원·동상), 기념행사 개최(학술대회·축제·추모제), 문화예술 창작활동 위주였다. 그 결과 많은 유적지가 사적지로 지정되어 국가 차원에서 보존·관리되고, 다양한 형태의 기념시설이 곳곳에 세워졌다.

그렇지만 기념사업이 탄력을 받기 위해서는 유적지와 기념시설을 어떻게 효율적으로 보존·관리하고 대중적인 공감대를 확보하면서 누구에게나 사랑받는 기념시설로 활용할 것인가도 함께 고민되어야 한다. 그것은 기념대상에 대한 기억의 가치와 의미를 확대 재생산하기 위한 전략의 일환으로서, 현실의 정치, 경제, 사회, 교육, 문화예술 영역과의 네트워크를 통한 선순환관계를 창출하기 위함이다.

그를 위해서는 특정 역사 유적지와 기념시설이 나 홀로 자기만의 사실성과 가치를 주장해서는 안 된다. 다른 영역과의 전략적 제휴와 공유할 수 있는 유연성이 있어야 한다. 이는 곧 기억과 기념의 현재성의 문제이자, 대중성과 보편성 위에서 미래의 가치를 창출하는 전략의 문제이다. 그러할 때 과거만을 위한 기억과 기념이 아니라, 오늘 우리와 만나는 기억과 기념이 될 것이며 장기지속성을 선도적으로 획득할 수 있을 것이다.

역사기념시설이란 역사적인 사건이나 인물 및 유적지에 대한 기억의 장치로 만들어진 일정한 유형의 기념시설을 말한다. 기념시설은 주로 비석이나 탑, 공원, 기념관(전시관), 동상, 조형물 등과 같은 일정한 형식과 내용의 상징기호를 갖춘 물질적 표현이 있어야 한다.

그런데 지금까지 역사기념시설 건립은 건립주체의 자의적인 판단과 관례에 따라 큰 고민 없이 건립된 것이 일반적이었다. 그 때문에 역사기념시설의 위치 선정, 기념시설물의 기념 철학과 상징기호, 기념시설물의 디자인과 조형미, 역사기념시설의 건립 타당성 등 많은 문제가 제기되고 있는 실정이다.

역사기념시설은 과거 역사 사실에 대한 기억의 가치와 타당성뿐 아니라, 기억 내지 기념하고자 하는 내용에 대한 전달방식과 조형적 표현 및 기념시설물의 위치 선정에 있어서 세심한 배려와 통찰이 필요하다. 그럼에도 불구하고 그와 같은 문제에 대한 사전 검토 없이 기념시설물을 건립하는 것이 일반적이었다.

그와 같은 사실과 문제점은 충북지역에 있는 역사기념시설에 대한 지역 사례 조사를 통해 확인할 수 있을 것이다. 그를 위해 본 장에서는 1945년 이후부터 2009년 이전에 건립된 충북지역 역사기념시설을 집중 분석하고자 한다. 분석대상은 충북지역에서 전개된 역사적 사건이나 인물과 관련된 기념비, 기념탑, 기념관, 기념공원, 동상 등으로 공공기관·단체에서 건립한 것으로 한정하였다. 개인이나 문중에서 세운 것은 제외하였다. 또한 특정 인물의 생가와 사당, 문학가의 문학비와 문학관도 넓은 의미의 기념시설로 볼 수 있으나, 본 장에서는 논의의 압축을 위해 제외하였다.

이와 같은 조사를 통해 충북지역 역사기념시설이 시·군별로 어떠한 양상으로 분포해 있고, 어느 시기에 어떤 기념시설물이 건립되었는지 현황을 파악할 수 있을 것이다. 또한 역사기념시설의 형태를 확인하여 그것이 가지고 있는 조형물로서의 가치와 문제점도 파악할 수 있을 것이다.

더 나아가 역사기념시설은 기념하고자 하는 대상이 있으며, 그 대상은 어떤 형태로든 기억되어야 할 가치와 내용을 지니고 있다. 그것은 지역의 정신과 가치를 대변할 뿐 아니라, 정체성의 골간을 이루고 있다. 그런 만큼 역사기념시설의 기념대상이 무엇인지, 그 성격과 그에 따른 기념시설의 형태가 어떠한지 규명하는 일은 지역의 가치를 재발견하고 정체성의 방향성을 제고하는 데 필요한 연구 내용이다.

이러한 연구는 근현대 역사 기억과 기념이 실제 어떻게 이루어졌는지 충북지역 사례를 통해 규명할 수 있을 것이다. 더 나아가 현 역사기념시설의 현주소를 확인하고 향후 건립될 역사기념시설의 디딤돌이 될 것으로 기대한다.

2. 역사 기억과 기념시설

1) 기억과 기념

'역사는 과거와 현재의 끊임없는 대화'라고 말한 카(E. H. Carr)의 말이 아니더라도, 현재는 늘 과거와 공존하며 미래를 꿈꾸고 있다. 현재 속의 과거는 과거 사건이나 인물에 대한 끊임없는 재해석과 기억을 통해서 이루어지며, 그것에 대한 국가 또는 지역 및 사회단위의 기억행위로 나타나는 가장 적극적인 형태가 바로 기념행위이다. 그것은 과거의 사건이나 경험을 현재 속에서 재해석하여 재구성하고 기억시키려는 적극적인 사회활동이자 이념활동이기도 하다.

그 중에서도 기념물 건립은 가장 일반적이고 전형적이며 사회적인 기념행위에 속한다. 기념물은 일정한 기억 내용과 양식을 가지고 고정 불변의 항구성을 지니고 있기 때문에 가장 널리 건립되어 왔다. 기념물은 구체적이고 가시적이며 상징적인 일정한 형태를 가지고 있어, 직접 눈으로 보거나 체험할 수 없는 과거 역사를 현재 속에서 재현해 주고 일반대중들의 일상적인 생활과 접맥시켜 현재화하는 문화적 도구역할을 한다. 따라서 기념물은 과거사에 대한 집합적 해석이 형상화된 문화적인 상징물로서 특수한 시공간 내에서의 역사 인식을 반영한다. 기록된 문서자료를 통해 확인하기 어려운 집합적 정서나 인식의 틀 등을 확인하는 자료로서 기념물이 선택된다.[1)]

이와 같이 기념시설은 가시적인 구체성을 띠고 과거의 기억을 현재에 재현하면서 일반대중들의 일상생활 속에 존재하기 때문에 강력한 문화도구로 기능한다. 그것은 사회적 집단 경험을 제공하고 과거에 대한 일정한 기억방향을 제공한다. 특히, 건립주체가 국가일 경우 국가 이데올로기와 정치권력의 정체성에 따라 기념대상과 그것이 상징하는 내용을 달리할 수밖에 없다. 그래서 근대 국가가 형성된 이후 오늘날까지 각종 기념시설이 건립되어 왔다.

예를 들어, 과거 혁명적인 사건에 대한 기념시설은 그 혁명을 정당화하고 혁명이 과거 속에서만 기억될 일이 아니라 오늘날에도 지속적인 가치를 지니고 있다는 것을 보여 준다. 독립 기념물은 민족을 억압하였던 세력에 대한 대립각을 세우면서 민족을 바로 세운 자부심을 자극하고 민족구성원들의 단결을 호소하는 기능을 담당한다. 특히, 제1·2차 세계대전과 같은 크고 작은 국제전쟁을 비롯하여 이념대립에 따른 내전이 많았던 '민족의 시대' 20세기에는 전쟁에 대한 기억물로 여러 형태의 전쟁기념시설이 건립되었다. 이는 한국도 예외가 아니다. 전쟁기념시설은 전쟁이 민족을 위한 성전으로 해석됨에 따라 전쟁에 참여한 군인들을 민족의 영웅으로 재탄생시킨다. 그것은 민족을 강하게 결속시키고 구성원들을 통합시키는 역할을 하는 동시에, 반민족세력에 대한 철저한 대응을 호소한다.

역사는 지나간 과거에 대한 단순한 기억이 아니라, 현재를 통해 재구성된 기억이라 할 수 있다. 지금 무엇을 바라보는지, 혹은 무엇을 보고자 하는지에 따라 역사는 그 의미를 달리하며, 그에 대한 기억도 달라질 수밖에 없다.

1) Schwartz, Barry, 1990, Memory as a Cultural System: Abraham Lincoln in World War II, ASR, Vol. 61, No. 5(박명규, 1997「역사적 경험의 재해석과 상징화」『사회와 역사』 제51집, 42쪽에서 재인용).

그러한 현재적 기억을 고정시키는 장치가 바로 기념시설이다. 따라서 기념시설에는 그 시대 사람들이 지난 과거 역사를 어떻게 바라보고 어떻게 과거 역사를 기억하며, 그 기억을 어떤 이미지로 전하려 하는지 집약적으로 나타나 있다. 그러므로 역사 기억문제는 과거의 일을 다루는 것이 아니라, 현재의 가치와 이념지향의 문제이다.

그래서 동서고금을 막론하고 과거 역사적 사실에 대한 기억의 방식으로 일정한 기념시설이 건립되어 왔다. 기억 내지 기념의 대상은 그 시대 이데올로기가 반영될 뿐 아니라, 사회적 지향성을 내포하고 있다. 또한 기념물의 형태와 표현방식은 그 시대의 문화를 대변하고 있다. 그 때문에 역사기념시설은 특정 국가 내지 지역의 이념적 지향을 확인할 수 있으며, 지역정체성과도 밀접한 연관성이 있다.

2) 충북지역 역사기념시설 분포 현황

해방 이후 충북지역에는 시대를 달리 하면서 다양한 형태의 역사기념시설이 건립되었다. 역사기념시설은 주로 비나 탑의 형태로 건립되었다. 해방 이후 2009년까지 공공기관이나 단체가 건립한 충북지역 역사기념시설은 〈표 8-1〉과 같이 모두 168개이다.

지역별로는 청원, 영동, 청주와 충주, 제천과 옥천, 괴산 순으로 많이 건립되어 있다. 청원군과 영동군 및 충주시에 기념시설이 많은 것은 후술하는 바와 같이 한국전쟁을 비롯한 현충시설로 기념비와 기념탑이 많이 세워져 있기 때문이다.

기념시설 형태별로는 기념비가 87개, 기념탑이 44개, 동상이 20개, 기념공원이 7개, 기념관이 6개이다. 기념비는 대부분 전통적

표 8-1 충북지역 역사기념시설의 지역 및 형태별 분포

지역＼형태	기념관	기념공원	기념비	기념탑	동상	기념조형물	기타	계
청주		1	7	5	7		1	21
충주	1		10	8				19
제천	1	1	5	5	1	1		14
청원	2	1	17	3	9			32
보은		1	3	3		1	1	9
옥천		1	6	8				15
영동			17	3	1			21
증평				1	1			2
진천	1	1	5	1				8
괴산			11	3				14
음성	1	1	4	2				8
단양			2	2	1			5
계	6	7	87	44	20	2	2	168

주: 1) 청원의 손병희유허지와 제천 자양영당은 기념공원으로 분류하고 공원 내 각각 기념시설물을 별도로 분류하였음.
2) 무극전적관광지는 기념공원으로 분류하였음.
3) 생가와 사당은 기념시설물에서 제외하였음. 그에 따라 연병호 생가와 사당을 제외하였음.

자료: 김양식, 2010 『충북지역 역사기념시설 현황과 개선방향』, 부록 참조(이하 표 동일) 충북개발연구원.

인 비석 형태인데, 이와 같은 방식은 전통적인 관행과 저렴한 제작 비용 및 편의성 때문에 일반화된 기념시설물로 많이 세워졌다. 기념탑은 기존 기념비에다 조형적인 의미와 아름다움 등을 결합시킨 수직형의 조형물로 세워졌다.

기념관은 여러 기념시설 중에서 최고 단계의 기념시설로, 충주의 김재옥 여교사 기념관, 제천의병기념관, 청원의 단재 신채호 기념관과 손병희 유허지의 의암기념관, 진천의 이상설 기념관, 음성의 감우재 기념관 등 6개이다. 이들 기념관 중 2개는 한국전쟁과 관련이 있고, 나머지는 신채호·손병희·이상설 등 독립운동가 기념관이다. 특히, 그 중에서 손병희 기념관은 동상, 사당, 생가 등을 갖추고 있어 충북지역 역사기념시설 중에서 가장 규모가 크고 격식을 갖춘 곳이다. 제천 자양영당 역시 기념관 외에 기념탑 등을 갖추고 있어 규모면에서 우위에 있다.

〈표 8-2〉는 기념대상 및 지역별 역사기념시설 분포이다. 충북지역 역사기념시설의 기념대상은 가장 많은 것이 현충시설로 전체 168개 중에서 60.1%에 이르는 101개이다. 그 다음은 3·1운동 26개, 독립운동 15개, 동학농민혁명 7개 순이다. 기타는 청주 중앙공원에 있는 대한민국독립기념비 등이다.

이를 통해 알 수 있듯이 충북지역에 분포해 있는 역사기념시설은 주로 민족단위의 기념시설이 대부분이다. 그래서 대한민국 국가 수립과정에서 전개된 민족운동이나 국가 수호와 관련된 인물 및 유적지 중심의 역사기념시설이 전체 168개 중에서 161개인 95.8%에 이른다.

지역별로는 동학농민혁명 관련 기념시설이 보은에 7개 중 4개, 의병 관련 기념시설이 제천에 12개 중 7개가 집중되어 있다. 독립운동 관련 기념시설은 괴산·청원·영동에 각각 분산되어 있으나, 제천·증평·보은·진천·단양은 하나도 없는 실정이다. 현충시설은 특성상 전체 도에 건립되어 있으나, 청원과 영동 및 충주·옥천에 많은 특징을 보이고 있다.

이와 같은 분포는 지역별 역사 경험의 차이에서 오는 당연한 결과로, 보은은 동학농민혁명의 중심지이고, 제천은 의병의 중심지

표 8-2 충북지역 기념대상별·지역별 역사기념시설 분포

기념대상 / 지역	동학	의병	3·1운동	독립운동	현충시설	기타	계
청 주	1	2	6	3	5	4	21
충 주			1	2	14	2	19
제 천		7		1	6		14
청 원		1	10	3	18		32
보 은	4				5		9
옥 천	2		1		12		15
영 동			2	2	17		21
증 평					2		2
진 천		1		1	6		8
괴 산		1	4	3	6		14
음 성			2		6		8
단 양					4	1	5
계	7	12	26	15	101	7	168

주: 1) 청원의 손병희유허지 기념시설물은 3·1운동 관련 기념시설로 분류하였음.
2) 독립운동 기념시설은 의병과 3·1운동을 제외한 독립운동 관련 기념시설임.
3) 기타에는 김유신 등 전근대 역사 관련 기념시설도 포함되었음.

였기 때문에 관련 기념시설물이 많은 것이다. 3·1운동 역시 벽초 홍명희가 활동한 괴산과 도청이 있었던 청원지역에서 만세시위운동이 활발하였고, 그 때문에 괴산과 청원군에 3·1운동 관련 역사기념시설이 많은 것이다.

이들 역사기념시설은 〈표 8-3〉과 같이 전통적인 방식의 기념비가 주종을 이루어 전체 168개 중 87개 51.8%에 이른다. 그 다음은 기념탑이 44개로 26.4%이다. 이들 비·탑은 주로 현충시설에 집중되

표 8-3 충북지역 기념대상별 역사기념시설물 분포

지역 \ 기념대상	동학	의병	3·1운동	독립운동	현충시설	기타	계
기념관		1	1	2	2		6
기념공원	1	1	2		3		7
기념비	2	6	13	6	54	6	87
기념탑	1	2		2	39		44
동상		2	10	5	2	1	20
기념조형물	1				1		2
기타	2						2
계	7	12	26	15	101	7	168

어 있는데, 현충시설 101개 중 93개가 기념비이거나 기념탑 형태이다. 의병과 3·1운동 역시 기념비 형태가 일반적이다. 그 이유는 3·1운동과 한국전쟁이 전도에 걸친 일반성을 띠고 건립주체가 많기 때문에 일반적인 기념시설물로 기념비가 세워진 것으로 보인다.

이와 같은 역사기념시설의 건립 추이는 〈표 8-4〉와 같다. 〈표 8-4〉에서 해방 이후 1949년에 처음으로 '대한민국독립기념비'가 충북지역에 건립된 이후 1960년대까지 간헐적으로 세워지던 기념물은 시대가 지날수록 점점 늘어나, 1980년대는 25건, 1990년대는 38건, 2000년대는 전체의 47.6%인 80건으로 1990년대보다 122%나 늘어나는 양적 팽창이 이루어지었다. 이는 경제적으로든 문화적으로든 국가발전과 궤를 같이 하는 것으로, 특히 한국 사회의 민주화과정에서 제기된 과거사에 대한 재해석과 기억 움직임과 무관하지 않은 것으로 보인다. 그 때문에 김대중·노무현정권기였던 2000년대에 들어와 기념시설물이 폭증한 것이다.

표 8-4 충북지역 시기별·형태별 역사기념시설 분포

형태 / 시기	기념관	기념공원	기념비	기념탑	동상	기념 조형물	기타	계	%
1940년대			1					1	0.6
1950년대			2	3				5	3.0
1960년대			6	2				8	4.8
1970년대			7	3	1			11	6.6
1980년대		3	12	5	5			25	14.9
1990년대	3	1	15	14	4		1	38	22.6
2000년대	3	3	44	17	10	2	1	80	47.6

주: 중건한 기념시설물은 중건한 연대로 분류하였음.

기념대상 역시 다양화되었다. 1990년대 이전은 주로 현충시설과 3·1운동 및 의병 관련 기념물이었던 반해, 2000년대는 동학농민혁명까지 확대되는 추세였다. 기념물 형태도 〈표 8-5〉와 같이 1990년대 이전의 경우 주로 단순한 기념비나 기념탑이 대부분이었으나, 1990년대 이후에는 기념공원·기념관 등 보다 높은 차원의 기념시설이 건립되었다. 이는 기념시설의 건립에 정부의 예산지원이 적극 이루어졌기 때문이다. 그것은 곧 국가 차원의 기억과 기념이 확장된 것이다.

특히, 눈에 띄는 것은 2000년대에 현충시설이 집중적으로 건립된 점이다. 이는 사회 진보층이 동학농민혁명이나 3·1운동, 4·19혁명, 영동 노근리와 같은 민간인 학살문제 등 민중적 사건에 대한 재해석과 기억 및 기념에 초점을 맞춘 반면, 사회 보수층은 진보층의 활동에 대응하여 한국전쟁과 월남전쟁과 같은 국가 수호에 더 관심을 둔 결과로 보인다.

표 8-5 충북지역 시기별·지역별 역사기념시설 분포

지역 \ 기념대상	1940년대	1950년대	1960년대	1970년대	1980년대	1990년대	2000년대	계
청주	1	1	1	1	7	4	6	21
충주		1		4	1	5	8	19
제천					10		4	14
청원			1			5	26	31
보은			1		1	2	5	9
옥천		2	1		1	5	6	15
영동		1	2	4		2	12	21
증평							2	2
진천				2		5	1	8
괴산			1		2	7	4	14
음성					3	3	2	8
단양			1				4	5
계	1	5	8	11	25	38	80	168

주: 청원의 손병희유허지 기념시설물은 3·1운동 관련 기념시설로 분류하였음.

시대별 기념시설물의 지역별 건립 추이는 〈표 8-5〉과 같다. 〈표 8-5〉에서 특이한 점은 2000년대에 청원군과 영동군의 기념시설 건립이 다른 시·군에 비해 활발하였던 점이다. 단양군 역시 전체 5건 중 4건이 2000년대에 건립되어 최근에 들어와 기념시설에 대한 관심이 높아졌음을 알 수 있다. 반면에 제천과 진천·음성군 등은 최근에 오히려 기념시설에 대한 관심이 축소되었는데, 그것은 과거에 대한 기억이 정체되어 더 이상 기념대상을 찾지 못하기 때문이다.

이와 같은 충북지역 역사기념시설의 분포는 정양적인 실태 확인으로, 보다 구체적인 내용을 파악하기 위해서는 역사기념시설의 기념대상에 대한 정확한 이해가 전제되어야만 한다. 그러할 때 역사기념시설의 성격을 보다 구체적으로 해명할 수 있을 것이다.

3. 근현대 역사기념시설 분포와 성격

1) 동학농민혁명 기념시설

충북지역에서 전개된 동학농민혁명의 유적지는 현재 확인된 것은 〈표 8-6〉과 같이 모두 31곳이다. 이 중에서 유적지 안내판이 있는 곳은 보은집회 장내리 유적지와 북실전투지 입구뿐이다. 북실전투지 입구는 보은동학농민혁명기념사업회에서 세운 것이나, 사실상 안내판 역할을 하지 못해 실제 유적지 안내판은 장내리에 설치된 것이 유일하다.

동학농민혁명 유적지에 대한 안내판이 거의 설치되어 있지 않은 것은 동학농민혁명이 충북지역 단위에서 중요하게 기억되고 있지 않다는 것을 보여 준다. 그 때문에 동학농민혁명 관련 기념시설도 7개밖에 되지 않는다.

충북지역 최초의 동학농민혁명 기념시설은 동학농민혁명 직후인 1895년 慕忠壇 설립이다. 청주병영은 군부로부터 직과 단호 및 향사비 등을 하사받아 청주 당산에 모충단을 세웠는데, 1894년 10월(음력) 동학농민군과의 전투과정에서 죽은 청주병영 소속 군인 73인을 추모하기 위해 세운 것이다. 그 뒤 청주 진위대 소속 군인들

표 8-6 충북지역 동학농민혁명 유적지 및 기념시설

지역	유적명	위치	관련 사실	기념시설
보은	김소천가	보은읍 누정리	1895년 1월 18일(양력) 새벽 3시 김소천가를 포위공격하여 임규호, 정대춘 등 고위 지도자 사망	
	북실 집단매장지	보은읍 종곡리 일원	북실전투 이후 동학농민군의 집단 매장지로 추정	동학공원 조성
	북실전투지	보은읍 종곡리 일원	북접농민군과 상주 소모영 및 일분군이 전투를 벌인 곳	안내판
	장내리 보은집회	외속리면 장내리	1893년에 돌성을 만들고, 斥倭洋倡義를 내세운 보은취회 개최. 1894년 동학교단의 중심지	장승 안내판
영동	영동 달밭재	용화면 월전리	북접농민군이 북상하던 중 민보군과 전투	
	이용식 가	황간면 우매리	고종의 6촌인 이용식의 집으로 동학농민군의 공격대상이었음.	
	용산면 전적지	용산면 한곡리	북접농민군과 상주 소모영 및 청주병영군과 전투지	
청원	손병희 생가	북이면 금암리	손병희 생가	손병희 생가 복원 및 성역화
	세교	내수읍 세교리	동학접주 김자선이 이끄는 동학농민군과 일본군과 전투지	
	솔뫼마을	남일면 신송리	손천민 본가, 교조신원운동 도소 위치 및 청주성 전투 때 동학농민군 본부 설치	
진천	부창마을	초평면 용정리 부창마을	1892년 1월 손병희의 주선으로 최시형이 은거한 곳	
	진천 객사	진천읍 읍내리	동학농민군이 습격, 무기를 탈취한 곳	
	진천 금성동	초평면 용산리	최시형의 은거지 겸 비밀포교지	
	진천 구말 장터	덕산면 한천리	동학농민군 집결지	
	신헌 고택	이월면 노원리	동학농민군 진압책임자인 양호순문사 신정희의 고향집	

	신재련 집	대소면 내산리 미산마을	최시형의 은거지이자 충주지역 대접주 신재련 집	
음성	음성 되자니	금왕읍 도청 1리	최시형이 1879년 육임소 박해 때 은거했던 곳으로, 북접농민군 마지막 전투지	
	음성 무극장터	금왕읍 무극 2리	각 지역 동학농민군이 보은 장내리로 가기 위하여 각지의 농민군을 집결시킨 장소	
괴산	괴산 신양동		1889년 7월 15일 동학 탄압을 피해 최시형이 피신한 곳	
	괴산 청안초등학교	청안면 읍내리	음성 접주 송병권과 동학도들이 처형당한 곳	
	괴산 당동	괴산읍 신기리	동학농민군과 충주 가흥창의 일본군이 전투를 벌인 곳	
충주	일본군 위령비	가금면 가흥리	일본군 병참기지로, 18·19연대 주둔, 괴산 당동 전투 사상자를 기리는 비를 세움	
	충주 미륵댕이	신니면 원평리	동학 남북접군이 최초로 연합한 곳	
청주	청주성 전투지	상당구 육거리 일원	동학농민군과 관군 및 일본군이 3차례에 걸쳐 전투를 벌인 곳	모충사장승
단양	영춘 장현곡	영춘면 의풍 1리	동학의 비밀포교지, 1876년 최제우의 부인 박씨와 차남 세청의 묘를 이 곳으로 이장	
	단양 대강 유적지	대강면 사동리·신구리	동학 비밀포교지	
	용담유사 간행지	대강면 남천리	1881년 5월 단양 대강면 장정리 샘골 여규덕의 집에서 용담유사 간행	표지석 설치
옥천	김연국 집	청산면 포전리	김연국 집. 최시형은 이 곳에서 보은집회 결정, 집결 지시	
	청산 문바위골	청산면 한곡리	최시형이 머물던 곳. 갑오년 9월 18일 기포령을 발한 곳	
	증약전투지	군북면 증약리	1894년 11월 26일 동학농민군과 일본군 및 관군 사이에 전투가 벌어진 곳	
	청산 석성전투지	청산면	동학농민군과 일본군 및 관군과의 전투지	

자료: 충청북도, 2006 『충청북도 동학농민혁명사 연구』.

은 성금을 모아 1907년에 '甲午戰亡將卒紀念碑'을 모충단에 세웠다. 1914년에는 군인 유족과 해산당한 군인 중심으로 '모충사'라는 사당을 짓고 제사를 지냈다. 이는 기념대상이 동학농민군에게 전사한 군인들을 위한 시설이기 때문에, 엄밀한 의미에서 동학농민군을 주체로 한 동학농민혁명 기념시설로 볼 수 없다.

1945년 해방 이후 전국에는 1963년에 전북 정읍 덕천에 세워진 '갑오동학혁명기념탑'을 시작으로 1980년대까지 모두 18개의 동학농민혁명 기념시설물이 건립되었지만, 충북지역에 건립된 기념시설은 없다. 충북 청원군 북이면 손병희 관련 기념시설은 동학농민혁명과 일정 부분 연관성이 있으나, 기념대상이 거의 전적으로 민족대표 33인의 한 사람이거나 천도교의 전신인 동학의 연장선상에서 기억될 뿐이다.

특히, 동학농민혁명 100주년이 되는 1994년을 기점으로 1990년대에 전국에는 모두 16개의 동학농민혁명 기념사업단체가 만들어지고 각종 기념시설이 새로 건립되었지만,[2] 충북지역에서는 그와 같은 움직임이 미약하였다. 그래서 〈표 8-8〉과 같이 천도교에서 1997년에 처음으로 옥천 청산에 '동학농민혁명재기포기념비'를 세웠지만, 그것은 비록 충청북도의 첫 번째 기념물이란 의의를 지닐지라도 건립주체가 천도교이고 동학 입장에서 세운 데다가 그 규모도 작았다.

충청북도 동학농민혁명 기념시설이 본격적으로 만들어진 것은 1999년 이후 2000년대에 들어와서이다. 동학농민혁명 기념사업단체도 2001년 보은동학농민혁명계승사업회, 2004년 보은동학농민혁명기념사업회, 2007년 충북동학농민혁명기념사업회 등 세 단체가 결

2) 동학농민혁명 기념시설과 기념사업단체는 동학농민혁명기념재단, 2009 『동학농민혁명기념사업의 역사』, 부록 참조.

표 8-7 충북지역 동학농민혁명 기념시설

지역	기념시설명	위치	건립연도	건립주체	내용
보은	보은 동학 장승	보은읍	1999	아사달/보은동학농민혁명계승사업회	보은 동학농민혁명 기념 장승 4기
	동학농민혁명기념 공원	보은읍	2006	보은군	동학농민혁명 기념 공원
	동학농민혁명기념 조각	보은읍	2006	보은군	보은 동학농민혁명 기념조형물
	동학농민혁명 기념 탑	보은읍	2008	보은군	동학농민혁명 기념 탑
옥천	동학농민혁명재기 포기념비	청산면	1997	천도교	동학농민혁명 재기포 기념
	갑오동학농민혁명 전적지비	군북면	2009	옥천향토사연구회	증약전투 전적지 기념
청주	청주동학농민혁명 기념 기념장승	분평동	2009	충북동학농민혁명 기념사업회	청주 동학농민혁명 기념 장승

성되었다. 2004년에는 정부에서 특별법을 만들어 동학농민혁명을 국가 차원에서 공인하였다. 그에 따라 충북지역에서도 뒤늦게나마 〈표 8-8〉에서 볼 수 있는 것과 같은 여러 종류의 기념시설물이 만들어졌다. 이 시기에 만들어진 것은 크게 공공영역에서 건립한 것과 민간영역에서 만들어진 것 두 가지로 분류할 수 있다.

공공영역에서 만든 것은 보은군에서 추진한 동학농민혁명기념공원과 그 안에 건립된 기념시설(기념조각과 기념탑)이 유일하다. 보은군은 2001년 7월 '동학혁명기념공원조성사업기본계획'을 수립,[3] 동학 유적을 역사의 산교육장으로 활용하고 지역문화 정체성 확립의 소재 및 독창적인 테마형 문화체험시설로 조성하여 관광자원으

3) 보은군, 2001『동학농민혁명기념공원 조성사업 기본계획』.

로 활용함으로써 지역개발과 지역경제 활성화를 꾀하려 하였다. 그리고 1단계 기반조성사업에 들어가 보은읍 성족리 산 16번지 일원 104,700m^2 규모의 부지에 주차장, 피크닉장, 휴계 공간, 간이화장실을 건립하였다. 그리고 보은지역 동학농민혁명의 전개과정을 오석에 새긴 기념조형물을 공원 입구에 건립하였다.

이와 같은 과정을 거쳐 2004년에는 '동학농민혁명기념공원 조성사업 기본 및 실시설계'[4]를 수립하여 2006년에 2단계 조성사업을 마무리지었다. 소요예산은 50억 원에 이르렀다. 그리고 2007년 1월에는 동학농민혁명기념탑 설계를 공모, 이두한의 작품인 '민(民)의 눈(目)'을 최우수작으로 선정하여 2008년에 8억 원의 예산으로 탑을 건립하였다.[5] 현재 보은 동학농민혁명 기념공원에는 인내천정자, 민중광장, 동학동산, 하늘길, 빛의 계단, 충의정, 기념탑 등이 조성되어 있다.

그러나 보은 동학농민혁명기념공원은 전국에서 대표적인 '실패한 기념시설'로 꼽힐 정도로 많은 문제점을 내포하고 있다. 초기 단계부터 전문가들로부터 신랄한 비판을 받았던 기념공원은 보은군 당국에서 충분한 사전 검토 없이 일반공사와 같은 방식으로 설계·시공한 나머지 '실패한 기념시설'로 분류되고 있다.[6] 경사진 산자락에 공원을 조성함으로써 위치 선정도 잘못되었을 뿐 아니라, 동학농민군을 추모하고 혁명을 기념할 상징물과 문화적 도구도 미약하고 보은만의 창의적이고 독창적인 기념시설물도 없는 실정이다.

기념탑 역시 공원 위 산중턱에 있어 접근성이 떨어지고 일반적

---

4) 보은군, 2004 『동학농민혁명기념공원 조성사업 및 실시설계』.

5) 보은군, 2007 『동학농민혁명기념공원 기념탑조형물 제작 설치 및 주변공사 기본 및 실시설계 설명서』.

6) 신순철, 2003 「보은 동학농민혁명 기념공원 조성사업의 문제점」 『충북학』 5, 충북개발연구원 충북학연구소.

인 좌우대칭의 수직형 형태인데다, 지형구조상 하늘로 치솟은 탑을 우러러 보게 되어 시선을 집중시키지 못하고 있다. 보은군은 이 작품 선정의 사유로 "동학군 최후 격전지인 북실전투의 역사성과 혁명정신을 가장 잘 표현했고 주변 조형물과도 조화를 이루었다"고 하였지만, 실제 건립 이후 그와 같은 기념요소를 찾아보기 힘든 실정이다. 동학농민군은 상하 수직의 신분질서를 깨트리고 서로 대등한 수평의 인간으로 살 수 있는 세상을 꿈꾸었다. 또한 동학농민혁명은 기존의 질서와 지배의 균형을 깨고 세상을 바꾸고자 밑으로부터 일어난 투쟁이었다. 그렇다면 조형물도 좌우대칭의 중심에 수직으로 우람하게 선 조형보다 수평의 형상으로 동학농민군의 뜻을 담는 것이 바람직하다.[7)]

다음으로 민간영역에서 추진된 동학농민혁명 기념시설은 옥천향토사연구회에서 전통적인 방식으로 2009년에 세운 증약전투 기념 '갑오동학농민혁명전적지비'를 제외하면, 모두 장승이다. 먼저 보은 문화단체인 아사달에서 1999년에 북실 입구에 안내판 겸 장승을 세운 뒤 2000년에 장내리, 2001년에 북실, 2002년에 장내리 입구에 차례로 장승을 세웠다. 2009년에는 충북동학농민혁명기념사업회에서 청주지역 동학농민군들의 활동과 청주성 전투를 기념하여 전투지인 육거리 건너 무심천변(꽃다리 아래 솔밭공원)에 2기의 장승을 세웠는데, 하나는 '사람이 하늘이니'라고 새겼고 또 하나는 '생명의 땅 청주'를 각자하였다.

이와 같은 민간영역에서의 장승 세우기는 재원 부족으로 일정한 규모 이상의 기념시설물을 건립하기 어려운 현실적인 이유도 있지만, 동학농민군의 민중성을 계승하기 위한 상징물로 장승을 택한

7) 박준성, 2009 「동학농민혁명의 유적과 조형물의 역사상」 『동학농민혁명기념사업의 역사』, 부록 2쪽.

것이다. 또한 장승은 썩어 없어지기 때문에 또다시 장승을 세움으로써 새로운 차원의 기념사업의 영속성을 위한 것으로, 비록 보잘 것 없고 작은 규모일지라도 일정한 의의를 지니고 있어 앞으로 발전적으로 계승되어야 한다.

2) 의병기념시설

1895년 이후 제천을 중심으로 격렬히 전개되었던 충북지역 의병 관련 유적지는 현재 〈표 8-8〉과 같이 모두 50개가 확인되고 있는데, 제천에 18개, 충주에 11개, 단양에 7개 등이 집중 분포되어 있다. 그 때문에 의병 관련 기념시설 12개 중 7개가 제천시에 집중해 있다. 나머지 5개는 모두 한봉수 의병장 기념물이다. 또한 기념시설이 건립된 것은 1960년대와 1970년대 각각 1건씩 있지만, 나머지는 1980년대 이후이다.

이와 같은 기념시설 분포를 통해 알 수 있듯이, 현재 충청북도에서는 의병에 대한 기억과 기념이 주로 제천에서 1980년대 이후에 집중되었음을 알 수 있다. 특히, 1996년 대대적인 자양영당 정비사업을 통해, 제천시는 자영영당을 의병기념 공원화하는 동시에 기념관과 기념탑을 건립하고 '의병의 고장'이란 정체성을 강화하였다. 반면에 의병 유적지가 상대적으로 많은 충주와 단양은 한 건의 기념시설도 없는 것으로 보아 의병에 대한 기억을 거부하고 있다.

전체 12개 중에서 5개나 차지하는 한봉수 관련 기념시설은 단일 인물로 가장 많은 기념시설인데, 하나는 진천 유적지에 세워져 있고 나머지 둘은 청주 중앙공원과 상당공원에 건립되어 있다. 또 하나는 청원 문의문화재단지에 세워져 있는 동상이다. 특히, 중앙공원에 있는 기념비는 한봉수 의병장이 생존해 있었던 1967년 이른

표 8-8 충북지역 의병 관련 유적지 및 기념시설 분포

지역 \ 의병	의병 관련 유적지수	의병 관련 기념시설수	기념대상
청 주	1	2	한봉수
충 주	11		
제 천	18	7	자양영당, 김상한, 주용규, 이소응
청 원	2	1	한봉수
보 은	3		
옥 천	1		
영 동			
증 평	2		
진 천	3	1	한봉수
괴 산	1	1	모래재 격전지(한봉수)
음 성	1		
단 양	7		
계	150	12	

자료: 독립기념관, 2009 『독립운동사적지: 충청북도』, 758~759쪽.

시기에 세워졌다.

한봉수는 다른 의병에 비해 '특별한 예우'를 받고 있다. 현재 충북 출신으로서 의병으로 활동하여 독립유공자로 서훈을 받은 인물은 모두 88명이다.[8)] 그 중 기념비가 세워져 있는 인물은 한봉수 외에 김상한·주용규·이소응에 불과하다. 앞으로 의병 관련 유적지와 인물에 대한 기억의 대상을 발굴할 필요가 있다.

의병 관련 기념시설물은 기념공원 1개, 기념관 1개, 기념탑 2개, 기념비 7개, 동상 2개 등 주로 기념비에 집중되어 있다. 이들

8) http://narasarang.mpva.go.kr/(국가보훈처 나라사랑 광장).

기념비는 모두 일자형의 전통적인 비석 형태를 하고 있어 창의성을 찾아보기가 어렵다. 또한 기억을 계승하고자 하는 기념철학 역시 민족침략자에 맞서 용감히 싸우는 전사상을 그리고 있어, 민족 저항 너머에 있는 민족 번영이나 평화 등은 찾아보기 힘들다.

3) 3·1운동 기념시설

민족대표 33인 중 6명이 충북 출신이었던 만큼 충북지역은 다른 어느 지역보다 만세시위운동이 격렬히 전개되었다. 현재 확인된 유적지만도 〈표 8-9〉과 같이 12개 시·군 모두에 걸쳐 62개가 확인되고 있다. 그 중에서도 음성, 청원, 괴산, 보은, 영동지역에서 3·1운동이 활발히 전개되었고 관련 유적지도 많은 비중을 차지하고 있다.

이들 유적지에 건립되어 있는 3·1운동 기념시설은 모두 22개이다. 특히, 만세시위운동이 격렬하였던 청원과 괴산군에 많은데, 청주의 경우에는 삼일공원에 세워져 있는 민족대표 5인의 동상 때문에 숫자가 많을 뿐이다. 청원군도 손병희 생가 기념시설을 제외하면 2개의 기념비 밖에 없으며, 1990년 전후에 집중 건립된 괴산군의 기념비 4개도 비슷한 형태를 띠고 있어 창의성이 부족하다.

그런데 3·1운동 유적지가 7개나 되는 진천군에는 기념시설이 하나도 없으며, 제천, 보은, 단양, 증평지역도 3·1운동이 기억되지 않고 있다. 3·1운동 관련 충북 출신 독립유공자는 손병희를 비롯하여 모두 150명이나,[9] 일정한 기념시설물이 세워져 있는 인물은 극소수에 불과하다. 이를 통해 볼 때 3·1운동에 대한 집단기억은 전체적으로 낮은 상황에서 지역별 편차가 심하게 나타나고 있다. 3·1

9) http://narasarang.mpva.go.kr(국가보훈처 나라사랑 광장).

표 8-9	충북지역 3·1운동 관련 유적지 및 기념시설 분포

3·1운동 / 지역	유적지수	기념시설수	지 역
청 주	2	6	삼일공원
충 주	3	1	신니초등학교
제 천	3		
청 원	9	10	손병희생가, 내수초등학교, 미원, 문의문화재단지
보 은	6		
옥 천	4	1	이원 강청리
영 동	6	2	영동읍, 매곡
증 평	1		
진 천	7		
괴 산	9	4	괴산읍, 장연, 소수, 청안, 대소
음 성	11	2	대소, 소이
단 양	1		
계	62	26	

자료: 독립기념관, 2009 『독립운동사적지: 충청북도』, 760~763쪽.

운동은 민족민중운동이었다. 대중이 주체가 된 민족운동이었기 때문에, 지역의 민중성이 3·1운동에 대한 기억의 정도를 좌우하는 것으로 보인다.

그 때문에 3·1운동에 대한 기념시설도 청주의 삼일공원과 청원의 손병희 생가를 제외하면 모두 큰 예산이 소요되지 않는 기념비 형태이다. 또한 이들 기념시설은 1960년대와 1970년대에 건립된 것이 각각 1개가 있지만, 주로 1980~1990년대에 전체 22개 중 16개가 건립되었을 정도로 한국현대사에서 민중적 의지가 표출된 시기에 집중 건립되었다. 1962년 5월 19일에 손병희(1861~1922) 탄생 100주년을 기념하여 '충청북도문화재보존회' 이름으로 건립된 '손병희 유허지' 기념비문이 "백성을 도탄 속에서 건지고"로 시작하는 것도 4·19혁명 이후 드러난 민중성의 발로로 보인다.

3·1운동에 대한 민중적 기념의지의 표현은 청주 삼일공원에 잘 나타나 있다. 삼일공원은 민족대표 33인 중 충북 출신 독립유공자 의암 손병희, 동오 신홍식(1872~1937), 우당 권동진(1861~1947), 청암 권병덕(1867~1944), 은재 신석구(1875~1950), 정춘수 등 6인의 숭고한 독립운동정신의 뜻을 기리고, 시민들의 애국애족정신을 고취시키고자, 1980년 8월 충청북도에서 6인의 동상을 건립하여 상징적 기념공원으로 조성하였다. 그러나 정춘수의 동상은 그의 친일 행적이 드러나 1996년에 시민단체에 의해 강제 철거된 뒤 좌대만 남아 있었다. 그래서 청주시는 2009년 10월부터 삼일공원 재정비사업을 추진하여, 정춘수 동상을 철거하는 대신 횃불 조형물을 건립하고 동상 좌대를 축소해 권위적이었던 동상을 시민과 친숙하게 바꾸었다. 그리고 동상 뒤쪽으로 대형 태극기(높이 5.5m, 폭 9m)와 부조벽화(높이 3.5m, 폭 8.2m) 4기를 설치하였다. 부조 벽화에는 미원장터 만세운동과 일제의 폭거 장면 등이 담겨 있다. 또한 공원 안에 주민 이용도가 낮은 배드민턴장을 철거하고 조경수와 정자, 벤치를 갖춘 소공원을 조성하였다.

문의문화재단지 대청호미술관 앞에 2004년에 세운 애국열사 7인(신홍식, 신규식, 손병희, 한봉수, 권병덕, 신석구)의 동상은 똑같은 형식의 청주 삼일공원 동상과는 달리 다양한 형태로 제작되어, 지금까지 건립되어 있는 충북지역 동상 중에서 가장 뛰어나다.

그렇지만 삼일공원은 민중주체의 기억과 기념시설의 모범을 보여 주고 있지만, 우암산 순환도로 입구에 위치해 있어 시민들의 접근성이 떨어지고 있다. 또한 새로 조성한 횃불 조형물이 상대적으로 커서 다른 조형물과 조화를 이루지 못하는데다, 동상이 모두 비슷한 모양의 입상을 하고 있어 친근감이 떨어지고 여전히 높은 좌대에 있어 시민과의 소통에 한계가 있다. 문의문화재단지 애국열사 7인의 동상도 손병희 같은 경우에는 기존 방식을 탈피하지 못하였을 뿐 아니라, 동상 뒤에 세워져 있는 표지석이 지나치게 고압적이어서 전체적인 이미지를 훼손하고 있다.

4) 독립운동 기념시설

국권이 피탈된 1905년 이후 일제 식민지시대에 충북지역에서 전개된 독립운동과 충북 출신 독립운동가의 해외 독립운동은 활발히 전개되었다. 현재 확인된 충북지역 독립운동 주요 유적지는 〈표 8-10〉과 같이 여러 독립운동에 걸쳐 모두 40개가 확인되고 있는데, 그 중에서 기념시설이 건립되어 있는 곳은 15개에 불과하다.

의병과 3·1운동을 제외한 독립운동 관련 기념시설은 1960년대 2개, 1970년대 1개, 1990년대 6개, 2000년대 3개 등 전체적으로 증가하는 추세이다. 1967년에 건립된 괴산의 '애국선열추모비'는 홍범식·연병호 등 괴산 출신 37명의 독립운동가를 추모하는 기념비인데, 김종필이 고문으로 참여하였을 뿐 아니라 당시 박정희 대통령의 친필로 비문을 새겼다. 이 추모비는 충북지역에서 관주도로 건립한 가장 큰 규모의 첫 기념비이다. 청주중학교와 청주농업고등학교에 세워져 있는 학생운동 기념탑은 각각 1971년과 1982년에 건립된 것인데, 1997년과 1998년에 다시 중건하였다.

독립운동 관련 기념시설은 13개 중에서 기념관이 2개, 동상이 4개일 정도로 다른 분야의 기념시설보다 질적으로 우위에 있고 대부분 독립운동가를 대상으로 하였다. 대상 인물은 신채호, 이용태,

표 8-10 충북지역 독립운동 관련 유적지 및 기념시설 분포

독립운동 \ 지역	한말 구국운동	민족주의 독립운동	해외 독립운동	의열 투쟁	학생 운동	사회 운동	문화 운동	소계	기념 시설
청주					3	4	1	8	3
충주			1		1			2	2
제천					1	1		2	1
청원	2	1	2		1			6	3
보은		1						1	
옥천			1	1				2	
영동	1					3		4	2
증평			1					1	
진천	2		2					4	1
괴산	2				3	3		8	3
음성						1		1	
단양			1					1	
계	7	2	8	1	9	12	1	40	15

자료: 독립기념관, 2009 『독립운동사적지: 충청북도』, 758~764쪽.

송병순, 이건석, 이상설, 홍범식, 연병호, 김용응, 김태규, 유자명, 서정기, 이일신 등 12명 정도에 불과하다.

이는 두 가지 문제점을 내포하고 있다. 하나는 극히 일부 인물에 대한 기념시설이 갖추어져 있는 점이다. 현재 충북 출신 독립유공자는 383명으로, 이 중 의병과 3·1운동 관계자를 제외하면 145명이다. 그럼에도 불구하고 현재 기념시설이 갖추어져 있는 인물은 12명에 불과하다. 또 하나는 독립운동가 중에서 누구를 기억하고 기념할 것인가 하는 선택의 문제이다.

국내외 독립운동을 주도한 대표적인 충북 출신 독립운동가는

표 8-11 분야별 충북 출신 독립유공자

독립운동분야	독립유공자수	주요 인물
애국계몽	3	
국내항일	31	김복진(영동), 유진태(괴산), 박용희(충주), 배민수(청주), 서정기(충주), 안숙(괴산), 유진태(괴산), 황상현(괴산)
만주노령		
임정중국		
미 주	3	김현구(옥천)
일 본	6	서상경(충주)
광 복 군	15	박기성(진천), 신순호(청원), 이윤장(청주)
광 복 회	3	이형우(제천), 신현규(괴산), 정운기(괴산)
문화운동	1	서상경(충주)
신앙운동		
의열투쟁		
학생운동	10	오용수(영동), 이상운(청원)
계	62	

주: 주요 인물은 애국장 이상 서훈자.
자료: http://narasarang.mpva.go.kr/(국가보훈처 나라사랑 광장).

신채호, 진천 출신의 헤이그 밀사 이상설, 1910년대 상해 독립운동을 주도한 신규식, 의열단으로 활동한 진천 출신 곽재기, 만주 항일투쟁의 주요 지휘관이었던 진천 출신의 신팔균, 의병으로 활약하였던 충주 출신의 독립군 채찬, 영동 태생으로 독립세력 통합에 앞장선 홍진, 청주 출신으로 독립교육운동의 선봉에 선 민강, 진천 태생으로 광복군으로 활약한 박기성, 독립군으로 활약한 성만리, 괴산 태생으로 대한제국과 운명을 같이 한 홍범식, 충주 태생으로 의열단으로 활약한 유석현, 충주에서 태어나 김구와 함께 활동한 정태희, 제천 출생으로 무장독립투쟁에 헌신한 황학수 등을 꼽을 수 있다. 이들 14명 중에서 일정한 기념시설이 갖추어져 있는 인물은 신채호, 홍범식, 이상설에 불과하다.

또 〈표 8-11〉의 주요 인물(애국장 이상 서훈을 받은 인물) 중에서 기념비가 세워져 있는 독립운동가는 한 명도 없다. 그렇다면 실제 독립운동 공적이 우수한 독립운동가들에 대한 기억과 기념이 제대로 이루어지지 않고 있다는 것을 알 수 있다.

5) 현충기념시설

해방 이후 겪게 된 국내외 전쟁은 대한민국 수호를 위한 것으로 많은 인명 피해가 뒤따랐고 그에 대한 기억과 기념시설이 필요하였다. 그것은 현재 생존해 있는 국민의 기억을 바탕으로 한 것이자, 국가 이념과 직결되기 때문에 자연히 많은 기념물이 건립될 수밖에 없었다.

해방 이후 2009년까지 건립된 현충기념시설은 〈표 8-12〉와 같이 모두 101개로, 특이한 점은 지역별 편차가 심한 점이다. 그래서 청원과 영동군은 각각 18개와 17개씩 건립되어 있을 정도이다. 이것은 한국전쟁 등에 대한 지역별 기억과 기념 주체의 차이에서 비롯된 것으로 볼 수 있다. 즉, 그것은 청원군과 영동군에서 많은 인

표 8-12 충북지역 지역별 현충시설 분포

지 역	청주	충주	제천	청원	보은	옥천	영동	증평	진천	괴산	음성	단양	계
시설수	5	14	6	18	5	12	17	2	6	6	6	4	101

표 8-13 충북지역 현충시설 건립 추이

건립연대	1940년대	1950년대	1960년대	1970년대	1980년대	1990년대	2000년대
수		4	4	5	10	20	58

원이 전쟁에 동원되고 희생되었다는 것을 간접적으로 보여 주는 것이다. 그 결과 전쟁에 대한 기억 담론이 손쉽게 형성되고 그것이 기념행위로 이어졌다고 볼 수 있다.
한국전쟁 이후 최초로 건립된 현충시설은 1955년도에 청주와 충주에 각각 충혼탑을 건립하고 한국전쟁 때 전사한 군인들의 위패를 봉안하였다. 이러한 충혼탑은 1960년대까지 시·군단위로 1개소씩 연차적으로 건립되어 매년 현충일 기념행사를 개최하고 있다.

이와 같은 현충시설은 역설적으로 민주화된 1990년대에 들어와 집중 건립되었다. 〈표 8-13〉과 같이 1990년대부터 증가하던 현충기념시설은 2000년대에 들어와 1990년대보다 190%나 많은 58개가 건립되었다. 이 시기에 현충시설이 폭증한 것은 청원군의 경우 2001~2007년에 각 면마다 '6.25전쟁참전유공자비' 14개를 건립하였고, 영동군 역시 2004~2007년에 각 면마다 '6.25참전유공자기념비' 11개를 경쟁적으로 건립하였다.

또 1990년대 이후 현충시설이 크게 증가한 것은 각 시·군마다 월남(베트남)참전기념비와 무공수훈자공적비를 세웠기 때문이다. 월남참전기념비는 옥천군 청산면 교평리에 1992년도에 이례적으로 최초 건립된 이후 1996년 진천, 1999년 음성군으로 이어지면서 충청북도 모든 시·군에 1개소씩 건립되었다. 비문에 의하면, 월남참전기념비는 "1964년 7월 18일부터 1973년 3월 23일까지 월남전쟁에 참전하여 자신의 생명을 던진 파월용사의 숭고한 희생정신을 기리고,

표 8-14 충북지역 현충시설 기념형태 분포

기념형태	기념관	기념공원	기념비	기념탑	동상	조형물	기타
수	2	3	54	39	2	1	101

해외 파병을 통하여 국위 선양과 국가 번영을 이끈 자부심과 명예를 바탕으로 나라 사랑하는 마음을 후손들이 이어가기 위해" 세운 기념물이다.

무공수훈자는 한국전쟁과 월남전쟁 및 국내 대침투작전 등 전시 또는 이에 준하는 국가 비상사태에서 뚜렷한 무공을 세워 훈장을 받은 인물들이다. 이들을 위한 무공수훈자공적비 역시 1995년에 진천군에 최초로 건립된 이후, 2000년대에 들어와 나머지 시·군에도 1개소씩 건립되었다. 건립주체는 1989년 5월 30일 제정된「국가유공자 등 단체 설립에 관한 법률」에 근거하여 조직된 대한민국무공수훈자회 각 지회로서, 1992년에 시·군 지회가 설립되었다.

이런 이유로 충청북도 12개 시·군에 총 101개에 이르는 현충시설이 건립되어 있어, 1개 시·군 평균 8.4개에 이르는 많은 현충기념시설물이 건립되어 있을 정도이다.

기념물 형태도 대부분 〈표 8-14〉와 같이 대부분 기념비이거나 기념탑 형태가 일반적인데, 최근으로 올수록 조형미를 살린 기념탑을 세우는 추세이다. 기념탑은 좌우대칭 수직형 형태로 만들어 근엄하고 권위적인 이미지가 강하다. 또한 직선의 첨탑 형태를 띠고 있어 곡선이 주는 부드러움을 찾아보기 힘들다. 즉, 거의 모두 남성성 위주의 형태를 하고 있다.

기념대상은 모두 국군이 참여한 전쟁인데, 최근 영동 노근리 민간인 학살문제가 대두되고 일정한 합의에 도달하여 2011년에 '노근리 평화공원'이 완공될 예정이다. 이는 전쟁에 따른 민간인 피해가 기념대상이 되는 만큼 전쟁의 기억을 평화와 인권으로까지 확대하는 것으로 의의가 크다.

4. 근현대 역사기념시설 문제점과 개선방향

1) 역사기념시설 문제점

충북지역에서 해방 이후부터 2009년까지 건립된 기념물은 모두 168개로, 1980년대 이후 점차 증가하여 2000년대에 들어와 양적으로 폭증하는 경향이었다. 기념대상은 다양화되는 추세이지만, 여전히 현충시설이 양적으로 매우 높은 비중을 차지하고 있어 과거에 대한 기억과 기념의 불균형을 초래하고 있다.

특히, 눈에 띄는 것은 2000년대에 현충시설이 집중적으로 건립된 점이다. 이는 사회 진보층이 동학농민혁명이나 3·1운동, 4·19혁명, 영동 노근리 민간인 학살문제 등 민중적 사건에 대한 재해석과 기억 및 기념에 초점을 맞춘 반면, 사회 보수층은 진보층의 활동에 대응하여 한국전쟁 및 월남전쟁과 같은 국가 수호에 더 관심을 둔 결과로 보인다.

그 결과 현재 충북지역 단위에서 이루어지는 사회적 기억은 97%가 동학농민혁명, 의병, 3·1운동, 독립운동, 한국전쟁과 같은 근대 민족 및 국가 수호 기념시설에 국한되어 있다. 이것은 민족 내지 국가 차원의 기억과 기념 담론에서 벗어나 있지 않은 것으로, 지역 정체성과는 일정한 거리가 있다.

지역정체성은 지역의 뿌리이자 가치 및 지향성과 깊은 관련이 있다. 지역정체성을 찾아 내고 강화하기 위한 문화적 수단 중에 하나가 바로 기념시설이다. 즉, 지역사에서 무엇을 기억하고 기념할 것인가는 지역정체성과 직결되어 있다. 그럼에도 현재 기념물의 대부분은 민족정체성 위주여서 지역 고유의 기념대상과 그것이 내포하고 있는 지역의 가치를 발굴하고 그것을 기념물로 표현해 낼 필요성이 있다. 이는 곧 민족 중심의 '기억과 기념' 담론에서 지역주체의 담론으로 전환 내지 확장하는 일이 될 것이다.

예를 들어, 동학농민혁명은 충북지역을 비롯해 전국에서 전개되었으나, 충북지역의 특징은 동학의 불씨가 되살아난 곳이고 동학교단이 있었던 곳이란 장소성을 가지고 있다. 그러므로 충북지역 동학농민혁명은 농민혁명이 가지고 있는 보편적 가치 위에서 '동학' 중심의 특수성을 강조할 필요성이 있다. 그럼에도 불구하고 보은군에서 건립한 동학농민혁명기념공원은 공원 경관, 공원 디자인, 기념탑 등 대부분이 그런 특성을 충분히 반영하고 있지 못하다. 다만, 민간 기념사업단체에서 세운 장승은 인내천이란 동학의 핵심가치를 되살려 '사람이 하늘이니'를 장승에 새겨놓고 있어 차별적 기억을 추구하고 있다.

그 밖에도 충북지역을 대표할 역사적 인물은 신채호·손병희·홍명희 등이지만, 신채호·손병희는 사당·기념관·동상이 있고, 홍명희는 아무런 기념시설이 없다. 신채호는 다양한 형태로 기념사업이 활발히 이루어지고 있지만, 민족 인물로 추앙될 뿐 지역성이 기억 내용에 반영되어 있지 못하다. 그래서 단재기념관의 전시 내용도 지역 이야기가 누락되어 있다. 손병희의 경우에도 천도교의 지도자만 강조될 뿐이다.

'무엇을 기억하고 기념할 것인가' 다음으로 제기될 수 있는 문제는 '어떻게 기념할 것인가'이다. 현재 건립되어 있는 대부분의 기념물은 전통적인 방식인 일자형의 비석이거나 좌우대칭의 수직형 기념탑이 일반적이다. 물론 최근 들어와 기념비보다는 조형미와 경관을 고려한 기념탑이 증가 추세이지만, 여전히 창의성과 독창성이 떨어지는 것이 대부분이며 전체적으로 조형미가 매우 열악한 것이 사실이다.

마지막으로 2,000년대에 들어와 양적으로 폭증하고 있는 현 충북지역 역사기념시설의 문제점은 위치 선정문제이다. 유적지에 건립하는 기념시설은 장소 선택의 여지가 없지만, 그렇지 않은 경우는 기념시설의 설립 목적인 '기억과 기념'의 확산을 위해 대중성과 경관 등을 고려해서 입지를 선정해야만 한다.

그럼에도 불구하고 현재 건립되어 있는 기념시설물 상당수가 위치 선정에 문제가 있다. 한 예로 보은의 동학농민혁명기념공원도 경사가 심한 산자락을 부지로 선정하여 기념공원의 모습을 살리지 못하고 있으며, 청주 삼일공원 역시 우암산 순환도로 경사면에 위치해 있어 적절하지 못하다.

상당수의 현충시설도 마찬가지이다. 청주 현충탑을 비롯하여 충청북도 각 시·군의 현충탑은 높은 지대에 위치해 있어 접근성이 떨어진다. 현충탑은 국가 수호를 위해 목숨을 바친 영령들에 대한 추앙을 위해 높은 지대 위에 건립한 것으로 이해되지만, 그 때문에 현충일 외에 사람들의 접근을 막고 있다.

▶ 진천 도당공원

옥천군은 2009년도에 충혼

▶ 옥천 충현공원

공원을 조성하여 충혼탑과 6.25 참전유공자기념탑·무공수훈자기념탑·베트남참전기념탑을 건립하여 공원화하였으나, 옥천읍에서 가장 높은 곳에 위치해 있어 접근성이 떨어진다. 진천 도당공원 역시 1994년에 충혼탑을 이전 건립하면서 주변지역을 공원화하고 연차적으로 관련 현충시설을 건립하였으나, 군민들의 접근성이 떨어지는 곳에 위치하고 있다.

이와 같은 사례는 매우 많다. 따라서 앞으로 역사적인 기념시설 건립은 무엇을, 어떻게, 어디에, 어느 형태로 할 것인지 반드시 깊은 통찰이 필요하다. 기념시설은 일단 건립되면 옮기기 어렵다. 그런 만큼 초기 단계부터 전문가의 자문을 구하고 고민하여 후대에 길이 전할 기념시설을 건립하여야 할 것이다.

2) 역사기념시설 개선방향

지금까지 충북지역을 중심으로 역사기념시설의 현황과 문제점을 알아보았다. 여기서는 몇 가지 개선방향을 제시하고자 한다.

첫째, 앞으로 충북지역 역사기념시설은 지역정체성에 기반을 둔 '기억과 기념'이 되어야 한다. 지금까지는 거의 전적으로 민족담론에 근거를 두었지만, 향후 건립할 역사기념시설은 지역정체성에 뿌리를 둔 과거 기억과 기념이 되어야 하며, 그러기 위해서는 올바른 지역사 연구와 기념대상의 발굴이 선행되어야 한다. 이는 기념대상의 선정 오류와 불균형을 해소할 기초 연구가 될 것이다.

둘째, 앞으로 역사기념시설은 관행에 따른 고답적인 기념시설을 지양하고 보다 창의적이고 독창적인 기념시설을 디자인해야 한다. 그를 위해서는 기념형태가 다양화되어야 한다. 기념시설물은 기념비·기념탑·기념공원·기념관·기념조형물 등이 일반적인데, 그 중에서 기념공원과 기념관은 그에 상응하는 기억 내용이 있어야 하기 때문에 일반화할 수 없는 반면, 기념조형물은 기념의 의의를 살리면서도 다양한 형태로 디자인할 수 있는 이점이 있다. 앞으로 일반적인 기념물은 기념철학과 조형미 및 경관을 고려한 기념조형물 형태가 바람직할 것이다.

셋째, 기념공원은 복합 기념공원을 조성하는 것이 바람직하다. 청주 삼일공원과 진천 도당공원 및 옥천 충현공원 등에서 알 수 있듯이, 현재 기념공원은 증가 추세이다. 그 이유는 주민들의 삶과 기념시설을 연계하여 접근하기 때문이다.

그러나 기념만을 위한 공원은 한계가 있다. 인식 지평을 확장하여, 근린공원이나 체육공원을 융합하여 복합적인 생활공원으로 조성하는 것이다. 그러면 기념물이 외면당하는 일도 없고 기념물의 목적인 사회적 기억을 대중화시킬 수도 있다. 또한 다각도로 공원이 활용됨에 따라 예산의 효율성과 가치를 증폭시킬 수도 있을 것이다.

넷째, 기념관과 기념공원은 대규모 예산이 수반되는 데다 한번 건립하면 변경이 어렵기 때문에 신중을 기할 필요성이 있다. 실패 가능성을 최소화하기 위해서는 사전에 충분한 검토와 전문가의 자문이 필수적이다. 전국에서 대표적인 '실패한 기념시설'로 꼽히는 보은 동학농민혁명공원 사례에서 알 수 있듯이, 지자체에서 '갑과 을'로 사업을 추진해서는 안 된다.

한 예로 최근에 지역 이슈였던 단재 신채호 동상 건립문제이

◆ 2010년에 건립한 단재 동상(청원 단재 기념관)

다. 청원군은 2010년 7월 2일부터 9월 29일까지 단재영당 및 묘소 주변 환경 재정비사업을 추진하면서 단재 동상(좌상)을 새롭게 조성하였다. 문제는 청원군에서 일정한 민주적 절차와 사회적 협의를 거치지 않고 일방적으로 건립한 데 있다. 그 때문에 단재 동상은 많은 문제점이 지적되고 있는데,[10] 문의문화재단지에 설치된 애국지사사상의 단재 좌상을 복제한 점, 모습이 실제 단재의 모습과는 다르다는 점, 단재가 들고 있는 책이 『동사강목』으로 추정되는 만큼 상징물로 부적절한 점, 표지석 설명문이 26년에 걸친 해외 망명기간 중에 가장 오래 머물며 활동했던 북경이 누락되고 있고, 띄어쓰기도 제대로 되어 있지 않다는 비판을 받고 있다.

더욱이 2008년 단재묘 파묘 및 재정비 과정에서 분쟁이 생겼을 때, 청원군은 단재 사적 정비시 유족과 신씨문중 및 단재문화예술제추진위원회와 사전 협의하여 결정하기로 합의한 사실을 어겼다. 뿐만 아니라 재정비된 묘소 앞에는 석주와 장명등 및 문인석 등을 세워 단재사상과도 어긋난다. 이 역시 앞서 예로 든 보은 동학농민혁명기념공원처럼 관의 일방적 주도에 의해서 기념물 건립이 추진되기 때문에 생기는 반복적 오류이다. 이를 막기 위해서는 단재문화예술제추진위원회에서 1996년 12월 8일 청주 예술의 전당 앞에 동상을 세울 때 전국적인 논의를 거친 예라든가, 2009년에 청주시에서 삼일공원을 재정비하면서 시민단체 등의 의견을 수렴한 예 등을 적극 따라야 할 것이다.

10) 《충청타임즈》, 2010년 9월 19일자, 9월 20일자; 《중부매일》, 2010년 9월 28일자.

다른 지역의 사례를 보면, 동학농민혁명 관련 기념시설 중에서 가장 뛰어난 조형미를 지닌 것으로 평가받고 있는 삼례봉기 역사 광장이 가능하였던 것도[11] 완주군이 동학농민혁명기념사업회와 함께 역사광장 조성사업을 추진하였기 때문이다.

▶ 삼례 역사광장

다섯째, 충북지역 기념시설이 개선되어야 할 점은 위치 선정문제이다. 기념시설 위치는 특정 사건이나 인물의 경우 해당 장소에 건립하는 것이 원칙이지만, 기념시설의 특성상 사회적 기억과 기억의 대중화를 위해서는 공공장소나 대중의 시선이 집중되는 곳에 건립해야만 한다. 더 나아가 기념시설은 보여 주기 위한 시설인 만큼 주변 경관과 조화를 이룰 수 있도록 건립 위치를 선정해야만 한다.

끝으로 기념시설물을 체계적으로 건립·보존·관리하기 위해서는 '충청북도 역사기념시설조례'를 제정할 필요가 있다. 기념시설은 지자체뿐 아니라 각종 민간단체에서 건립하기 때문에 현실적으로 통제하기 쉬운 일이 아니지만, 충청북도 차원에서 일정한 방향과 원칙을 정해서 바람직한 방향으로 유도할 필요가 있다. 그리고 대규모 예산이 들어가는 기념시설은 거의 모두 도비나 시·군비가 들어가기 때문에 일정한 원칙을 준용할 수 있도록 할 수 있다.

'충청북도 역사기념시설조례'는 기념시설 개념 정의, 기념시설 선정기준, 시설원칙, 보존 및 관리방안 등을 규정해야만 한다. 그러면 제도적으로 기념시설이 무분별하게 난립하는 것을 방지하고 일

11) 동학농민혁명참여자명예회복심의위원회, 2005 『동학농민혁명 유적지·기념시설 실태 조사서』.

정한 원칙하에서 건축조형미와 품격을 갖춘 기념물 건립을 유도할 수 있을 것이며, 그를 통해 지역정체성을 강화하고 경관 개선에도 도움을 줄 것으로 기대된다.

5. 맺음말

역사에서의 과거 기억은 다양한 형태로 이루어지지만, 특정 국가나 지역 및 사회 단위의 집단 기억은 주로 기념시설물 형태로 이루어진다. 기념시설은 무엇을 어떻게 기억할 것인가에 따라, 그리고 건립주체의 역사 해석과 기억시키고자 하는 내용에 따라 달라질 수밖에 없다. 그 때문에 기념시설은 일정한 선상에서 지역단위의 집단 기억의 내용을 파악할 수 있을 뿐 아니라, 지역정체성의 현주소를 파악할 수도 있다.

해방 이후부터 2009년까지 충북지역에 건립되어 현존하는 기념시설은 기념비 87개, 기념탑 44개, 동상 13개, 기념공원 7개, 기념관 6개 등 모두 168개이다. 이들 기념시설은 청원, 영동, 청주, 충주 순으로 많이 건립되어 있는데, 주로 대한민국 국가 수립과정에서 전개된 민족운동이나 국가 수호와 관련된 인물 및 유적지 중심의 역사기념시설이 전체 168개 중에서 161개인 95.8%에 이른다. 보은군에는 주로 동학농민혁명 기념시설, 제천시에는 의병기념시설, 손병희가 출생한 청원군에는 3·1운동 기념시설, 괴산과 영동군에는 독립운동 기념시설이 집중되어 있듯이, 지역별 기억의 편차가 크다.

이와 같은 기념시설은 1990년대부터 증가하기 시작해, 2000년대에 양적으로 폭증하는 추세이다. 이는 한국 사회의 민주화과정에서 제기된 과거사에 대한 재해석과 기억 움직임과 무관하지 않다. 그래서 기념대상도 1990년대 이전은 주로 의병, 3·1운동, 현충시설 관련 기념물이었던 데 반해, 2000년대는 동학농민혁명까지 확대되었다. 특히, 눈에 띄는 것은 2000년대에 현충시설이 집중적으로 건립된 점이다. 이는 사회 진보층이 동학농민혁명이나 3·1운동, 4·19 혁명, 영동 노근리사건 등 민중적 사건에 대한 재해석과 기억·기념에 초점을 반면, 사회 보수층은 진보층의 활동에 대응하여 한국전쟁과 같은 국가 수호에 더 관심을 둔 결과로 보인다. 이것은 곧 지역단위에서 전개된 진보층과 보수층의 '기억투쟁'의 산물이 아닐 수 없다.

충북지역 동학농민혁명 기념시설은 모두 7개이다. 충북지역은 다른 지역보다 늦은 2000년대에 들어와서야 지역사회 단위에서 동학농민혁명에 대한 사회적 기억이 이루어지기 시작하였다. 그럼에도 불구하고 보은군에서 2006년에 건립한 동학농민혁명기념공원은 전국에서 대표적인 '실패한 기념시설'로 손꼽히고 있다. 동학농민혁명은 민족 자주, 사회 평등, 국제 평화라는 담론의 기억대상이 될 뿐 아니라, 바람직한 미래가치를 내포하고 있다. 그런 만큼 앞으로 충북 지역단위에서 더 적극적으로 재해석되고 기억되어, 그것을 전달할 기념방식과 시설물을 발굴할 필요가 있다.

의병과 관련한 기념시설은 11개이다. 이는 의병 관련 유적지 50개에 비해 많은 숫자가 아니다. 충북 출신 의병 독립유공자도 88명에 이르지만, 실제 기념시설이 건립되어 있는 인물은 4명에 불과하다. 충주시는 의병 유적지가 11개나 된다. 그럼에도 불구하고 기념시설이 없는 것으로 보아, 충주지역에서는 의병에 대한 기억이 이루어지지 않고 있다. 의병 관련 기념시설이 집중 분포되어 있는 제천시의 의병 기억은 주로 1989년 이후 10여 년 동안 집중되었다.

최근에 들어와서는 의병에 대한 기억과 기념사업이 퇴조하고 있는 경향이다. 이는 제천지역의 정체성 변화를 보여 주는 것으로, 앞으로 깊은 성찰이 필요할 것으로 보인다.

의병 이후 거족적인 민족운동으로 전개된 충북지역 3·1운동의 유적지는 지금까지 62개가 확인되고 있다. 그 중에서 일정한 기념시설이 건립되어 있는 것은 모두 22개이다. 대표적인 기념시설은 청주 삼일공원과 손병희 생가이다. 괴산군에는 기념비만 4개가 세워져 있으나, 3·1운동에 대한 집단 기억은 지역별 편차가 심하다. 유적지가 7개나 있는 진천군의 경우 관련 기념시설물이 없다. 그 이유는 지역의 민중적 기억의지 정도에 따라 좌우되기 때문이다. 그 대표적인 예가 청주 삼일공원이다.

그렇지만 3·1운동에 대한 기억은 민중성을 요구하기 때문에 기념시설물이 대부분 열악할 수밖에 없다. 최근 재정비한 청주 삼일공원도 접근성에 문제가 있으며 새로 조성한 횃불 조형물과 좌대를 바꾼 동상들도 시민과의 소통에 한계가 있다.

독립운동 기념시설은 모두 11개이다(의병과 3·1운동 제외). 이는 독립운동 주요 유적지 40개, 충북 출신 독립운동가 145명에 비해 많은 양이 아니다. 특히, 애국장 이상 공훈을 받은 충북 출신 독립운동가는 70명이 넘는다. 그 중에서 기념물이 건립된 인물은 신채호, 이상설 정도에 불과하다. 독립운동 기념시설이 부족한 것도 문제지만, 실제 독립운동 공적이 우수한 독립운동가들에 대한 기억과 기념이 제대로 이루어지지 않고 있는 점이 더 큰 문제가 아닐 수 없다.

해방 이후 겪게 된 국내외 전쟁은 대한민국 수호를 위한 것으로 많은 인명 피해가 뒤따랐고 그에 대한 기억과 기념시설이 필요하였다. 그것은 현재 생존해 있는 국민의 기억을 바탕으로 한 것이자, 국가 이념과 직결되기 때문에 자연히 많은 기념물이 건립되어 전체 159개 중 101개에 이른다.

이들 현충기념시설은 1950년대 현충탑 건립을 시작으로 꾸준히 증가하다 1990년대 이후 폭증하여 충청북도 1개 시·군에 평균 8.7개가 건립되어 있을 정도이다. 그렇지만 지역적 편차가 심하다. 청원군과 영동군은 평균보다 2배 많은 17개나 될 정도이다. 그것은 전쟁에 대한 기억과 기념주체의 지역별 차이에서 비롯된 것으로 볼 수 있다. 기념물 형태도 대부분 기념비이거나 기념탑으로, 좌우대칭 수직형 형태로 만들어 근엄하고 권위적인 남성성 이미지가 강하다.

이상과 같이 현재 충북지역에서 이루어지는 사회적 기억은 95.6%가 근대 민족 및 국가 수호 기념시설에 국한되어 있다. 지역사에서 무엇을 기억하고 기념할 것인가는 지역정체성과 직결되어 있다. 그럼에도 현재 기념물의 대부분은 민족정체성 위주이다. 따라서 앞으로 지역 고유의 기념대상과 그것이 내포하고 있는 지역 가치를 발굴하고 그것을 기념물로 표현해 낼 필요성이 있다. 그것은 곧 기억과 기념의 불균형을 바로잡는 일이자, 민족 중심의 '기억과 기념' 담론에서 지역 중심의 담론으로 전환하고 확장하는 일이 될 것이다.

아울러 앞으로 건립되는 기념시설물은 전통적인 방식의 기념비와 좌우대칭의 수직형 기념탑을 지양해야 한다. 보다 상상력을 발휘하여 창의적이고 독창적인 다양한 기념시설을 디자인하고 주민들의 삶과 연계하여 건립해야 한다. 그를 위해서는 기념하고자 하는 대상에 대한 기념철학과 조형미 및 경관을 고려한 조형물이 권장되어야 한다.

또한 기념시설은 기억하고자 하는 내용을 전달하는 사회적·문화적 도구인 만큼 위치 선정이 매우 중요하다. 특정 사건이나 인물의 경우 해당 장소에 건립하는 것이 원칙이지만, 기념시설의 특성상 사회적 기억과 기억의 대중화를 위해서는 공공장소나 대중의 시선이 집중되는 곳에 건립해야만 한다. 그를 위한 대안은 기념공원을 근린공원과 체육공원 등과 융합하여 복합적인 생활공원으로 조성하는 것이다.

특히, 앞으로 기념시설물을 체계적으로 건립·보존·관리하기 위해서는 충청북도 차원에서 '역사기념시설조례'를 제정할 필요가 있다. 그러면 제도적으로 기념시설이 무분별하게 난립하는 것을 방지하고 일정한 원칙하에서 건축조형미와 품격을 갖춘 기념물 건립을 유도할 수 있을 것이다.

참고문헌

■ 자료

『皇城新聞』.

『大韓每日申報』.

『每日申報』.

朝鮮總督府,『朝鮮總督府統計年報』.

納富由三 편, 1912『朝鮮商品と地理』.

金谷雅城, 1916『忠州發展誌』.

大熊春峰, 1923『淸州沿革誌』.

天野行武, 1923『忠北產業誌』.

南滿洲鐵道株式會社 庶務部 調査課 편, 1925『朝鮮の私設鐵道』.

日本 帝國鐵道協會, 1926『朝鮮に於ケル鐵道普及促進こ付建議』.

龜岡榮吉 · 砂田辰一, 1927『朝鮮鐵道沿線要覽』.

安齋霞堂, 1928『忠北の文化と人』.

朝鮮鐵道協會, 1930『朝鮮鐵道一斑』.

奧土居天 外, 1931『忠州觀察誌』.

忠淸北道, 1932『1930年調査 小作慣行調査書』.

朝鮮總督府, 1936~1940 · 1941『朝鮮總督府及所屬官署職員錄』.

朝鮮總督府 殖產局, 1932~1942『朝鮮工場名簿』.

東亞經濟時報社, 1939 · 1942『朝鮮銀行會社要錄』.

朝鮮總督府, 1910~1944『朝鮮總督府統計年報』.
南朝鮮過渡政府 1946『南朝鮮產業勞動力及賃金調查』.
朝鮮通信社, 1947『朝鮮年鑑』.
南朝鮮過渡政府 勞動部, 1948『第二回 南朝鮮勞動統計調查結果報告』.
朝鮮銀行 調查部, 1948『朝鮮經濟年報』.
中外商工情報社, 1948『全國商工信用錄』.
朝鮮銀行 調查部, 1948『朝鮮經濟年報』.
南朝鮮過渡政府 勞動部, 1948『第二回 南朝鮮勞動統計調查結果報告』.
朝鮮銀行 調查部, 1948『조선경제년보』.
朝鮮銀行 調查部, 1949『經濟年鑑』.
朝鮮銀行 調查部, 1949『朝鮮年鑑』.
朝鮮銀行 調查部, 1949『朝鮮銀行調查月報』.
韓國農村經濟研究院, 1950『農地改革時 被分配地主 및 日帝下 大地主 名簿』.
財務部, 1950『法人臺帳－충청북도편－』.
農林局 農地局, 1951『農地改革統計要覽』.
韓國銀行 調查部, 1951『韓國銀行調查月報』.
대한민국 국방부, 1951『한국전란1년지』.
대한민국 내무부 통계국, 1952『大韓民國統計年鑑』.
공보처 통계국, 1952『6.25事變 被殺者名簿』.
대한민국 내무부 치안국, 1952『대한경찰전사』.
國民日報社, 1952『忠北年鑑』.
內務部 統計局, 1954『大韓民國統計年鑑』.
공보처 통계국, 1954『한국사변 종합피해조사』.
忠淸北道, 1955『道勢一覽』, 忠北新報社.
大韓商工會議所, 1955『全國製造業要覽』.

淸州文化社, 1956『忠北寶鑑』.
韓國銀行 調査部, 1956『韓國銀行調査月報』.
한국산업은행, 1959『광업 및 제조업사업체명부』.
經濟企劃院, 1960『人口住宅國勢調査報告』.
한국은행 조사부, 1960『경제통계연보』.
忠淸北道, 1960『道勢一覽』.
經濟企劃院, 1961『韓國統計年鑑』, .
중소기업은행, 1962『광업 · 제조업 사업체조사보고서』.
金甲龍, 1963『忠北綜合商工報』, 上堂出版社.
중앙선거관리위원회, 1963『歷代國會議員選擧狀況』.
청주상공회의소, 1965『淸州商工名鑑』.
經濟企劃院, 1966『人口센서스報告』.
中央選擧管理委員會, 1968『歷代國會議員選擧狀況』.
畊夫申伯雨先生記念事業會, 1972『畊夫申伯雨』.
畊夫申伯雨先生記念事業會, 1973『荷堂申秉休公文集』.
청주상공회의소, 1989『淸州商議七十年史』.
국방군사연구소, 1994『전적기념물편람집』.
국가보훈처, 1996『참전기념조형물도감』.

■ 논저

1. 저서

金思達, 1955『忠北人士論』, 淸州文化社.
李昌秀, 1964『回想錄』, 啓明社.
全澤鳧, 1971『人間 申興雨』, 大韓基督敎書會.
洪元吉, 1978『淸谷回顧錄－洪元吉 自敍傳』, 태양출판사.

동오 신홍식목사전집간행위원회, 1980『동오 신홍식 목사 약사』.
閔庚培, 1981『教會와 民族』, 大韓基督教出版社.
청주근세60년사화편찬위원회, 1985『청주근세60년사화』, 신흥인쇄 주식회사.
Bruce Cumings, 김자동 옮김, 1986『한국전쟁의 기원』, 일월서각.
곽의영, 1987『어둔 밤 촛불을 밝히며』, 성신여대 출판부.
육철식, 1987『강동정치학원 일명: 빨치산』, 행림출판사.
김재황, 1988『巨星 殷哉 申錫九 牧師 一代記』, 대구제일감리교회.
李大根, 1989『近代朝鮮의 經濟構造』, 比峰出版社.
김기원, 1990『미군정기 경제구조』, 푸른산.
공제욱, 1993『1950년대 한국의 자본가 연구』, 백산서당.
정은용, 1994『그대 우리의 아픔을 아는가』, 다리.
이승우, 1996『道政 반세기』, 충청리뷰사.
한국역사연구회 현대사증언반, 1996『양심산맥으로 뻗친 우공(愚公) 반세기－끝나지 않은 여정－』, 대동.
'99건축문화의 해 충청북도 조직위원회, 1999『忠北의 建築文化』.
朴杰淳, 1996『槐山地方 抗日獨立運動史』, 괴산문화원.
이덕주, 2000『신석구 연구』, 기독교대한감리회 홍보출판국.
忠淸北道議會, 2000『忠淸北道議會史』.
제37보병사단, 2000『忠北地域戰史』.
심지연, 2001『역사는 남북을 묻지 않는다』, 소나무.
黃元濟, 2002『險難한 世波를 넘고서…』, 청일사.
충북기독교선교100주년기념사업회, 2005『忠北基督教百年史』.
충청북도, 2006『충청북도 동학농민혁명사 연구』.

2. 논문

金信雄, 1982「解放直後 淸州府의 產業勞動力과 賃金構造」『新谷徐旻錫博士停年紀念論文集』.

이대근, 1983「미군정하 歸屬財產 처리에 대한 평가」『한국사회연구』I, 한길사.

姜英心, 1987「申圭植의 생애와 독립운동」『한국독립운동사연구』1, 독립기념관 한국독립운동사연구소.

김윤수, 1988「8·15 이후 귀속사업체 불하에 관한 연구」, 서울대 경제학과 석사학위논문.

金基元, 1989「美軍政期 歸屬財產에 관한 연구－企業體의 處理를 중심으로」, 서울대 대학원 경제학과 박사학위논문.

金信雄, 1992「忠淸北道의 工業發達過程」『경영사학』7.

백병권, 1997「신석구목사의 생애와 민족운동 연구」, 목원대 신학대학원 석사학위논문.

徐文錫, 1998「해방 이후 1950년대까지의 한국 면방직공업에 관한 연구」『產業硏究』21, 단국대 산업경제연구원.

정미애, 1991「해방 이후 농지개혁이 지주계급의 변화에 미친 영향에 대한 연구」, 이화여대 대학원 정치외교학과 석사학위논문.

강호출, 1991「식민지시대 충북영동지역 농민운동연구」『사총』제39집.

박명규, 1997「역사적 경험의 재해석과 상징화」『사회와 역사』제51집.

박명림, 1997「지방에서의 한국전쟁(1): 충북, 1945~1953」『亞細亞硏究』98, 고려대 아세아연구소.

전순동·최동준, 1999「일제기 청주지방의 민족교육운동－청남학교를 중심으로」『중원문화논총』2~3집.

金炯睦, 2002 「한말 충북지방의 사립학교설립운동」『한국근현대사연구』 제23집.
신순철, 2003 「보은 동학농민혁명 기념공원 조성사업의 문제점」『충북학』 5, 충북개발연구원 충북학연구소.
조성면, 2005 「철도와 문학-경인선 철도를 통해서 본 한국의 근대문학-」『인천학연구』 4, 인천대 인천학연구원.
이영민, 2005 「경인선 철도와 인천의 문화지리적 변화」『인천학연구』 4, 인천대 인천학연구원.

3. 연구보고서

김양식, 2001 『충북지역 근현대 문화유산 기초조사』, 충북개발연구원.
한국전쟁 전후 충북지역 민간인학살진상규명을 위한 대책위원회, 2003 『충북지역 민간인학살 실태조사보고서』.
충청북도, 2004 『근대문화유산 목록화 조사보고서』.
동학농민혁명참여자명예회복심의위원회, 2005 『동학농민혁명 유적지·기념시설 실태 조사서』.
진실·화해를 위한 과거사정리위원회, 2007 『청원군 한국전쟁기 민간인 피해자 실태보고서』.
공주대학교 참여문화여구소, 2009 『한국전쟁 전후 민간인 집단희생 관련 최종 결과보고서』.
문화재청, 2009 『근대문화유산 종교건축물 일제조사보고서』.
독립기념관, 2009 『독립운동사적지 : 충청북도』.
동학농민혁명기념재단, 2009 『동학농민혁명기념사업의 역사』.
김양식, 2010 『충북지역 역사기념시설 현황과 개선방향』, 충북개발연구원.

4. 사이트

충청북도 문화관광 http://www.cbtour.net

문화재청 http://www.cha.go.kr/

국가보훈처 민족정기선양센터 http://narasarang.mpva.go.kr

저자약력

단국대 사학과 문학박사

현 충북발전연구원 충북학연구소장

주요 저서

·『근대 사회변동과 농민전쟁』, 신서원, 1996

·『지리산에 가련다』, 한울, 1998

·『근대권력과 토지』, 해남, 2000.

·『새야 새야 파랑새야－동학농민전쟁사』, 서해문집, 2005.

·『한국근대사강의』(공저), 한국근현대사학회, 2007

·『역사의 현장을 찾아서』(공저), 한국방송통신대 출판부, 2010

·『한국역사민속학강의』(공저), 한국역사민속학회, 2010

근현대 충북의 역사와 기억

2011년 3월 8일 초판인쇄

2011년 3월 15일 초판발행

저 자 김 양 식

발행인 노 현 철

발행처 도서출판 해남

서울특별시 서대문구 충정로3가 227-1 우리타워 6층

전화 739-4822 팩스 720-4823

e-mail haenam30@dreamwiz.com

homepage www.hpub.co.kr

등록 1995. 5. 10 제1-1885호

저자와 협의하에 인지생략

정 가 20,000원 ISBN 978-89-6238-029-3